U0457336

权威·前沿·原创

皮书系列为
"十二五""十三五""十四五"时期国家重点出版物出版专项规划项目

BLUE BOOK

智 库 成 果 出 版 与 传 播 平 台

机器人产业蓝皮书

BLUE BOOK OF ROBOT INDUSTRY

中国机器人产业发展报告
（2022~2023）

ANNUAL REPORT ON DEVELOPMENT OF ROBOT INDUSTRY
IN CHINA (2022-2023)

合肥市智能机器人研究院
北京京能能源技术研究有限责任公司
中智科学技术评价研究中心　　　／研创
哈尔滨工业大学

社会科学文献出版社
SOCIAL SCIENCES ACADEMIC PRESS (CHINA)

图书在版编目（CIP）数据

中国机器人产业发展报告 . 2022~2023/合肥市智
能机器人研究院等研创 . --北京：社会科学文献出版社，
2023.5
（机器人产业蓝皮书）
ISBN 978-7-5228-1760-6

Ⅰ.①中… Ⅱ.①合… Ⅲ.①机器人-产业发展-研
究报告-中国-2022-2023 Ⅳ.①F426.67

中国国家版本馆 CIP 数据核字（2023）第 074254 号

机器人产业蓝皮书
中国机器人产业发展报告（2022~2023）

研　　创／合肥市智能机器人研究院
　　　　　北京京能能源技术研究有限责任公司
　　　　　中智科学技术评价研究中心
　　　　　哈尔滨工业大学

出 版 人／王利民
组稿编辑／路　红
责任编辑／丁阿丽
文稿编辑／白　银
责任印制／王京美

出　　版／社会科学文献出版社（010）59367194
　　　　　地址：北京市北三环中路甲 29 号院华龙大厦　邮编：100029
　　　　　网址：www.ssap.com.cn
发　　行／社会科学文献出版社（010）59367028
印　　装／天津千鹤文化传播有限公司

规　　格／开　本：787mm×1092mm　1/16
　　　　　印　张：23.75　字　数：358 千字
版　　次／2023 年 5 月第 1 版　2023 年 5 月第 1 次印刷
书　　号／ISBN 978-7-5228-1760-6
定　　价／198.00 元

读者服务电话：4008918866

机器人产业蓝皮书
编 委 会

评审委员会 （按姓氏笔画排序）

王　猛　　王志义　　白相林　　孙立宁　　张岩岭
姚智慧　　都　丹

主　　　编　于振中　朱　磊　李闽榕

副　主　编　李文兴　董永站　葛姗姗

组 织 策 划　葛姗姗　沙　鑫　申　靓　武国旺

编 写 人 员 （按姓氏笔画排序）

马志斌　　王心怡　　申　靓　　朱　磊　　刘红欣
刘鹏飞　　孙　虹　　杨　勇　　沙　鑫　　张宇博
张洁洁　　陈　宫　　陈　浣　　武国旺　　金　马
赵福臣　　郝瑞刚　　姜文博　　姚金金　　夏科睿
党珊珊　　郭　龙　　郭永红　　涂凡凡　　梅东升
崔志远　　葛姗姗　　董永站　　薛长站

调研指导单位　中国电子学会

主要编撰者简介

  于振中 研究员，博士毕业于哈工大机器人国家重点实验室，合肥市智能机器人研究院院长。安徽省"115"产业创新团队核心成员，合肥市2017年度创新领军人才，2017年庐州产业创新团队核心成员，2020年度合肥市经济社会发展贡献奖（科技创新）先进个人；安徽省人大代表，合肥市政协委员。主持纵横向课题项目30余项，工信部重点项目子课题负责人；主持安徽省重大新兴产业专项"下一代机器人研制及产业化"项目并顺利通过验收。先后获得授权发明专利50余项，获中国产学研合作创新奖、中国轻工业联合会科技进步二等奖、中国发明协会发明创业成果奖二等奖、中国商业联合会科学技术奖三等奖；发表高水平论文20余篇；参与制定国家标准5项、行业标准1项，在工业机器人及智能控制领域有深厚的技术积累。

  朱 磊 哈尔滨工业大学建筑学院设计学系副教授，黑龙江省工业设计协会副秘书长，工业设计国家奖评审专家，曾兼任严格集团副总裁。主持长征五号等重要型号产品的工业设计项目，主持严格集团、哈工智能、大庆经开区、齐齐哈尔高新区、哈工大百年校庆等知名品牌设计项目，主持黑龙江省工业设计领域首项国家自然科学基金项目；获得专利授权70余项，其中发明专利近40项。

  李闽榕 中智科学技术评价研究中心理事长，福建师范大学兼职教授、博士生导师，主要研究领域为宏观经济、区域经济竞争力、科技创新与评价、现代物流等。已出版著作《中国省域经济综合竞争力研究报告（1998~2004）》《中国省域经济综合竞争力比较研究》《中国省域经济综合竞争力评价与预测研究》；主编《中国省域经济综合竞争力发展报告》（2005~2021年共15部）、《世界创新竞争力发展报告》（2001~2012年、2011~2017年共2部）、《全球环境竞争力发展报告》（2013~2015年共2部）、《中国可持续发展遥感监测报告》（2016~2019年共3部）、《中国茶产业发展报告》（2010~2021年共7部）、《中国轨道交通行业发展报告（2017）》、《中国核能发展报告》（2018~2022年共5部）、《世界茶业发展报告》（2017~2021年共2部）、《世界太极拳发展报告（2019）》等。

摘　要

　　《中国机器人产业发展报告（2022～2023）》是关于中国机器人产业发展的年度研究报告，为"机器人产业蓝皮书"系列的第3本。本书由合肥市智能机器人研究院、北京京能能源技术研究有限责任公司、中智科学技术评价研究中心和哈尔滨工业大学联合研创，并在行业领域专家的鼎力支持下共同撰写完成。

　　本书下设总报告、分报告、专题篇三个部分。总报告阐述机器人的定义和分类，为其他章节提供撰写依据；综述中国机器人产业环境、发展现状、产业链结构，总结中国机器人产业现存问题并给出相应的对策建议。分报告分别从工业机器人、服务机器人、煤矿机器人、机器人核心零部件和工业机器人系统集成五个维度综述了发展现状、市场规模、发展趋势及市场机会，总结了各维度现存问题并给出合理的对策建议。专题篇分别从四个维度对中国机器人产业进行详细剖析，其中《中国机器人产业资本市场发展报告（2022～2023）》针对机器人产业资本市场现状及问题展开分析，其健康发展仍需政府、风投机构、企业等市场主体的共同努力；《中国机器人产业人才发展报告（2022～2023）》指出未来复合型高端人才将成为引领产业创新的主要助力，技术应用型人才会成为产业发展的重要保障，并有针对性地给出建议；《中国机器人产业知识产权/专利发展报告（2022～2023）》通过研究机器人领域的专利数据，分析海内外机器人技术专利发展现状、现存问题、未来发展趋势，揭示机器人专利申请的发展与挑战；《中国机器人产业创新发展分析报告（2022～2023）》以"现状描述+趋势分析"的思路，多方

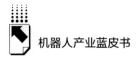
面、全方位地阐述机器人产业创新现状，有针对性地指出产业创新现存问题，明确产业创新发展方向并提出相应建议。

本书向机器人产业相关企业和社会大众展示了中国机器人产业的发展现状、市场规模、现存问题、发展趋势及市场机会。本书论述客观严谨，对中国机器人产业的全貌进行了系统梳理和分析，希望能为科研院所、大专院校、相关企业、社会大众提供了解中国机器人产业发展的权威、翔实的资料。

关键词： 机器人产业　工业机器人　服务机器人　人工智能

目 录 ⬔

Ⅰ 总报告

Ⅱ 分报告

Ⅲ 专题篇

皮书数据库阅读**使用指南**

总 报 告
General Report

B.1
中国机器人产业发展报告
（2022~2023）*

朱 磊 葛姗姗**

摘　要：　近年来，通过持续深化创新应用，我国机器人产业规模快速增长，工业机器人密度达到全球平均水平的近3倍，服务机器人、特种机器人在多个领域实现规模应用。但核心零部件空心化、配套服务滞后、对系统集成工艺理解不透、人才结构性缺口、低端产能无序扩张等短板仍然制约我国机器人产业健康发展。着眼未来，我国高度重视机器人产业创新，将在技术、营销、应用等多维度持续创新，机器人细分应用领域逐渐增多且深入，部分关键技术得到突破，产业链"专精特新"发展、专利申请

　*　本报告的数据如无特别说明，均来源于 IncoPat 专利数据库。

**　朱磊，哈尔滨工业大学建筑学院设计学系副教授，黑龙江省工业设计协会副秘书长，工业设计国家奖评审专家，曾兼任严格集团副总裁，主持长征五号等重要型号产品的工业设计项目，获得专利授权70余项，其中发明专利近40项；葛姗姗，中国人民大学管理学硕士，北京大学-伦敦大学学院（PKU-UCL）国际MBA，严格集团市场总监，拥有10余年大中型高端制造企业管理、市场品牌和人才培养经验。

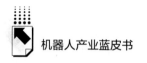

转向细节性改进等成为重要发展趋势。

关键词： 工业机器人　服务机器人　产业创新　核心零部件

机器人是实现传统制造业和服务业向智能化、数字化转型的重要设备，其发展状况是衡量一个国家科技能力和创新水平的重要指标。近年来，我国机器人产业快速发展，应用领域不断扩大，正深刻改变人们的生产生活方式，为经济社会发展注入强劲动能。近年来，通过持续创新、深化应用，我国机器人产业规模快速增长。工信部"大力发展高端装备制造业"主题新闻发布会披露，2021年机器人产业营业收入超过1300亿元，工业机器人产量达36.6万台（套），较2015年增长了10倍。机器人产业链（见图1）上游技术水平持续提升，运动控制、高性能伺服驱动、高精密减速器等关键技术和部件加快突破，整机功能和性能显著增强。机器人产业链下游系统集成应用大幅拓展，国际机器人联合会（International Federation of Robotics，IFR）发布的《2022年世界机器人报告》显示，2021年我国工业机器人密度达到322台/万人，是全球平均水平的近3倍，全球排名跃升至第5位，首次超过了美国，服务机器人、特种机器人在教育娱乐、清洁服务、安防巡检、医疗康复等领域实现规模化应用。

一　中国机器人产业环境分析

（一）政策环境：我国从战略规划、项目专项、规范标准和产业配套等方面鼓励机器人产业发展

近年来，我国出台了一系列政策对工业机器人、医用机器人、煤矿机器人、物流机器人等进行扶持，主要从战略规划、项目专项、规范标准和产业配套四个方面鼓励机器人产业的发展。

图 1 机器人产业链

需求侧

应用场景

制造业：汽车、3C电子、煤矿、……

服务业：教育、娱乐、清洁、银行、餐饮、政务、医疗、消防、……

产业链下游
系统集成、销售及售后服务

线下渠道：系统集成商、实体零售商店、展销博览会、机器人租赁、机器人线下培训

线上渠道：网上商城、电商平台、机器人线上培训、线上展销博览会

产业链中游
机器人本体制造

工业机器人：平面关节机器人、并联机器人、……、坐标机器人、协作机器人

多关节机器人、物流机器人

服务机器人

个人家用服务机器人：家务机器人、家用安监机器人、教育机器人、养老助残机器人、娱乐机器人、个人运输机器人

公共服务机器人：餐饮机器人、公共游乐机器人、讲解导引机器人、营销机器人、……、多媒体机器人、运输/配送机器人

特种机器人：煤矿机器人、国防机器人、医用机器人、检查维护机器人、专业检测机器人、专业安防机器人、农畜牧业用机器人、……、搜救机器人、采掘机器人、建筑机器人

产业链上游
机器人核心零部件和软件系统开发

硬件部分

控制与驱动：控制器、伺服系统、减速器、控制与驱动

感知：传感器、专用芯片、感知

通信：5G通信、实时通信、通信

防爆材料：动力能源、防爆材料

中上层软件

感知：机器人群、人机协作、安全、运动识别、位置识别、视觉识别、语音识别、感知

认知：知识图谱、深度语义、语音处理、认知

决策：行为决策、路径规划、决策

控制：运动交互、语音交互、界面交互、交互、智能控制、轨道控制、力控制、运动控制、控制

底层软件

操作系统

供给侧

资料来源：根据公开资料整理。

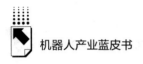
在战略规划方面，工信部等相关部门印发《"十四五"机器人产业发展规划》《"十四五"智能制造发展规划》《关于开展2022年度智能制造标准应用试点工作的通知》等文件，推动机器人产业提升创新能力，增加高端产品供给，优化产业组织结构，从战略上做好顶层设计。

在项目专项方面，"国家高技术研究发展计划"（"863"计划）及国家重点研发计划重点专项"智能机器人""智能制造""机器人创新中心工程"等对机器人相关技术研发、产业化应用给予扶持。

在规范标准方面，我国不断加快教育、公共服务、危险环境作业、医疗养老等领域机器人准入标准制定、产品认证或注册，鼓励企业建立产品体验中心，形成推动机器人落地应用的"标准群"。

在产业配套方面，我国在税收、土地、金融等环节为机器人企业提供服务，并设立北京证券交易所拓宽融资渠道，引导广大机器人中小企业实现"专精特新"发展。

（二）经济环境：融资环境加快机器人产业洗牌，众多头部企业寻求国际化发展

2021~2022年，我国稳增长的发展目标基本实现，但未来经济发展仍然面临诸多挑战。随着2022年底防疫政策调整、常态化核酸取消，经济发展将经历一轮漫长的修复期，后疫情时代全球产业链和供应链的持续调整还将继续。

伴随我国经济迎难而上，融资环境加快了机器人产业洗牌，众多头部企业寻求国际化发展。机器人产业的洗牌持续推进，部分企业坚持增加研发投入、深耕市场、灵活把握市场机遇等经营策略，成功在激烈的市场竞争中占有一席之地，但也存在少数企业业务发展不及预期，无法在细分领域取得竞争优势，只得大规模缩紧机器人业务或直接退出机器人领域的现象。众多头部企业则开始把目光瞄准海外市场，寻求新的利润增长点、占领新的市场并致力于成为全球竞争的领导者。

（三）社会环境：人口红利逐步消退，机器人填补劳动力缺口

近年来，我国劳动力供给形势愈加严峻，人力成本持续攀升。"十三五"以来，除 2019 年劳动力人数有小幅增长外，其余年份劳动力人数均处于下降状态。国家统计局官网公布的数据显示，2020 年我国劳动力人口总数为 78392 万人，同比下降 0.75%。从劳动人口参与率来看，近 10 年来，我国劳动人口参与率逐年下滑，2021 年我国劳动人口参与率为 68.06%，较 2011 年下降 3 个百分点。随着我国劳动力供给减少，人力成本也持续上升。根据国家统计局官网公布的数据，2021 年我国城镇单位就业人员平均工资为 10.68 万元，平均货币工资较 2020 年增长 9.7%，平均实际工资较 2020 年增长 8.6%。

随着人口红利逐渐减弱，"机器换人"的步伐将不断加快：一方面，招工难和用工成本上升给劳动密集型企业带来直接成本压力，推动企业使用机器人；另一方面，高危工作领域的用工成本和危险事件后的处理成本不断增高，倒逼企业主动推行使用机器人，从而为产业发展带来较大利好。

（四）技术环境：专利申请数量创新高，核心技术发展形势良好

从近年的专利申请数量变化情况可以看出，我国制造业、服务业等领域对机器人的需求逐渐释放，大量企业和科研院所致力于相关技术的研发。IncoPat 专利数据库显示，2011 年以来，国内机器人技术相关的专利数量快速增加，年平均申请量约为 2.2 万件，年均增长率接近 40%（2011~2020 年），其中，2020 年申请量约为 4.7 万件（最高申请量），2016 年专利申请增长率超过 80%（最高增长率）。

我国机器人核心技术发展势头向好，产业应用稳步推进。工业机器人领域涌现一些基于深度学习的操作技术，赋予了工业机器人面向未知环境的决策能力；协作机器人厂商不断革新安全技术，推出安全皮肤等技术以兼顾安全与效率；复合移动机器人的协同控制技术不断突破，实现高自由度移动操

作，助力打通智能工厂建设的末端环节。在服务机器人领域，高性能、低功耗服务机器人专用芯片已实现产品应用；语音、体感等多模态交互技术实现突破，提升了服务机器人性能及使用体验；激光雷达、视觉等多传感器技术进一步加快融合发展，增强服务机器人环境感知能力；四足仿生机器人逐渐实现商业化，仿生技术赋能智能假肢机器人；机器人集群技术实现互联互通及群策群力，涌现全新的协同行为模态，从而完成复杂协同任务。

二 中国机器人产业发展现状

（一）中国工业机器人产销量大幅增长，协作机器人销量增速超80%

国家统计局数据显示，2021年中国工业机器人累计产量约为36.6万台（套），同比增长44.9%；高工产研机器人研究所（GGII）发布的《2022年中国工业机器人行业调研报告》显示，2021年中国市场工业机器人销量为26.13万台（套），较上年增长53.98%，其中外资工业机器人销量为15.04万台（套），同比减少3.87万台（套），国产工业机器人销量为11.09万台（套），同比增加5.29万台（套）。

根据GGII《2022年中国工业机器人行业调研报告》数据，2021年中国市场多关节机器人得益于轻小负载产品持续拉动及中大负载产品开始放量，实现爆发式增长，销量为16.98万台（套），同比增长57.09%；平面关节机器人受国内3C制造业景气度影响，市场需求保持强劲，销量为6.57万台（套），同比增长41.9%；并联机器人开始在食品医药行业放量，销量为7176台（套），同比增长46.94%；协作机器人持续创新并注重拓展产品应用领域，不断满足客户人机协同、柔性化制造等生产需求，实现新能源、新零售等领域的落地，销量为1.86万台（套），同比增长87.88%。

2021年，我国搬运码垛、焊接、喷涂等领域工业机器人应用占比较高，搬运码垛仍是目前机器人国产化程度最高的工艺应用领域。我国喷涂机器人应用基数小，市场需求仍有较大上升空间，伴随环保政策趋于严格，叠加工业机器人技术和性价比提升趋势，企业引进喷涂机器人的意愿愈加强烈，国内领先企业与国际龙头企业相比缺乏关键零部件制造能力，但在技术架构、机器视觉、仿真软件等方面进行了自主创新。搬运码垛机器人技术门槛相对较低，进入这一领域的国内企业众多，但大多数规模偏小，价格竞争激烈，领先厂商应在算法、控制等方面进行革新以提升运行速度、精度和稳定性。国内焊接机器人主要应用于汽车、3C 电子、机械等领域，其中汽车为最大应用市场，国内焊接机器人厂商多采用传统工业机器人，部署难度、成本均较高，部分协作机器人厂商看到市场机会，陆续进入该领域探索业务。装配机器人适用于多品种、小批量的产品装配作业，如 3C 电子、汽车电子、化妆品等领域，国内厂商注重装配机器人的技术创新，以降低产品导入成本。抛光打磨机器人主要用于完成生产线上的打磨作业，由于导入成本、维护成本较高，目前占比较低，现阶段主要应用于 3C 电子行业，相关系统集成业务集中在长三角地区和粤港澳大湾区。

（二）国内服务机器人市场规模持续增长，产业化水平大幅提升

近年来，服务机器人在仓储、清洁、医疗、矿山、农业等领域的应用不断深入，逐渐成为构建后疫情时代生产力的核心力量。根据中国电子学会（CIE）发布的《中国机器人产业发展报告（2022 年）》数据，受人口老龄化加剧、医疗及公共服务需求旺盛等因素影响，国内服务机器人市场规模呈持续增长态势，2020 年、2021 年市场规模分别达到 288.7 亿元、393.3 亿元，同比增速分别为 41.66%、36.23%。

整体来看，国内服务机器人市场处于培育阶段，市场需求多变，但伴随关键技术的成熟，服务机器人商业化水平大幅提升，应用场景进一步拓展。避障、自清洁等多元化技术创新提升了用户体验，带动了扫地机器人销量增长；伴随人工智能等技术的发展，教育机器人企业不断探索技术与教育的深度融合，打磨产品推广的商业模式，逐步关注 B 端市场；娱乐机器人企业更加注重产品柔性交互、运动性能的提升，逐渐下沉家庭应用场景；国内人

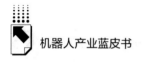

口老龄化趋势加快，养老助残机器人需求潜力较大，部分产品入选政府推广目录；商用清洁机器人市场规模处于高速增长态势，实现了从室内到室外、从小场景到大场景的不断延伸，逐渐通过市场验证；酒店成为服务机器人落地的关键场景，产品不断实现迭代优化；全球服务业劳动力短缺问题凸显，推进餐饮机器人不断完善，成本更低、实用性更强；室外配送机器人应用自动驾驶技术，在封闭、半封闭场景找到了商业落地机会，已实现小批量落地；安防机器人开始从少人无人、简单、危险、封闭场景，走向多人、复杂、常态、开放场景，在疫情防控、智慧城市建设中表现突出；立面作业机器人在船舶领域实现规模应用，并迅速扩展到电力、石化、建筑等领域；骨科手术机器人商业化进程和全球化布局提速，腔镜手术机器人多款产品相继获批上市并开展临床应用，软体机器人在康复、采样等低门槛领域落地应用，微创手术、药物控释等微型化应用路线取得科研进展。

2021年，煤矿机器人成为国内煤矿行业重点技术发展方向，聚焦关键及危险环节，重点研发掘进、安控、采煤、运输及救援5类煤矿机器人。受国家政策牵引、煤炭资源重要性凸显、"机器换人"迫切性需求拉动等多重驱动因素影响，煤矿机器人产业发展潜力巨大，其中安控类和掘进类煤矿机器人发展较为迅速。

（三）减速器、伺服系统、操作系统等领域本土企业加速崛起，控制器、传感器依托移动、协作机器人发展迅速

减速器在机器人动力系统中，主要用于传导伺服电机的动力、调整速度和扭矩，以精确控制机器人动作，在机器人价值量中占比最高。国内减速器的研究起步较晚，技术还不成熟，因此国产机器人组装的减速器严重依赖进口，特别是日本的哈默纳科和纳博特斯克占据了大部分市场份额。但近年来，国内谐波减速器产业在国家政策支持下不断发展，据不完全统计，目前中国市场超100家本土企业涉足精密减速器的生产，其中RV减速器企业近50家、谐波减速器企业超50家。

伺服系统作为机器人运动的"心脏"，目前国内厂商在市场竞争中处于

下风，尤其是高端市场主要被施耐德、欧姆龙等外资品牌把控。我国本土品牌主动采用提升产品性价比、提供定制化服务等策略，在部分细分市场发展迅速，以汇川技术、清能德创等为代表的本土企业正在加速崛起。

机器人操作系统是主管并控制机器人底层操作和运动的核心软件程序，按功能架构可分为分时操作系统、实时操作系统和混合操作系统。国内机器人分时操作系统主要有基于 Linux 的 Turing OS、优必选 ROSA 等。在实时操作系统方面，国内多数工业机器人厂家购买国外的成熟控制器产品（例如 KEBA）进行二次开发；在混合操作系统方面，合肥市智能机器人研究院基于自主混合操作系统，开发了哈工轩辕智能—实时机器人操作系统 Sunshine OS。

国产控制器的产业布局分为通用控制器及机器人厂商自研两种路径，第三方控制器厂家的控制器能够适配常见的机器人类型，满足机器人运动学和动力学算法，提供多轴机器人运动控制系统或软件开发平台；自研路径是为了适应或满足特定应用场景的需求。近年来，基于服务机器人产业的快速发展，以及无人驾驶技术应用场景的不断扩大，移动机器人领域控制器技术发展很快，实时性指标和一体化方案得到了长足进步。

传感器为机器人采集数据提供各种感知能力。视觉传感器能够帮助机器人实时了解工作环境的变化，也可以用于工业生产中的产品检测及移动机器人的导航。力传感器主要应用领域为协作机器人，伴随协作机器人持续火热，预计到 2025 年，国内协作机器人用力传感器国内市场规模有望达到 8 亿元。

（四）中国系统集成市场在新能源、锂电池、仓储物流等行业带动下实现高增长，3D 视觉等新兴技术应用逐渐深化

2020~2021 年，在新能源汽车、锂电池及仓储物流等细分行业系统集成市场规模高速增长的带动下，中国机器人系统集成市场展现较强生机，在新冠疫情影响下仍旧实现了稳定增长。MIR DATABANK 数据显示，2021 年，随着新能源汽车销量逆势增长，比亚迪等众多新势力车企加速产能提升，推动整车系统集成市场维持稳定增长；在新能源汽车及储能市场放量影响下，

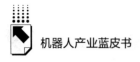
锂电池行业系统集成市场快速扩张，2021 年增长率达到 108.1%；受疫情影响，国内居民网购需求攀升，地方仓储物流的自动化改造将持续深化，2021年仓储物流行业系统集成市场增长率达到 55.7%。

近年来，电子、汽车、锂电池等主流行业对生产制造的各环节智能化率、自动化率及生产良率都提出了更高要求。3D 视觉等新兴技术逐渐在机器人系统集成领域得到应用，随着"机器人+视觉技术"方案走向成熟，3D机器视觉技术将与传统系统集成服务紧密结合，为终端用户提供柔性更高，同时自动化率与生产良率更加有保障的解决方案。

三 中国机器人产业现存问题及对策建议

（一）中国机器人产业发展仍受核心零部件自主化率低、配套服务滞后、对系统集成工艺理解不透等短板制约

中国机器人产业大而不强，仍存在较多的短板，主要表现为工业机器人核心零部件自主化率低、服务机器人产业链配套服务滞后、对系统集成工艺理解不透等问题。

工业机器人所需精密减速器、伺服电机等关键零部件依赖进口的局面尚未全面打破。2020 年以来，国际环境发生变化，叠加疫情影响交通物流及其他不可抗力等因素，进一步加剧全球供应链的紧张，工业机器人核心零部件、电子电气元器件等出现延迟交货、限制供应和价格大幅上涨的情况，充分暴露国内长期依赖进口关键零部件的短板，已成为阻碍工业机器人产业加快发展的一大绊脚石。

产品功能不足、无法满足场景需求、配套服务能力弱等问题制约了中国服务机器人产业的进一步发展。教育机器人本身除了陪伴功能，更多的附加价值在于产品的教育属性，但目前相关产品在功能上并不智能，未能激发儿童的好奇心、创造力、动手能力。在餐饮、商场等复杂场景中，公共服务机器人尚无法满足相应需求，机器人对人的可替代性弱。特种机器人对操控、

维护要求极高，配套服务发展滞后，在一定程度上影响了市场应用的积极性。

系统集成商需要深入了解用户需求及生产痛点，提供有针对性的方案，但很大一部分本土系统集成商积累较为薄弱，缺乏底层工艺积累和整线交付能力，难以满足工序复杂、精度要求高、配套多元化的项目需求。

针对上述机器人产业存在的问题，本报告提出下列对策建议。第一，通过产业政策倾斜，建立扶优限劣长效机制，大力培育核心零部件科技创新型企业，鼓励产业链协同研发，推动产品标准化和模块化，建立更加安全的供应链；第二，引导企业注重机器人产品设计及功能提升，树立精品意识，将用户体验、软硬件系统结构、场景需求等因素统一考量，增强机器人功能；第三，基于特种机器人核心功能延伸产业链条，建立全生命周期服务体系，降低装备维护及维修难度；第四，鼓励系统集成商针对重点行业提炼可批量复制的高通用性方案及产品，以降低项目成本并提高交付效率，提升核心竞争力。

（二）中国机器人产业专利集中度和企业参与度低，申请人对外布局和质量关注度有待提升

机器人产业方兴未艾，近年来新技术和新业态的发展不断拓展机器人的应用边界，专利已经成为企业市场竞争的一种合理手段，国外机器人企业往往会在高端产品上，通过提前设置专利网、收取巨额专利使用费等多种方式形成专利壁垒，当中国机器人企业"走出去"或者朝着更高端的市场发起冲击的时候，专利问题就成为一道绕不过去的坎。

目前，我国机器人相关专利数量虽多但较为分散，且企业参与度、申请积极性相对较低。IncoPat 专利数据库截至 2022 年 8 月 1 日的专利数据显示，中国局受理的机器人相关专利总量为 272914 件，对全球机器人相关专利总量的贡献较大，但全球机器人专利数量排名前十的申请人中并没有出现中国申请人。这在一定程度上说明中国申请人的专利申请较为分散，技术研发成果分散在大量不同的申请人中，不利于机器人技术在中国的发展和知识产权保护。此外，中国的机器人专利申请量排名前十的申请人中，本土企业只有 2 个，其余大多为科研院所和大专院校，尚未出现集中大量机器人专利的巨头企业。

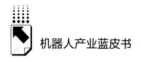

中国申请人面向全球的机器人相关专利申请量较少，对专利质量、诉讼技巧关注度有待提升。IncoPat 专利数据库数据显示，中国申请人[1]机器人专利申请目的地在境外的比例只有 3.81%，即中国申请人的专利布局重点在国内市场，对外的专利布局较少。同时，中国申请人在专利保护方面更关注专利数量及布局，而对专利质量的关注度相对较低，在后期的无效应对、专利维权、侵权谈判中将处于劣势。

针对上述机器人专利存在的问题，应当推动产业链龙头企业加大对机器人技术的研发投入力度，提升中国申请人的专利集中度；推动企业进行产学研合作，寻找合适的科研院所或大专院校进行共同研发，提升专利质量，降低研发成本，探寻更多的研发方向；引导中国申请人积极向外进行专利布局；支持中国申请人成立专业的法务团队，积极参与或组织知识产权相关的培训，在专利质量控制方面投入更多的精力。

（三）中国机器人产业人才存在结构性缺口，培养教育机制尚待完善

由于我国机器人产业起步晚，相关人才仍处于供不应求的局面，而机器人技术发展日新月异，倘若没有足够的研发研究、系统集成、操作运维等多方面人才支撑，只能亦步亦趋，无法真正做到领跑机器人产业。工业机器人的研发需要多种学科交叉融合，而相关的研发人才则应掌握多领域的专业知识，但复合型人才培养难度大、培养周期长，且培养平台少，导致人才缺口明显。机器人产业系统集成人才必须有能力对客户的需求实现精准把控并熟悉产品的生产工艺以及内外部特征，需要企业付出 5~8 年时间进行人才培养，因此目前人才供给不平衡、不充分。预计到 2025 年，工业机器人系统运维员及工业机器人系统操作员两个岗位的缺口将达约 250 万人，目前该类人才的主要来源为职业学校产教融合培养和社会培养，有效培养比例较低。

针对上述机器人产业人才培养存在的问题，应发挥政府监督、指导、协

---

① 此处中国申请人数据不包含港澳台申请人数据。

调和服务功能，营造良好的创新环境，完善知识产权保护框架及创新人才多元化评价体系，落实人才激励政策。机器人产业龙头企业要在职业标准开发领域积极发挥牵头作用，引领机器人产业应用型人才培养的方向。规范校企培养模式，与国际接轨，实现全维度培养。

（四）中国机器人产业存在低端产能无序扩张、企业盲目出海等乱象

在"机器换人"等一系列政策的助推下，中国机器人产业获得了快速发展，但也存在低端产能无序扩张、企业盲目出海等诸多乱象。

部分企业跟风入局机器人产业，因产品低端无竞争力而快速退出市场。在"机器换人"等政策实施后，机器人产业成为焦点行业，部分企业在无充分技术、市场、人才等资源支撑的情况下，快速入局机器人产业，以期获得政府补贴和争取资金投入，但又因无核心技术、产品低端，所投资源并未获得营收利润，被迫收缩或放弃机器人业务。

近年来，众多中国机器人企业走出国门，寻找新的利润增长点，但部分机器人企业跨国收并购未能识别关键风险点，被当地政府叫停，还有部分项目在收并购完成后无法进行很好的资源整合优化，存在种种困难及陷阱。

针对上述机器人产业存在的问题，提出下列对策建议。第一，鼓励企业聚焦细分领域，实现"专精特新"发展，发挥各类基金的引导带动作用，将资源向实干企业倾斜，并相应设立扶持复核制度，避免部分企业"投机"；第二，企业须注重培养和提升海外收并购核心能力，综合分析国外政策风险、市场竞争态势等，梳理制定清晰有效的收并购战略。

四 中国机器人产业发展趋势及市场机会

（一）我国高度重视机器人产业创新，将在技术、营销、应用等多维度持续创新

近年来，我国加快构建新发展格局，从加强共性技术、努力研发前沿技

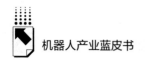

术以及推动融合应用三个维度提出了创新任务，机器人产业将在产品技术、产品营销、行业应用等方面持续创新。

国家通过重点研发计划、自然科学基金等项目，不断夯实机器人重点理论研发基础，及时研判机器人未来发展趋势，积极布局人形机器人、复合机器人、多机协同等前瞻性技术研究，注重激发中小企业创新活力，完善中小企业融资通道。

机器人产业链企业将积极聚焦国产核心零部件、国产操作系统等关键共性技术，进行全面攻关，同时积极与国产芯片、国产工业软件进行供需对接，推动形成自主可控生态体系，打造更具有全球竞争力的机器人产业链。机器人应用趋向场景多样化和需求碎片化，企业逐渐联合新型研发机构缩短产品升级周期。服务机器人初步完成市场教育，产品不断迭代改进，部分领先企业开始注重海外市场推广，线上营销受重视程度持续攀升。

（二）我国机器人细分应用领域逐渐增多且深入，部分关键技术得到突破

近年来，我国机器人产学研用协同创新体系逐步完善，机器人核心零部件技术有所突破，自主品牌机器人产品竞争力逐步增强。同时，随着我国机器人产品在越来越多细分领域的深入推广，以及创新应用带动技术革新，机器人的感知、决策、控制、行走等智能化水平显著提升。

在工业机器人领域，我国进一步完善发展协调机制，促进工业机器人产业健康发展，逐渐重视工业机器人上云、"云—边—端"一体化智能机器人云平台、3D 视觉规模化应用、智能算法优化与标准化普及、C2M 商业模式等的创新，推动工业机器人可操作性和易用性不断提升。

在服务机器人领域，公共服务机器人、养老助残机器人、农业机器人、深海采矿机器人、煤矿机器人等产品逐渐打开市场，相关企业通过突破关键技术、探索租赁商业模式、拓展海外市场等实现业绩突破。例如，在煤矿机器人领域，国家政策引导煤矿机器人产业高质量发展，对产品技术稳定性、全流程标准化提出更高要求。煤矿机器人产业资源加速融合，多方力量共建

创新生态体系，企业将更加注重引入交叉协同技术，自主适应复杂动态环境并实现协同作业，同时通过自主研发基础部件、开发定制化解决方案等途径，提升产业化应用能力。服务机器人续航、手术机器人临床应用、特种机器人标准化等领域的关注度不断提升，部分企业通过增强电池功能、引入人工智能技术、创新技术产品体系等方式实现突破。此外，部分龙头企业凭借技术等优势寻求业务跨界，挖掘场景衍生商业形态，实现场景智慧化数据服务。

（三）机器人产业链"专精特新"发展成为趋势，科技巨头多维度助推或催生世界级机器人企业

2021 年，虽然国内外经济环境复杂，但机器人主板上市企业营收稳步增长，创业板、科创板上市企业经营活力较强，北京证券交易所助力机器人中小企业发展；大型企业通过收并购实现业务多元化升级，行业内公开披露投融资金额创新高。

中小企业作为机器人产业链中的重要参与者，随着国家持续推进"专精特新"战略，机器人产业链将加速重构，中小企业将迎来更宽融资渠道和更好发展机会。"专精特新"中小企业将凭借在细分领域长期攻坚、技术创新的特点，有效填补我国机器人产业链细分领域的短板。北京证券交易所专注于服务创新型中小企业，更加尊重机器人中小企业发展规律和成长阶段，制度包容性和精准性更高，将逐渐成为机器人企业上市的主流选择。

近年来，美团、字节跳动、阿里巴巴、腾讯、百度、华为等科技巨头的战略投资身影开始频繁出现在机器人赛道。众多科技巨头坐拥海量的用户和数据，除了资本助跑，还能以数据赋能、高效获客、运营支持等多种方式推动机器人应用规模扩大，促进机器人产品智能化程度大幅提高，可适用的场景及价值将爆发式增长，或将催生数家世界级机器人企业。

（四）我国机器人专利申请更加关注产品功能性能改进等技术效果

近年来，中国机器人产业链上下游企业持续深耕技术研发，中国申请人

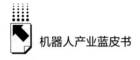

的机器人专利申请数量实现了从追赶到超越再到遥遥领先，专利申请数量已经明显超越其他国家或地区的专利申请总量。从机器人专利申请效果看，国内申请人对机器人技术的关注点逐渐转变为产品功能和性能的改进。

专利的技术效果反映了发明创造实现的技术效果及解决的痛点，专利申请技术效果变化可以明确反映技术研发热点的变化趋势。早期，国内机器人专利申请对"体积""重量"等外在问题关注度较高；随着机器人技术的发展，关注点逐渐变为"稳定性提高""安全性提高""生产效率提高""便利性提高"等产品性能提升、功能改进。此外，"结构复杂性降低"和"成本降低"一直是机器人技术研发热门关注领域。

分 报 告
Topical Reports

B.2
中国工业机器人发展报告
（2022~2023）

沙鑫 申靓*

摘　要： 2021 年，中国工业机器人密度达到全球平均水平的近 3 倍；深
　　　　　度学习、自主决策、人机协作、复合机器人等技术得到了快速发
　　　　　展；政策多角度助推，国标、行标、团标、企标等大量出台实
　　　　　施，保障了机器人产业的健康发展。在新能源等行业智能制造需
　　　　　求带动下，国内工业机器人销量及销售额增幅均超 50%，国产
　　　　　占比突破 40%。针对工业机器人产业面临的核心零部件短板、
　　　　　研发周期长、操作系统产业化滞后、检测认证支撑不足等难题，
　　　　　可通过产业政策合理倾斜、深化产学研合作、提升企业自主创新
　　　　　动力、加强国际交流等途径解决。未来，系统性协调机制将更加
　　　　　健全，工业机器人上云关注度将不断提升，视觉及算法将推动工

* 沙鑫，严格集团高级市场分析师，主要研究方向为机器人、人工智能、智慧城市、智能制
　造、商业航天等；申靓，北京市西城经济科学大学教师，曾任职于严格集团，拥有近 10 年市
　场调研、品牌宣传经验。

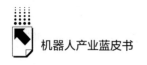

业机器人拓展更多应用领域，工业机器人相关技术应用将助力 C2M 商业模式落地。

关键词： 工业机器人　机器视觉　复合机器人

一　工业机器人发展现状

（一）定义及产业链概述

2020 年 11 月 19 日，国家市场监督管理总局、国家标准化管理委员会发布《机器人分类》（GB/T 39405—2020），并于 2021 年 6 月 1 日正式实施。按照《机器人分类》，工业机器人的定义为：自动控制的、可重复编程、多用途的操作机，可对三个或三个以上的轴进行编程，它可以是固定式或移动式，在工业自动化中使用。同时，该标准提出，工业机器人按《机器人　分类及型号编制方法》（JB/T 8430—2014），可根据用途分为搬运作业/上下料机器人、焊接机器人、喷涂机器人、加工机器人、装配机器人、洁净机器人和其他工业机器人。

工业机器人产业链分为上游关键结构部件、中游本体制造以及下游销售及售后服务。工业机器人关键结构部件可分为硬件系统、软件系统，整体技术门槛较高；工业机器人本体制造由上游采购的基础原材料和零部件集成，是机器人结构设计、功能实现的载体；工业机器人销售及售后服务包括系统集成、销售等环节，直接与终端客户对接，完成机器人及解决方案落地。

（二）全球及中国工业机器人密度

国际机器人联合会（IFR）发布的《2022 年世界机器人报告》显示，2021 年全球工业机器人平均密度为 141 台/万人，同比增长 11.9%；中国工业机器人密度为 322 台/万人，同比增长 30.9%（见图 1）。中国工业机器人密度是全球平均水平的近 3 倍，全球排名从 2015 年的第 25 位上升至 2021

年的第 5 位。韩国、日本、德国等国家的工业机器人密度亦有所增长（见图 2），但增速不及中国。

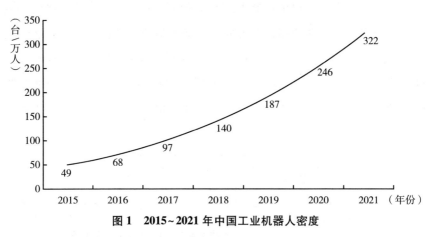

图 1　2015~2021 年中国工业机器人密度

资料来源：IFR 2016~2021 年《世界机器人报告》。

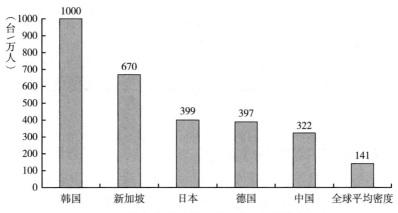

图 2　2021 年部分国家及全球平均工业机器人密度

资料来源：IFR《2022 年世界机器人报告》。

（三）政策现状

1. 国家助推工业机器人建设，提升产业发展质量

我国政府高度重视机器人产业，重点支持该领域发展。近年来，工信部

等相关部门印发《"十四五"机器人产业发展规划》《"十四五"智能制造发展规划》《关于开展2022年度智能制造标准应用试点工作的通知》等文件，在行业发展方面，提出机器人产业提升创新能力，增加高端产品供给，优化产业组织结构；在应用市场方面，部署制造业企业数字化、智能化发展路线及规划；在配套标准方面，依照国家标准配套应用相关行业标准等，形成推动智能制造有效实施应用的"标准群"。我国政策从多角度助推机器人产业蓬勃发展，以改变人类生产和生活方式，促进经济社会发展（见表1）。

表1　2021~2022年中国工业机器人引导政策（部分）

发布时间	政策名称	主要内容
2022年4月	《关于开展2022年度智能制造标准应用试点工作的通知》	优先试点已发布、研制中的国家标准，配套应用相关行业标准、地方标准、团体标准和企业标准，形成一批推动智能制造有效实施应用的"标准群"
2021年12月	《"十四五"智能制造发展规划》	加快关键核心技术攻关并加速智能制造装备和系统推广应用。到2025年，规模以上制造业企业基本普及数字化，到2035年，规模以上制造业企业全面普及数字化
2021年12月	《"十四五"机器人产业发展规划》	到2025年，我国机器人产业营收年均增速超20%，到2035年，机器人将成为人民生活重要组成部分

资料来源：依据公开资料整理。

2. 地方政府围绕具体产业发展情况，发布工业机器人差异化引导政策

各省（区、市）结合产业发展情况，发布工业机器人扶持和引导政策。受国家政策引导，各地方政府大力鼓励机器人产业发展，提出提高制造业智能化发展水平，鼓励机器人关键核心零部件和前沿技术突破，培育龙头企业及产业链，提供税收、补贴等配套扶持政策。同时，依据我国部分省（区、市）的政策内容，可看出不同地区的战略差异，北京提出构建具有北京特色的机器人产业生态，上海发展可应用于加工等场景的高精度工业机器人，福建重点突破机器人力矩伺服电机驱动器等关键部件的生产制造技术，广东打造世界先进水平的制造业基地和全球重要的制造业创新聚集地（见表2）。

表2 2020~2022年中国部分省（区、市）工业机器人引导政策

序号	省(区、市)	发布时间	政策名称	主要内容
1	广西	2022年3月	《广西机械和高端装备制造产业集群发展"十四五"规划》	积极开辟机器人、无人机等领域新蓝海市场，重点培育机器人和智能制造装备以及应急装备产业，打造新赛道中的"加速器"
2	辽宁	2022年1月	《辽宁省先进装备制造"十四五"发展规划》	重点发展工业机器人、移动机器人、洁净机器人等全系列产品及核心零部件，形成研发协同创新机制完善、企业梯度发展、产业链条完整的国内领先的机器人产业基地
3	北京	2021年8月	《北京市"十四五"时期高精尖产业发展规划》	智能机器人领域聚焦构建健康机器人、特种机器人、协作机器人、自主移动机器人四大整机加关键零部件的"4+1"发展格局，构建具有北京特色的机器人产业生态
4	上海	2021年12月	《上海市高端装备产业发展"十四五"规划》	推动工业机器人升级，发展应用于加工等场景的高精度工业机器人，突破具备柔性交互与高仿人化特征的6轴及以上协作机器人与自适应机器人
5	安徽	2021年9月	《安徽省"十四五"高端装备制造产业发展规划》	确定了"产业能级进一步提升""高端装备进一步突破""产业结构进一步优化"三大目标
6	广东	2021年7月	《广东省制造业高质量发展"十四五"规划》	打造世界先进水平的先进制造业基地和全球重要的制造业创新集地、制造业高水平开放合作先行地和国际一流的制造业发展环境高地
7	江苏	2021年8月	《江苏省"十四五"制造业高质量发展规划》	以先进制造业集群和产业链培育为引领，找准产业转型升级的突破口、重要竞争优势的新引擎，推动江苏制造加快迈向全球产业链价值链中高端
8	山西	2021年6月	《山西省"十四五"新装备规划》	围绕智能机器人等4个国家战略装备制造业，引进发展战略需求新装备

续表

序号	省(区、市)	发布时间	政策名称	主要内容
9	福建	2020年6月	《关于推动福建省机器人、传感器及智能化仪器仪表产业发展的若干意见》	重点突破机器人力矩伺服电机驱动器等关键部件的生产制造技术,集成开发具有自主知识产权的专用机器人及自动引导小车,研制行业柔性装配及检测自动化生产线成套装备

资料来源:依据公开资料整理。

(四)技术现状

1.基于深度学习的操作技术赋予工业机器人面向未知环境的决策能力

随着人工智能和机器学习等技术的发展,涌现了一些基于深度学习的工业机器人操作技术,打破了传统方法中复杂编程及示教编程的壁垒,并且赋予了工业机器人自主学习操作技能的能力,从而使工业机器人在非结构化、动态环境中也具备一定的操作能力。

在深度学习与机器人技术充分整合后,工业机器人可以快速提取有用的规则和经验,面对未知环境时仍具备一定的决策能力,自主调整行为策略以适应不同的操作任务。以食品工业为例,机器人对食品的抓取、拣选是实现全流程自动化的基础,但部分食品形状不规则、特征多变,之前对复杂形状食品的抓取与精确放置完全由人工操作,极大地限制了生产线的速度、精度、稳定性与生产效率,而且工作本身枯燥无味,浪费人力与时间。引入深度学习算法后,工业机器人将输入原始训练数据(食品形状数据),开始自动查找进行模式识别或分类所需的特征,总结某个抓取动作成功的经验,提取合适的数据特征,并提升下一次表现,从而实现快速、稳定的视觉分析与定位,满足工业应用的高精度要求。

2.协作机器人凭事前预防及事后控制保证安全性,领先厂商推出安全皮肤技术兼顾效率

协作机器人因安全可靠、灵活易用、部署快速等特点,在确保工人安全前提下，能与人近距离协同工作，共同执行任务，从而进一步拓展应用场景，越来越受到市场的青睐。

协作机器人被设计成与人类共享物理空间，其安全性至关重要，目前的安全技术主要通过事前主动预防和事后控制来保证安全。事前主动预防主要是在协作机器人上安装超声波、视觉、光电等传感器，实时检测判断机器人与障碍物之间的相对位置，采取适当的控制措施防止碰撞发生；事后控制是人和协作机器人发生碰撞时采取的安全保护措施，主要通过设计轻型机械臂，机械本体增加弹性材料，设计柔顺关节，采用力/位混合控制，使用力觉、触觉传感器检测碰撞等方法降低碰撞冲击力，防止对人造成二次伤害。

在保证安全的前提下，领先协作机器人厂商开始追求速度及效率，推出安全皮肤等技术以兼顾安全与效率。采用事前主动预防技术，当人频繁进入工作区的时候，机器人将降低速度，或者停止任务，最终将牺牲效率；采用事后控制技术，在碰撞后再做出响应，伤害已经发生，同时为了保证伤害程度在可接受的范围内，需要对机器人输出的力、运行速度等进行限制，因此机器人的性能和效率将会大打折扣。针对上述痛点，越疆、大族等厂商推出协作机器人安全皮肤技术。越疆科技公司网站数据显示，安全皮肤技术基于碰前预感知安全技术，实现碰撞中段360°检测，具有覆盖面积大、感知范围精准、响应速度快、抗干扰性强的特点，能够在10~20cm距离检测到入侵物体，并在10ms内做出快速响应，让协作机器人在中低速运动下，完全避免伤害的发生，在高速度运行下，将碰撞损伤降低90%。

3. 复合移动机器人以协同控制技术对主要模块进行柔性集成，实现高自由度移动操作能力

智能工厂是制造业从价值链中低端迈向中高端的着力点和主攻方向之一，而实现智能工厂建设需要打通物质流和数据流，复合移动机器人在其中扮演着不可或缺的角色。复合移动机器人本体主要由移动底盘（多为自主移动机器人，Autonomous Mobile Robot，AMR）、机械臂、末端执行器、视觉等功能模块组成，通过整合移动底盘的移动能力、机械臂的高自由度操作能力以及机器视觉的智能识别能力，实现高精度、高柔性、高稳定性的物料

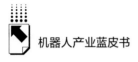

抓取、放置、移载功能，可在运转、打磨、装配等工作区域内任意位置移动，实现空间任意位置和姿态可达，具有灵活抓取和操作能力，能够彻底打通智能工厂建设的末端环节。

复合机器人并不是简单的功能模块堆叠，关键技术是将移动底盘、机械臂、末端执行器等主要模块进行柔性集成应用，核心是复合移动机器人协同控制技术。以优艾智合为例，其推出复合机器人操作系统，可以实现移动与操作协同控制，在整车控制层面打通移动底盘和机械臂的协议层，同时将机械臂的示教系统和 AMR 部署系统进行用户界面（User Interface，UI）层面的打通；在产品应用层面，部署调试和任务层面 AMR 与机械臂进行解耦，以实现更高效的开发和更快速的部署。这种协同控制技术将复合机器人作为一个多自由体进行控制，由同一个控制器控制底盘驱动电机和关节电机，构建统一的运动学和动力学模型进行解算，可以实现底盘和操作的联动，柔性化程度高。

（五）标准现状

1. 工业机器人国标大量出台实施，覆盖产业链上下游关键环节

工业机器人标准体系趋于完善，顶层设计已经基本完成，产业发展所急需的技术标准陆续出台和实施，工业机器人评价标准的研究和验证工作稳步推进。2020~2021 年，我国共发布 38 项国家标准，批准 6 项行业标准和 2 项地方标准（见表 3~5），其中大部分类别为评价方法、测试方法、技术规范/条件，覆盖核心零部件、本体、人机协作、系统集成、云服务、生命周期等领域，有力促进了产品质量及性能的提升，推动我国工业机器人产业向高端发展，保持自主知识产权的核心竞争力。

表 3 2020~2021 年工业机器人相关国家标准示例

序号	标准编号	标准中文名称	发布日期
1	GB/T 40575—2021	《工业机器人能效评估导则》	2021 年 10 月 11 日
2	GB/T 40576—2021	《工业机器人运行效率评价方法》	2021 年 10 月 11 日
3	GB/T 40212—2021	《工业机器人云服务平台分类及参考体系结构》	2021 年 5 月 21 日

序号	标准编号	标准中文名称	发布日期
4	GB/T 40014—2021	《双臂工业机器人 性能及其试验方法》	2021 年 4 月 30 日
5	GB/T 39633—2020	《协作机器人用一体式伺服电动机系统通用规范》	2020 年 12 月 14 日
6	GB/T 39402—2020	《面向人机协作的工业机器人设计规范》	2020 年 11 月 19 日
7	GB/T 39408—2020	《电子喷胶机器人系统 通用技术条件》	2020 年 11 月 19 日
8	GB/T 39407—2020	《研磨抛光机器人系统 通用技术条件》	2020 年 11 月 19 日
9	GB/T 39266—2020	《工业机器人机械环境可靠性要求和测试方法》	2020 年 11 月 19 日
10	GB/T 38835—2020	《工业机器人 生命周期对环境影响评价方法》	2020 年 6 月 21 日

资料来源：全国标准信息公共服务平台。

2. 工业机器人团标企标活力涌现，填补协作机器人等标准缺口

随着工业机器人技术的发展，新产品、新应用、新业态不断出现，相应的标准需求日益迫切，团体标准、企业标准的灵活性和适应性强，能够及时填补面临的标准缺口。根据全国团体标准信息平台数据，2020~2021 年，我国协会、学会、行业联盟围绕产业发展趋势和标准缺口，共公布 55 项工业机器人相关团体标准，有效解决了协作机器人、移动机器人、双旋机器人、机器人电池、一体化关节等标准缺失滞后的问题。

表 4　2020~2021 年工业机器人部分团体标准示例

序号	团体名称	标准编号	标准名称	公布日期
1	深圳市机器人标准检测技术学会	T/SSITS 802—2021	《工业应用移动机器人 传导式充电装置技术规范》	2021 年 12 月 16 日
2	深圳市机器人标准检测技术学会	T/SSITS 501—2021	《汽车生产线用移动机器人技术规范》	2021 年 12 月 16 日
3	深圳市机器人标准检测技术学会	T/SSITS 801—2021	《工业应用移动机器人 锂离子蓄电池技术规范》	2021 年 12 月 16 日
4	广东省机械工程学会	T/GDMES 0027.1—2021	《工业机器人 双旋机器人通用技术规范》	2021 年 11 月 15 日
5	河北省质量信息协会	T/HEBQIA 037—2021	《全钢轮胎生产用桁架式机器人》	2021 年 8 月 27 日

序号	团体名称	标准编号	标准名称	公布日期
6	中国机电一体化技术应用协会	T/CAMETA 40003—2021	《电石出炉机器人通用技术条件》	2021 年 5 月 17 日
7	浙江省品牌建设联合会	T/ZZB 2099—2021	《化纤喷丝板板面清洗机器人》	2021 年 4 月 24 日
8	中国钢铁工业协会	T/CISA 070—2020	《工业机器人热成型模锻智能装备》	2020 年 11 月 23 日
9	浙江省智能技术标准创新促进会	T/ZAITS 10501—2021	《机器人一体化关节性能及试验方法》	2021 年 1 月 24 日
10	宁夏机械工程学会	T/NXJX 002—2021	《人机协作遥操作机器人铸件打磨系统 技术要求》	2021 年 1 月 18 日

资料来源：全国团体标准信息平台。

近年来，我国工业机器人自主品牌逐渐崛起，涌现一大批从事机器人生产和应用工程的优质企业，这些企业也逐渐意识到标准的重要性，纷纷制定企业标准以实现科学管理和保证产品质量。企业标准大部分针对技术含量较高的机器人产品，比如协作机器人、六轴机器人、焊接机器人等。

表 5　2020~2021 年工业机器人部分企业实施标准示例

序号	企业名称	标准编号	标准名称	发布时间
1	广东博智林机器人有限公司	Q/BZL P0019—2021	《协作机器人》	2021 年 11 月 29 日
2	河北长孚电气设备有限公司	Q/130671—CFDQ—02—2020	《工业机器人控制装置》	2021 年 6 月 29 日
3	杭州凯尔达机器人科技股份有限公司	Q/KED002—2021	《机器人焊接系统》	2021 年 5 月 28 日
4	浙江钱江机器人有限公司	Q/331081 QJ 001—2021	《工业机器人 EMC 试验》	2021 年 5 月 26 日
5	广东利迅达机器人系统股份有限公司	Q/LXD 2—2021	《打磨抛光工业机器人系统》	2021 年 5 月 10 日
6	常州铭赛机器人科技股份有限公司	Q/320412 CMS 001—2021	《工业全自动点胶机器人》	2021 年 3 月 10 日

序号	企业名称	标准编号	标准名称	发布时间
7	东莞市信腾机器人科技有限公司	Q/XT 002—2020	《六轴机器人》	2020 年 12 月 22 日
8	爱普生技术（深圳）有限公司	Q/EPSON RS003—2020	《C 系列　6 轴工业机器人》	2020 年 12 月 16 日
9	广州启帆工业机器人有限公司	Q/QFGY—2-2020	《人机协作机器人》	2020 年 7 月 13 日
10	广东科佩克机器人有限公司	Q/KPK0001—2019	《六自由度工业机器人》	2020 年 3 月 11 日

资料来源：企业标准信息公共服务平台。

二　工业机器人市场规模分析

（一）在新能源等行业的智能制造需求带动下，国内工业机器人销量、市场规模增幅超50%

据国家统计局网站数据，2021 年，国内高技术制造业和装备制造业快速发展，国内工业机器人产量为 366044 台（套）（见图 3），同比增长 44.9%，增速高于集成电路（33.3%）、微型计算机设备（22.3%），低于新能源汽车（145.6%），越来越多的工业机器人厂商将新能源汽车作为重点业务布局方向。

据 IFR 发布的《2022 年世界机器人报告》数据，2020 年、2021 年，全球工业机器人销量分别为 38.40 万台（套）和 48.68 万台（套），2021 年较 2020 年增长 26.77%（见图 3），主要增长动力是 3C 电子行业，增长幅度为 21%，销量达到 13.20 万台（套），超过汽车行业的 10.90 万台（套），成为工业机器人的最大应用市场（见图 4）。2020 年、2021 年全球工业机器人市场规模分别为 136 亿美元和 145 亿美元，2021 年较 2020 年增长 6.62%。总体来看，全球市场规模将进入稳步增长的时期。

据高工产研机器人研究所（GGII）《2022 年中国工业机器人行业调研报告》数据，2020 年、2021 年，中国工业机器人销量分别为 16.97 万台（套）

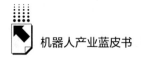

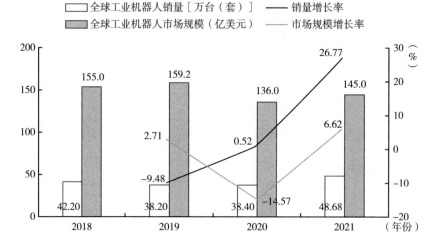

图3　2018~2021年全球工业机器人销量及市场规模

资料来源：IFR《2022年世界机器人报告》。

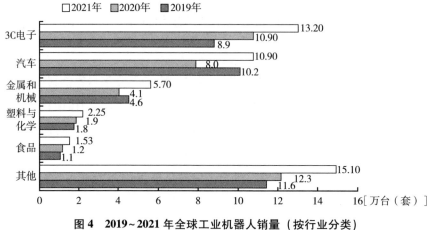

图4　2019~2021年全球工业机器人销量（按行业分类）

资料来源：IFR《2022年世界机器人报告》。

和26.13万台（套），2021年较2020年增长53.98%（见图5）。其中，多关节机器人在新能源行业智能制造生产需求带动下，销量同比增速超50%；协作机器人在汽车零部件等工业领域需求进一步扩大带动下，销量同比增速超80%，都带动了国内工业机器人销量的快速增长。

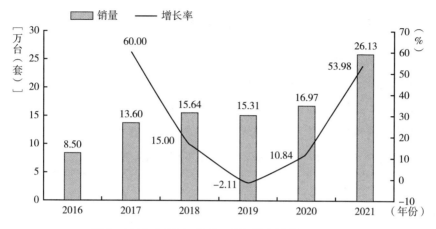

图 5　2016~2021 年中国工业机器人销量及增长率

资料来源：GGII《2022 年中国工业机器人行业调研报告》。

根据 GGII 发布的《2022 年中国工业机器人行业调研报告》数据，2020 年、2021 年中国工业机器人市场规模分别为 188.48 亿元和 291.25 亿元，2021 年较 2020 年增长 54.53%（见图 6），原因在于国内市场对工业机器人需求旺盛，本体销量大幅增长，同时，由于原材料、物流等成本上涨，机器人产品价格下降趋势有所放缓，促进国内机器人销售额的提升。

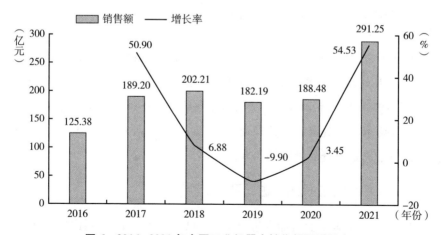

图 6　2016~2021 年中国工业机器人销售额及增长率

资料来源：GGII《2022 年中国工业机器人行业调研报告》。

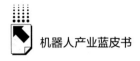

（二）中国工业机器人销量国产外资占比

根据 GGII《2022 年中国工业机器人行业调研报告》数据，2021 年，外资工业机器人销量约为 15.04 万台（套），占比 57.56%，销量较 2020 年增加 3.87 万台（套），但占比同比下降 8.26 个百分点（见图 7）。其中，四大家族①总销量约为 8.59 万台（套），占整体工业机器人销量的 32.87%，销量同比增加 3.25 万台（套），但占比同比下降 1.43 个百分点。

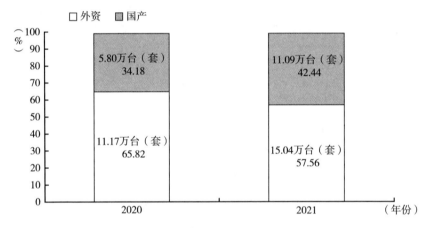

图 7　2020～2021 年中国工业机器人国产、外资销量及占比

资料来源：GGII《2022 年中国工业机器人行业调研报告》。

根据 GGII 发布的《2022 年中国工业机器人行业调研报告》数据，2021 年，国产工业机器人销量约为 11.09 万台（套），占比 42.44%，销量较 2020 年增加 5.29 万台（套）。从国内工业机器人销量看，国产品牌的技术、性价比等要素不断提升，虽然外资品牌仍占市场主导地位，但国产工业机器人的销量增速是外资品牌的约 2.6 倍。

（三）中国工业机器人进口及出口量

2021 年，中国工业机器人进口量为 111286 台（套），同比增长 50.08%

---

① 工业机器人产业四大家族指发那科（FANUC）、ABB、安川（YASKAWA）、库卡（KUKA）。

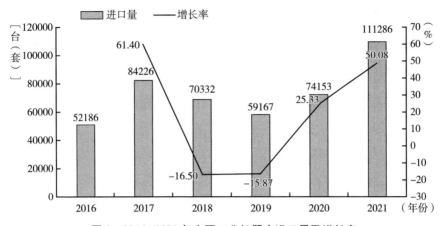

图8 2016~2021年中国工业机器人进口量及增长率

资料来源：GGII《2022年中国工业机器人行业调研报告》。

（见图8）。原因在于国内新能源等行业智能制造需求大幅增长，汽车等外资品牌占比更高的生产领域快速扩产，直接带动外资工业机器人销量增长；同时，全球经济格局复杂，国内经济形势更加稳定，有能力承接部分海外产业链产能，促进外资工业机器人销量提升。

2021年，中国工业机器人出口量为30168台（套），同比增长93.4%（见图9）。原因在于国产工业机器人的技术、性价比提升，部分头部厂商陆

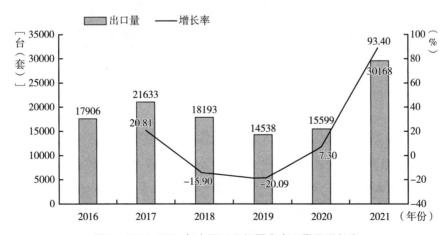

图9 2016~2021年中国工业机器人出口量及增长率

资料来源：GGII《2022年中国工业机器人行业调研报告》。

续走入国际市场；同时，国内协作机器人、物流机器人等产品在技术、价格等方面具备较强的市场竞争优势，海外销售成为拉动国内工业机器人出口量增长的重要引擎。

（四）国内工业机器人销售类型、行业应用分布及国产化情况

从工业机器人产品类型看，2021年中国市场中多关节机器人销量居首位，销售16.98万台（套），相较2020年增长57.08%；平面关节机器人（SCARA）销售6.57万台（套），相较2020年增长41.9%；协作机器人销售1.86万台（套），相较2020年增长87.88%；并联机器人销售不足万台，同比增长46.94%（见图10）。

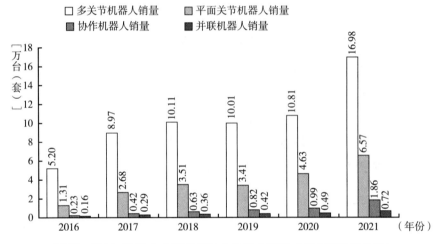

图 10　2016~2021 年中国市场工业机器人销量（按产品类型分类）

资料来源：根据 GGII 资料绘制。

从终端应用行业看，2021年我国工业机器人主要应用在汽车整车及零部件、3C电子、金属加工、塑料及化学制品以及食品饮料烟草等领域，汽车整车及零部件和3C电子行业市场占比分别为28.51%和26.64%，较上年略有下滑（见图11）。从整体的增量需求看，3C电子、新能源、金属机械等领域贡献了超过60%的份额，新能源行业的需求逐渐显现，2021年锂电池行业新增机器人数量同比增加98.19%。

图 11　2016~2021 年中国市场工业机器人应用分布

资料来源：根据 GGII 资料绘制。

从国产化程度看，金属制品、食品饮料行业国产化率提升较为明显，3C 电子行业略有提升（见图 12）。汽车行业国产化率略有下滑，新兴行业如鞋服、自行车行业需求日益显现，不少国产机器人厂商均开始关注并积极布局。

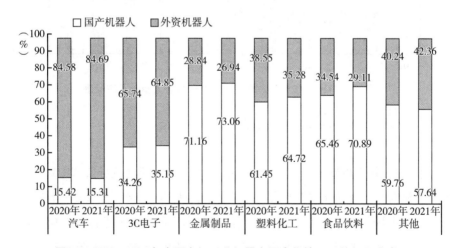

图 12　2020~2021 年中国市场工业机器人国产化情况（按行业分类）

资料来源：根据 GGII 资料绘制。

1. 多关节机器人销量及销售额增速均超50%，国产厂商针对焊接、折弯、冲压等应用进行布局

2021年，中国多关节机器人销量为16.98万台（套），同比增长57.09%；销售额为236.12亿元，同比增长54.83%。多关节机器人销量爆发式增长主要得益于轻小负载产品持续拉动及中大负载产品开始放量，众多厂商聚焦3C电子、金属焊接等应用在轻小负载产品发力；新能源汽车、锂电、光伏等行业景气度回升，高负载六轴机器人在焊接、搬运、包装等领域应用实现大幅增长；重型工业的搬运码垛需求增长，也对高负载六轴机器人销量产生积极影响。预计到2026年，多关节机器人销量有望超过46万台（套）（见图13），销售额超过630亿元（见图14）。

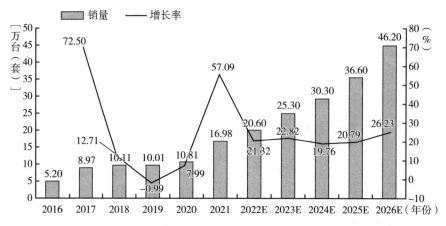

图13　2016~2026年中国市场多关节机器人销量及增长率

注：2022~2026年为预测数据。
资料来源：GGII《2022年中国工业机器人行业调研报告》。

根据GGII《2022年中国工业机器人行业调研报告》数据，2021年国产多关节机器人销量为6.47万台（套），占比为38.09%，较2020年有所提升，虽然市场依然由外资厂商主导，但部分本土厂商发展迅速，有望实现追赶超越。从多关节机器人整体竞争市场看，销量前四被工业机器人产业四大家族占据，这4家外资企业占据的市场份额由2020年的50.4%缩减到2021

图 14　2016~2026 年中国市场多关节机器人销售额及增长率

注：2022~2026 年为预测数据。

资料来源：GGII《2022 年中国工业机器人行业调研报告》。

年的 47.23%。紧随其后的是埃斯顿、伯朗特、尔必地、卡诺普等国产机器人企业，它们借助渠道布局、价格服务等方面优势，逐渐撼动国际品牌地位。

多关节机器人应用领域有装货、卸货、喷漆、表面处理、测试、测量、弧焊、点焊、包装、装配、切屑机床、固定、特种装配操作、锻造、铸造等，在各行业中均有应用，其中以汽车、3C 电子、金属机械等行业应用较多。从各厂商的产品布局看，从通用产品向专用产品转型已成为行业现象。其中，国产厂商更多布局焊接、折弯、冲压等应用领域，外资厂商则更多针对装配、喷涂、焊接等应用领域进行布局。

2. 受国内 3C 制造业景气度影响，平面关节机器人市场需求保持强劲，国产销量份额突破 40%

2021 年，中国平面关节机器人销量为 6.57 万台（套），同比增长 41.9%；销售额为 26.29 亿元，同比增长 41.57%。平面关节机器人销量增长的主要动力是国内 3C 制造业景气度高涨，下游需求保持强劲。预计到 2026 年，平面关节机器人销量有望超过 21 万台（套）（见图 15），销售额达到 75 亿元（见图 16）。

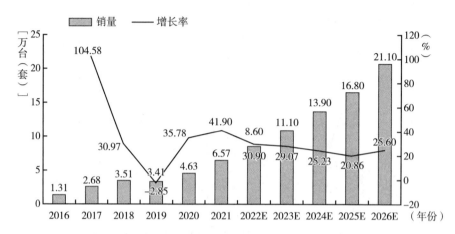

图 15　2016~2026 年中国市场平面关节机器人销量及增长率

注：2022~2026 年为预测数据。

资料来源：GGII《2022 年中国工业机器人行业调研报告》。

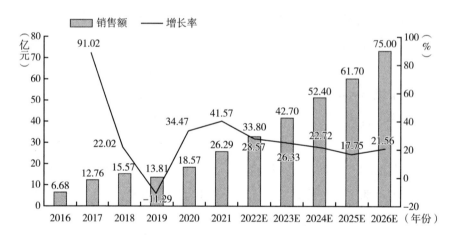

图 16　2016~2026 年中国市场平面关节机器人销售额及增长率

注：2022~2026 年为预测数据。

资料来源：GGII《2022 年中国工业机器人行业调研报告》。

GGII 数据显示，2021 年国产平面关节机器人销量为 2.7 万台（套），占比为 41.13%，国产机器人市场份额总体呈上升态势。由于产品导入时机、技术性能指标占优等综合因素推动，外资品牌仍占据国内平面关节机器人市场的多数份额，爱普生、雅马哈保持领先优势且增长明显，销量分别为

1.96 万台（套）和 1.12 万台（套）；国产平面关节机器人在中高端应用领域处于弱势地位但进步明显，国产厂商汇川、众为兴、台达占据市场销量的第 3~5 位，销量分别为 0.57 万台（套）、0.41 万台（套）和 0.36 万台（套）。

2021 年，3C 电子行业仍为中国平面关节机器人第一大应用行业，占比 59.42%，其中装配/拆卸是主要的细分应用领域，占比 24.65%，搬运上下料次之，占比 17.12%，分拆包装、焊接、点胶占比分别为 8.03%、6.02% 和 3.60%。新能源、半导体、食品医药为次于 3C 电子行业的应用行业，占比分别为 15.50%、14.66%、7.42%（见图 17）。

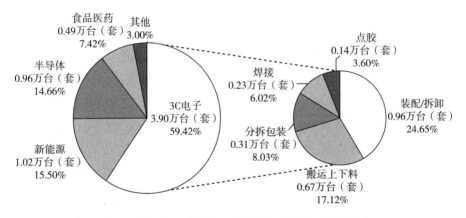

图 17　2021 年中国市场平面关节机器人行业应用分布

资料来源：GGII《2022 年中国工业机器人行业调研报告》。

3. 并联机器人开始在食品医药行业放量，销量及销售额增速均超40%，前三厂商出货量均破千台

2021 年，中国并联机器人销量为 7176 台（套），同比增长 45.56%；销售额为 8.44 亿元，同比增长 43.54%。并联机器人在中国市场起步较晚，市场规模小但增长迅速，其轻负载、高速、高精度的特点可以满足食品、医药等很多应用场景的需求。预计到 2026 年，并联机器人销量有望超过 2 万台（套）（见图 18），销售额超过 20 亿元（见图 19）。

根据 GGII《2022 年中国工业机器人行业调研报告》数据，2021 年中国并联机器人市场并未出现外资品牌处于垄断地位的现象，国产并联机器人销量

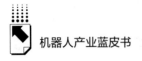

图18　2016~2026年中国市场并联机器人销量及增长率

注：2022~2026年为预测数据。

资料来源：GGII《2022年中国工业机器人行业调研报告》。

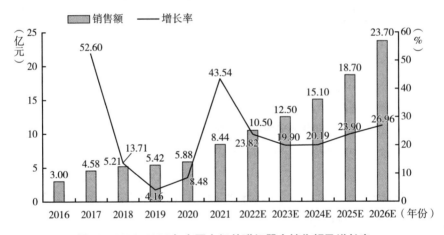

图19　2016~2026年中国市场并联机器人销售额及增长率

注：2022~2026年为预测数据。

资料来源：GGII《2022年中国工业机器人行业调研报告》。

为4697台（套），占比为65.46%，这主要是由于国产并联机器人存在价格优势，且能够根据客户的特殊要求，提供定制服务以及成套的系统解决方案。GGII数据显示，ABB、阿童木和勃肯特为销量前三厂商，出货量均已破千台。

根据GGII《2022年中国工业机器人行业调研报告》数据，2021年食品行业是并联机器人的主要去向，有 2852 台（套）用于食品包装，占比为 39.74%；此外受疫情影响，医疗领域应用需求有所释放，约有 1300 台（套）用于制药，占比达 18%。

4. 国产厂商占据协作机器人市场主导地位，销量同比增长超80%

根据 GGII《2022 年中国工业机器人行业调研报告》数据，2021 年国内协作机器人销量约为 1.86 万台（套），同比增长 87.62%（见图 20）。国内协作机器人厂商注重自主技术研发创新，不断满足客户人机协同、柔性化制造等生产需求；厂商进一步拓展协作机器人应用，实现在新能源、新零售等领域落地；协作机器人市场仍受到资本市场关注，在资本加持下，厂商解决资金周转不畅等问题，加速产品应用落地。

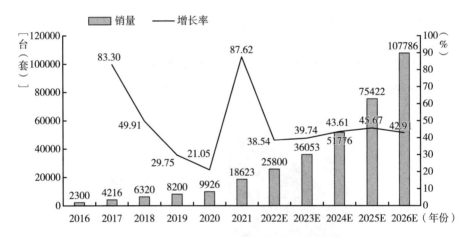

图 20　2016~2026 年中国市场协作机器人销量及增长率

注：2022~2026 年为预测数据。

资料来源：GGII《2022 年中国工业机器人行业调研报告》。

2021 年，国内协作机器人销售额约为 20.39 亿元，同比增长 76.84%（见图 21），虽然协作机器人价格处于下行趋势，客户导入成本不断降低，但在产品销量快速增长的带动下，整体销售额也实现了大幅增长。

2021 年，遨博、节卡、优傲、慧灵、艾利特位于协作机器人国内销量前列（见图 22）。目前，国内协作机器人市场由国产厂商占据主导位置，国

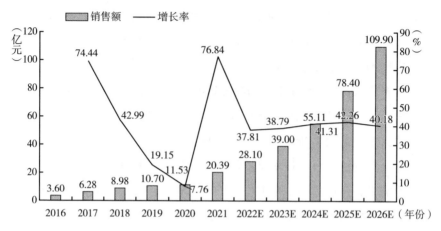

图 21 2016~2026 年中国市场协作机器人销售额及增长率

注：2022~2026 年为预测数据。

资料来源：GGII《2022 年中国工业机器人行业调研报告》。

产厂商通过提升技术水平、打造品牌、拓宽渠道等方式扩大市场规模，发那科、ABB 等国外企业也不断增加技术投入，以期提升产品销量。

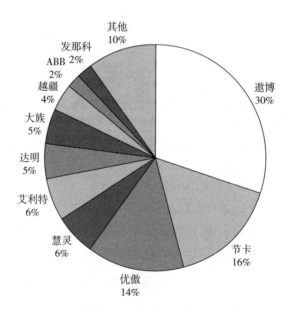

图 22 2021 年中国市场协作机器人销量分布（按企业分类）

资料来源：GGII《2022 年中国工业机器人行业调研报告》。

GGII《2022年中国工业机器人行业调研报告》数据显示，2021年3C电子、汽车整车及零部件、科研教育为国内协作机器人主要应用市场。同时，凭借部署灵活、安全性高、成本相对较低等特点，协作机器人在新能源、医疗器械、医疗护理、商业零售等领域实现了同比增长，未来有望在物流等更多的应用场景实现加速渗透。

三　工业机器人应用现状分析

近年来，在迅猛突破的技术和不断成熟的市场等多重因素驱动下，工业机器人应用领域迅速拓展。机器视觉等技术大幅提升工业机器人的柔性和自动化程度，提高和保证生产的质量，在测量、引导、检测等场景中具有极高的应用价值。此外，众多工业机器人企业围绕新能源汽车、锂电池、光伏等战略性新兴产业的产品生产以及使用维护需求，推出创新应用方案，推动工业机器人安装量快速增长。

GGII数据显示，在2021年中国工业机器人应用市场中，用于搬运码垛、焊接、喷涂、装配及抛光打磨等操作的机器人占比合计约为95.79%（见图23）。其中，装配应用在3C电子和新能源行业的需求带动下，增长明显；

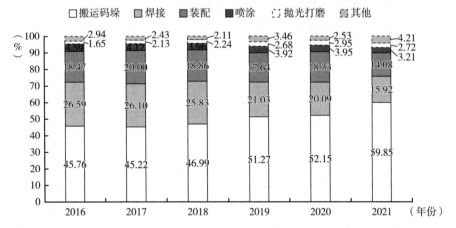

图23　2016~2021年中国市场工业机器人销量占比（按应用领域分类）

资料来源：根据GGII资料绘制。

搬运码垛应用在机床上下料及钣金冲压上下料领域表现亮眼；焊接应用开始在工程机械、健身器材、自行车、新能源等行业放量。

从国产化程度看，搬运码垛仍是目前工业机器人国产化程度最高的应用领域，而抛光打磨、装配、喷涂等高端应用领域国产化程度仍偏低。从GGII 数据看，2021 年喷涂及抛光打磨应用领域国产化程度有所降低，分别下降 1.38 个和 1.27 个百分点，其他应用领域国产化程度均实现增长，以焊接应用领域最为明显，增长 7 个百分点（见图 24）。

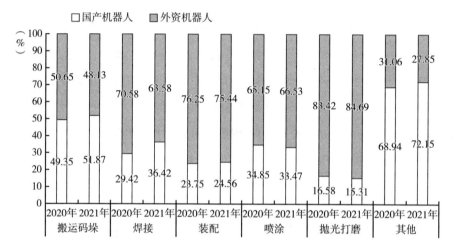

图 24　2020～2021 年中国市场工业机器人国产化情况（按应用领域分类）

资料来源：根据 GGII 资料绘制。

（一）受环保政策趋严、性价比提升等因素影响，喷涂机器人应用前景良好，国产厂商在架构、视觉、软件等方面进行创新

涂装是产品制造的一个重要环节，关系产品的外观质量，也是产品价值的重要构成因素。目前，喷涂机器人已经广泛应用于汽车整车及零部件、3C 电子产品、家具的自动喷涂，在提高漆膜性能、提高喷涂效率和涂料利用率、减少挥发性有机化合物（Volatile Organic Compounds，VOC）排放、改善涂装工人作业环境等方面，喷涂机器人有着无可比拟的优势。

目前，我国喷涂机器人应用基数小，市场需求仍有较大上升空间，伴随环保政策趋于严格，叠加工业机器人技术和性价比提升趋势，企业引进喷涂机器人的意愿愈加强烈，汽车、金属制品、五金卫浴、3C 电子、家具、船舶、飞机等行业需求将逐渐释放，这些因素将对喷涂机器人市场发展形成利好。

目前，我国喷涂市场绝大部分份额，尤其是汽车行业，被以 ABB、DURR 为代表的国际厂商所占据，第一梯队厂商普遍具备自动化涂装整体规划、设计、建造、安装、调试能力和关键零部件制造能力；国内领先企业处于第二梯队，具备整线规划、独立设计和总包能力，与国际龙头企业相比缺乏关键零部件制造能力，但在技术架构、机器视觉、仿真软件等方面进行了自主创新。埃夫特于 2022 年 8 月发布紧凑型防爆喷涂机器人 GR6150-1500（见图 25），配置工艺臂可集成喷涂工艺控制元器件，使用共通性建构基础（Common Building Block，CBB）标准化控制单元及核心零部件、全闭环参数控制，匹配自主视觉系统、自主

图 25　埃夫特紧凑型防爆喷涂机器人 GR6150-1500

资料来源：中国机器人网。

喷涂专用离线仿真软件，并通过了中国及欧盟 ATEX 防爆双认证和 CE 认证。

（二）搬运码垛机器人取代传统码垛成为发展趋势，且应用日益广泛，领先厂商革新算法及控制以提升运行效率

近年来，随着工厂智能化的发展，机器人搬运码垛取代传统机械搬运码垛已成为发展趋势。搬运码垛作为制造业的重要环节之一，传统的码垛设备已经很难满足各种复杂的工厂需求，传统机械式码垛机具有占地面积大、程序更改复杂、耗电量大等缺点，同时，采用人工搬运效率低下且无法保证码垛精度，进而影响产品顺利进出货仓。搬运码垛机器人是一种仿人操作、自动操作、重复编程、在三维空间完成规定作业的设备，具备抓取、放置、移动等功能，拥有操作灵活、运行速度快、抓取种类多、应用范围广等特点。

**图26　卡诺普四轴码垛机器人
CRP-RP15-15**

资料来源：卡诺普公司网站。

搬运码垛是工业机器人的第一大应用领域，搬运码垛机器人广泛应用于金属制品、3C电子、食品饮料、烟草、石油化工、饲料化肥、医药、建材（水泥）等行业，特别是用于高危作业环境，可以确保安全生产。搬运码垛机器人技术门槛相对较低，只需三轴或四轴即可完成搬运码垛作业，结构非常简单，因此进入这一领域的国内企业众多，但大多数规模偏小，价格竞争激烈，领先厂商在算法、控制等方面进行革新以提升运行速度、精度和稳定性。卡诺普于2022年推出高速度四轴码垛机器人CRP-RP15-15（见图26），配备高阶控制算法、新型伺服控制方式及高速伺服电机，转速得到大幅提升，同时采用本体轻量化设计及新型减速机，在高速度的同时保证高精度、高稳定性。

（三）机器人厂商开发配套焊接工艺包，提升焊接品质

焊接机器人依照控制系统设置的参数进行焊接，焊接质量、速度稳定，受人为因素影响小，产品一致性较高，可根据生产计划实现周期化生产，提升企业生产效率。目前，国内焊接机器人主要应用于汽车、3C电子、机械等领域，其中，汽车行业为最大应用市场。随着汽车行业产能的稳定发展，金属制品等工业领域需求进一步显现，潜在的市场空间促进焊接机器人厂商持续提升技术水平，提供高质量产品及服务。同时，国内焊接机器人多采用传统工业机器人，其部署难度、成本较高，部分协作机器人厂商看到市场机会，陆续进入该领域探索业务。

机器人厂商开发焊接工艺包，拓展应用场景。在实际焊接工作中，焊接需求复杂，不同材质的材料需要适配相应的电流和工艺，焊接过程需要对焊

接轨迹进行精细控制，为机器人替代人工带来较大难度。越疆推出协作机器人焊接工艺包，支持弧焊或激光焊接，客户可依据不同的生产材料及应用场景进行个性化焊接方案定制；提供三角、螺旋等多种摆弧焊接模式，解决宽焊缝焊接难的问题，提升焊接品质。

（四）企业研发行业定制化装配机器人，满足高精细度生产需求

装配机器人是柔性自动化装配设备之一，具有精度高、工作范围小等特点，适用于多品种、小批量的产品装配作业，如3C电子、汽车电子、化妆品等领域，应用于激光打标、扭螺丝、屏幕贴膜等环节，满足产品高精细度生产要求。国内企业注重装配机器人的技术创新，以提升柔性化、智能化水平，降低产品导入成本。

机器人厂商研发细分行业装配机器人，满足客户柔性化生产需求。华数推出小型多用途六轴机器人HSR-JR607（见图27），是为3C电子行业定制开发的高防护、高速、高精度装配机器人，具备体积小、关节速度高、动态响应快等特点，采用自主研发的控制系统、伺服驱动等部件，降低客户采购成本；使用低速比高精度减速机，提升产品加速性能；整机防护级别达到IP67，即使在有水有油环境下，也可轻松完成码垛、装配、上下料等工序作业。

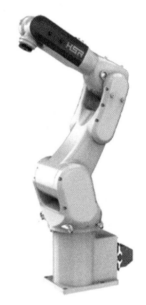

**图27　华数工业机器人
HSR-JR607**

资料来源：华数公司网站。

（五）抛光打磨机器人主要应用于3C电子行业，企业提高产品刚度等技术水平

抛光打磨机器人主要用于完成生产线上的打磨作业，具有打磨质量高、产品一致性好的特点，可明显改善工人长期在有害环境下劳动的情况。目前，机器人抛光打磨在下游市场占比较低，生产企业应用少，原因在于导入

成本、维护成本较高，企业青睐人力劳动方式；部分技术待完善，多曲面等
抛光打磨工艺未能完全满足市场需求。目前，抛光打磨机器人主要应用于
3C电子行业（见图28），相关系统集成业务集中在长三角和粤港澳大湾区
地区。

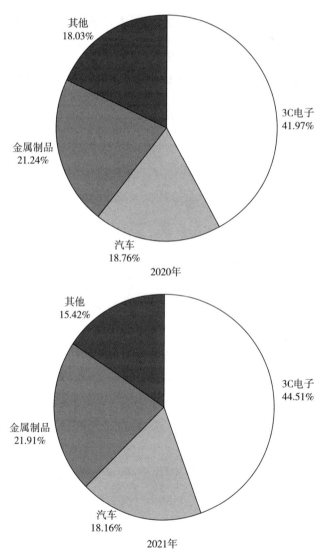

图28 2020~2021年抛光打磨机器人应用行业分布

资料来源：GGII《2022年中国工业机器人行业调研报告》。

企业注重抛光打磨机器人刚度设计，提升生产稳定性。跟踪打磨头轨迹、准确建立打磨过程中的力/位置控制模型、提高打磨机器人刚度等是抛光打磨机器人的关键技术，直接影响机器人的抛光打磨效果。钱江机器人推出打磨专用机器人 QJR70 - 2000（见图 29），提高产品负载，拓宽中大负载应用领域；采用整体高刚度结构设计，减少施压工况变形；可选择地面或吊顶安装，适用于小回转半径和狭窄区域；腕部及小臂防护级别为 IP67，并使用特殊涂层处理，可适用于较恶劣的生产环境。

图 29　钱江机器人打磨专用
机器人 QJR70-2000

资料来源：钱江机器人公司网站。

四　工业机器人的现存问题及对策建议

（一）核心零部件短板限制工业机器人产业发展速度及利润水平

近年来，本土厂商基本掌握了工业机器人的设计制造技术，在精密传动技术、高性能控制和驱动技术、智能传感技术等方面的研究也有所突破，但工业机器人所需精密减速器、伺服电机等零部件依赖进口的局面尚未全面改变。2020 年以来，国际环境发生变化，叠加新冠疫情影响交通物流及其他不可抗力等因素，进一步加剧全球供应链的紧张，工业机器人核心零部件、电子电气元器件等出现延迟交货、限制供应和价格大幅上涨的情况，充分暴露国内长期依赖进口零部件的短板，已成为阻碍工业机器人产业快速发展的一大绊脚石。

同时，核心零部件自主化率及国产化率不高是国产工业机器人厂商毛利率低的主要原因之一。工信部"工信微报"数据显示，2020 年 1~12 月，全国规模以上工业机器人制造企业营业收入为 531.7 亿元，同比增长 6.0%，

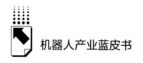

但利润总额仅为 17.7 亿元，同比下降 26.9%。针对上述问题，提出以下建议。

第一，通过产业政策倾斜，建立扶优限劣长效机制，大力培育和扶持一批拥有自主创新知识产权的工业机器人核心零部件科技创新型企业，积极发挥政府产业基金引导作用，撬动更多社会资本投入工业机器人核心零部件开发领域，鼓励产业链上下游骨干企业联合开展核心零部件研发，推动软硬件系统标准化和模块化，提高新产品研发效率，建立更加安全的供应链。

第二，推动产学研用联合攻关，发挥机器人重点实验室、工程（技术）研究中心、创新中心等研发机构的作用，重点研究精密设计及制造技术，提升机器人核心零部件稳定性和可靠性，加强核心零部件前沿、共性技术原创型研究，加快创新成果转移转化，构建有效的产业技术创新链，补齐专用材料、核心元器件、加工工艺等短板，提升国产机器人核心零部件的功能、性能和可靠性。

（二）研发难度高周期长及品牌信任度低成为工业机器人国产替代难点

工业机器人研发难度高且周期长，生产技术路线及工艺流程复杂，国产工业机器人产品在精度、性能及质量上与国际先进产品存有差距。根据新松机器人招股书，工业机器人集中并融合了多项学科，涉及多项技术领域，包括工业机器人控制、机器人动力学及仿真、机器人构建有限元分析、激光加工、模块化程序设计、智能测量、建模加工一体化、工厂自动化以及精细物流等先进制造技术，技术综合性强。由于国产工业机器人起步较晚，企业需要投入大量的资金及时间进行周期长且难度大的基础性研究。

工业机器人行业具有较高的品牌壁垒，多种原因导致国产机器人品牌信任度不高。以汽车行业为代表的客户在选购工业机器人时，十分看重产品可靠性和质量，倾向选择经营年限长、产品知名度高的国际厂商，一旦使用并认可产品后，会产生很高的客户黏性，行业具有较高的品牌壁垒。此外，我国工业机器人企业数量众多，但只有极少数符合规范条件，随着市场竞争日趋激烈，一些企业凭借低质量、低价格的产品扰乱市场，导致产品良莠不齐，绝大多数用户在对行业缺乏深入了解的情况下，难以辨别优劣，导致市场对国产工业机器人整体信任的缺失。截至 2021 年底，工信部网站共公示了 3 批符合《工业机器人行业规范条件》的企业名单，分别为 15 家（其中本体企业 9 家）、8 家（其中本体企业 6 家）和 9 家（无本体企业），符合规范条件的企业明显偏少。针对上述存在的问题，提出以下对策建议。

第一，鼓励国产厂商积极提升自身的创新能力与产品质量，构建更完善的技术体系，采用更加系统严谨的质量控制规范，对原材料、研发、生产工艺、质量控制等全过程严格把关，不断增强自身核心竞争力。

第二，面对国际环境的不确定性，国产厂商应充分利用自身在技术服务定制化开发、需求响应速度等方面的优势，在不断提升技术、优化工艺质量的同时坚持做好口碑营销和客户服务，逐渐塑造有市场影响力的品牌形象，实现进一步突破。

（三）操作系统产业化发展速度较慢，制约国内工业机器人产业进一步发展

操作系统市场格局分散等不足，制约国内工业机器人产业整体水平的提升。近年来，我国机器人企业通过增加研发投入、布局高端市场等方式，不断提升工业机器人国产化率，但部分核心零部件、元器件等仍依赖进口。因此，部分国内企业及资本市场更多地将技术和投资关注点放在机械手、零部件等硬件层面，而忽视软件层面的投入。操作系统是管理机器人软硬件资源的计算机程序，是机器人应用和算法的承载平台，完善的操作系统可以为开发者提供更多的使用功能，提升机器人在具体应用场景中的智能化和操作便捷化水平，更好满足客户需求。目前，国内机器人操作系统包括 Windows、Android、Ubuntu、ROS（Robot Operating System）等，因缺乏统一、强制行业标准，企业依据自身技术开发需求选定具体系统。其中，ROS 可提供一

些标准机器人操作系统服务，其根植于 Ubuntu 计算机操作系统，并不能完全满足机器人高可靠性、高确定性、系统的可裁剪、可定制性等控制需求；ROS 是开源系统，由开源社区维护，容易产生版本混乱、模块兼容性较差、系统搭建费时费力等问题。针对上述问题，提出以下建议。

第一，注重操作系统及软件开发的自主化与标准化。国家鼓励行业协会、龙头企业等牵头制定相关行业标准，规范产品开发，以实现各类软硬件产品相互兼容，促进机器人产业节约资源、不断进步。

第二，重视操作系统及应用组件解决方案等技术开发的标准化。可基于对细分市场和应用场景的认知和理解，加大研发投入和创新力度，在具体工艺环节实现技术积累和突破的同时，注重与行业已有解决方案兼容，完善机器人环境感知、行为管理等功能，增强机器人控制、环境感知等能力。

（四）工业机器人检测认证支撑力度不足导致整体质量水平偏低

目前，我国工业机器人检测认证体系已初步建立，但仍处于起步和市场培育阶段，存在检验检测能力不足、市场认可度不高及国际影响力不够等问题，尚无法有力支撑工业机器人产业整体质量水平提升。工业机器人领域的国家认证制度为 CR 认证（非强制性认证），其涵盖了电磁兼容（EMC）、功能安全、软件及信息安全等认证实施规则，但在凸显机器人特点的智能化性能、AI 算法等方面存在缺失，检测认证结果在金融信贷、科技研发、重大工程、国际认证等方面的采信使用程度不高。针对上述问题，提出以下建议。

第一，紧跟工业机器人产品特点和产业质量提升需求，推进机器人检测认证体系建设，加大 CR 认证的实施和采信力度，支持第三方检测认证机构能力建设，规范行业市场秩序，提升市场认可度和采信度。

第二，加强工业机器人数字身份认证机制的研究和应用，提升认证所覆盖的产品领域及认证效果，不断加强国际交流合作，推动机器人检测认证国际互信互认。

五 工业机器人的发展趋势及市场机会

（一）健全系统性协调机制，促进工业机器人产业快速发展

我国注重机器人产业协调机制建立，提升产业化水平。为促进产业健康发展，我国高度重视政府、科研机构和企业在管理、资源、联合行动等方面的沟通配合，通过建立机器人产业统筹协调机制，形成机器人技术政产学研用一体化链条。我国发布《机器人产业发展规划（2016—2020年）》《"十四五"机器人产业发展规划》等文件，使国内基本形成了从零部件到整机再到集成应用的全产业链体系，产业链协同发展能力持续提升。

进一步完善发展协调机制，促进机器人产业健康发展。伴随国内机器人产业快速发展，各地政府配套推出补贴、税收优惠等政策，催生当地机器人产业，但部分地区产业园无序建设，出现鼓励机器人本地采购等地方保护现象。2022年，《中共中央 国务院关于加快建设全国统一大市场的意见》提出，"加快建立全国统一的市场制度规则，打破地方保护和市场分割"。立足机器人产业，政府将进一步发挥统筹协调职能，打破地理性限制，加强地区间产业转移项目协调合作，推动产业布局、分工进一步优化；鼓励地方错位发展、优势互补、资源优化配置；聚焦重点技术领域，培育全国性龙头企业，培育特色制造业集群，为国内机器人产业延链、补链、强链。

（二）工业机器人上云日益受到关注，"云—边—端"一体化智能机器人云平台将成为未来技术突破要点

随着"多品种、小批量、周期可控"的生产需求日益迫切，工业机器人上云逐渐成为推动工业生产数字化、网络化、智能化、柔性化的重要手段。2021年9月，埃夫特与阿里云联合发布智能机器人及系统云边一体化解决方案，打造"云—边—端"一体化智能机器人云平台。该平台将部分

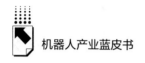

工艺层的算法和数据迁移到云端，突破了传统机器人本地硬件在海量工艺数据处理和存储方面的瓶颈，通过降低工程师编程与算法应用门槛，解决"小工厂买不起、用不起机器人"的难题，可应用于新能源光伏码垛、通用行业智能喷涂、金属焊接等领域。

在工业云、边缘计算等技术的推动下，工业机器人将逐渐从单体智能发展到"云—边—端"一体化智能机器人云平台，实现资源协同调度，优化并提升相关功能，为实现工业机器人集群协同作业奠定基础。中心云、边缘节点和工业机器人终端共同形成"云—边—端"三体协同的端到端技术架构，基于该技术架构，工业机器人将任务、轨迹、参数和生产进度信息实时共享给就近的边缘节点，既减轻机器人终端的存储压力，也可对图文、视频等数据进行预处理及缓存，再将其汇集到中心云。在"云—边—端"协同一体化架构中，工业机器人本体的硬件结构将得到优化与释放，不再需要配置性能高、能耗大的计算和存储设备，而是搭载触觉传感器、视觉传感器、力传感器、超声波传感器、听觉传感器等重要零部件，对外部环境、生产数据、突发状况等信息进行采集，从而实现远程监测、远程诊断、远程操控、远程示教等功能，还能担负工业现场物理信息系统（CPS）的信息枢纽职责，为机器人集群的协同工作提供基础。

（三）3D 机器视觉规模化应用、智能算法优化与标准化普及将推动工业机器人可操作性和易用性不断提升

3D 机器视觉、智能算法等技术将推动工业机器人可操作性及易用性不断提升。近年来，工业机器人与信息技术深入融合加速发展，3D 机器视觉和各种智能算法开始在工业机器人中实现规模化应用，大幅提升工业机器人可操作性、自适应性及工作效率。资本是产业发展的风向标，梅卡曼德、星猿哲、图漾科技等 3D 机器视觉厂商陆续完成大额融资。以梅卡曼德为例，其于 2021 年 9 月完成 10 亿元"C 轮"融资，其 3D 视觉技术赋予工业机器人一双"眼睛"，在光学创新和人工智能算法的加持下，机器人可以又快又准地完成 3D 和 2D 感知，提升作业的准确性、灵活性，且速度和精度可满

足大部分应用需求，已规模化交付无序工件上料、视觉引导拆垛、混合纸箱码垛等典型应用。

此外，工业机器人不断向标准化、模块化和系统化方向发展，将建立统一的技术性标准和规范，降低各系统之间的集成难度。如中国电器工业协会牵头制定《工业机器人控制器通用规范》，以规范工业机器人控制器的设计、应用和集成，推动工业机器人控制器从功能和形式上进行统一，为工业机器人控制器的设计、不同本体和控制器的适配以及工业机器人整机在产线上的集成提供参考依据。

（四）工业机器人相关技术应用将助力 C2M 商业模式在服装智能制造等领域落地

C2M（Customer to Manufactory）重构商业要素，促进企业按需生产，降低消费者成本。C2M 指消费者需求直接对接工厂，即通过物联网下的生产线，运用计算机系统进行数据交换，分析消费者的需求，生产企业根据个性化需求组织生产，中间省去经销商环节。与 to B、to C 商业模式相比，C2M 可帮助生产企业了解消费者的真实需求，并及时调整生产计划，降低库存风险，同时，省去经销商等溢价环节，降低消费者采购成本。

机器人市场新模式创新，C2M 在部分领域落地。目前，C2M 模式在机器人等智能制造领域出现了定制化生产迹象，区别于传统的"以产定销"生产模式。以阿里巴巴的犀牛工厂为代表的数字化智造平台，采用云计算、人工智能等技术，在需求端，通过淘宝、天猫洞察消费者需求，为品牌商提供销售预测、按需生产服务；在供给端，通过定制化、小批量、柔性制造系统，开发产能，降低库存。根据犀牛智造数据，数字化智慧工厂能够实现 10% 的起订量、缩短 75% 的交货时间、降低 30% 的库存，由原来的"5 分钟生产相同的 2000 件产品"过渡到"5 分钟生产不同的 2000 种产品"，满足服装行业产品更迭速度快的柔性制作需求，增强中小企业经营韧性。C2M 模式的核心是数据驱动，在我国大力鼓励数字经济发展的背景下，将有越来越多的企业有望深入各个垂直行业布局数字化智能制造平台，通过技术打通

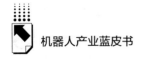

需求端和供给端，促进市场要素的优化配置，带动产业链上下游企业进行数字化转型，促进制造业智能化升级。

六　工业机器人重点企业分析

（一）新时达

1. 企业简介

上海新时达电气股份有限公司（以下简称"新时达"）创建于 1995 年，以运动控制技术为核心，完整掌握机器人控制系统、伺服系统和软件系统等关键技术，拥有多关节工业机器人、平面关节机器人、机器人专用控制器、伺服驱动器及驱控一体机等产品，广泛应用于 3C 电子、锂电、半导体、光伏、物流、食品饮料、医疗、汽车、点胶、激光、机床、PCBA 测试、电梯、水泵、暖通空调、橡胶塑料、通用节能、工程机械、金属制品、化工制品、家具等行业与细分领域，服务于全球 110 多个国家与地区。

2. 企业优势分析

（1）坚持深化运动控制核心技术，积极拥抱云及视觉等前沿技术

新时达坚持技术为本的发展战略，持续不断发展工业机器人运动控制相关技术，在机器人性能提升的关键环节——动力学高阶算法方面取得重大技术突破，机器人动力学模型精度得到显著提升，根据机器人惯量和负载的快速变化自适应地精准预测，机器人性能的关键指标得到显著提升，平面关节、弧焊和码垛机器人实现了与国际一线品牌并跑。此外，新时达基于工业物联网搭建了工业机器人云平台，采用云计算和边缘计算相结合的方式，充分发挥云计算平台算力优势和本地边缘设备机器人控制器实时数据获取优势，实现关键零部件的寿命预测，提高机器人的可靠性。针对不同的行业应用，结合机器视觉技术，实现了不同应用场景下的机器人自主作业，提高机器人的柔性应用水平。

（2）建立高效产品定制化开发体系，开拓头部客户以打造行业示范

新时达建立了高效的新产品定制化开发体系，同时积极开拓相关头部企

业客户，以在行业内取得示范应用效果。在橡胶轮胎行业，新时达成功研发简便高效的激光刻字智能化解决方案，颠覆了过往几十年沿用的模具传统工艺，在行业头部企业中策橡胶取得了示范应用，并积极向全行业拓展；在焊接行业，新时达与国内焊接电源领军企业上海通用电焊机公司共同致力于开发下一代焊接机器人系统，实现机器人与焊机深度融合，目前已在上海通用电焊机公司全国渠道进行市场推广；在电力行业，新时达自行研制的电力铁塔塔脚焊接工作站，让多品种、小批量产品机器人自动焊接成为现实，获得了行业头部企业中电建武汉铁塔和中电建成都铁塔等企业的批量订单。

（二）埃斯顿

1. 企业简介

埃斯顿成立于1993年，其工业机器人业务在公司自主核心部件的支撑下得到超高速发展，产品已经形成以六轴机器人为主，负载范围覆盖3~600kg，54种以上的完整规格系列，在新能源、焊接、金属加工、3C电子、工程机械、航天航空等细分行业拥有头部客户和较大市场份额。

2. 企业优势分析

（1）创建系统级正向集成研发模式，全面发挥各核心部件性能

埃斯顿工业机器人业务创建系统级正向开发模式，以市场与客户需求为基础，按照集成产品研发（Integrated Product Development，IPD）模式，在研发需求管理、研发资源管理和产品全生命周期管理等方面形成了自身独特的优势，率先实现了机器人控制器、伺服系统、本体设计的全方位布局。依托本体及关节模块化、高性能机器人专用伺服系统以及新一代机器人控制器，充分发挥各个核心部件的性能，深度挖掘机器人的潜力，最大限度地满足客户对整体解决方案和一站式服务的需求。

（2）充分整合CLOOS等国际研发资源，针对薄板焊接、锂电、光伏等领域定制化开发产品，以满足客户需求

埃斯顿充分整合国际研发资源，着力构建具有全球竞争力的研发布局和多层级研发体系，联合德国研发团队针对中国实际应用，不断发挥德国百年

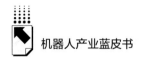

焊接机器人巨头 CLOOS 世界领先的焊接机器人技术优势，从单车部件的入门级焊接单元到高铁转向架的多功能自动化焊接生产线，完成了多套符合中国工业高速发展需求的定制化系统解决方案。比如，针对中国部分中薄板焊接市场进行实际应用研发，应用数字孪生技术，配备先进的机械与曲线联合控制焊接过渡的焊机技术，推出 QWAS 系列产品，收获市场的积极反馈。此外，埃斯顿基于对新能源特别是对锂电和光伏工艺的深度理解，开发了锂电和光伏行业专用机器人、运动控制及智能控制单元等系列化产品，满足了新能源行业高速度、高精度、高稳定性、高性价比等要求，抓住国产替代进口的机会，实现了全线产品进入新能源行业头部客户合格供方名录的战略目标。

（三）华数机器人

1. 企业简介

华数机器人是武汉华中数控股份有限公司子公司，在佛山、重庆等地设有分公司，形成覆盖华南、华东、华中、西南各大片区的全国布局，同时积极布局国际市场，集产品研发、制造、应用于一体。

华数机器人掌握六大系列 40 多种规格机器人整机产品，在工业机器人控制器、伺服驱动、伺服电机和机器人本体方面实现了自主安全可控，形成自主知识产权 300 余项。公司产品在 3C 电子、家电、五金、汽车、数控机床（CNC）、食品、制鞋、物流等领域开展大批量应用，具备年产 10000 台（套）工业机器人的生产能力。

2. 企业优势分析

（1）注重自主研发创新，提升核心竞争力

华数机器人通过自主创新，落实"PCLC"工业机器人发展战略，注重通用多关节工业机器人产品（P）、国产机器人核心基础部件（C）、工业机器人自动化线（L）、智能云平台（C）的研发、创新。2022 年，华数机器人把握国内新能源市场机遇，推出 HSR-JR618 六轴机器人，该产品面向光伏新能源行业开发，光伏排版能力达 6000 串/时。华数机器人开发了光伏应用工艺包，以适用具体应用场景，可实现多种光伏排版定制方案一键切换。

（2）坚持全产业链协同发展格局，把握市场机遇

华数机器人深度融入全国机器人集成创新中心建设，形成融自主核心技术、核心零部件及工业 4.0 整体解决方案为一体的全产业链协同发展格局，成功入选《国家工业机器人行业规范》、国家级专精特新"小巨人"企业。

（四）节卡机器人

1. 企业简介

节卡机器人于 2014 年创立，致力于协作机器人研发与生产，已与遍布全球的 300 余家自动化方案公司紧密合作，在全球部署了逾万台机器人，服务于汽车、电子、半导体等知名品牌的生产线，也在众多商业新消费领域从事与消费者直接接触的服务工作，入选国家级专精特新"小巨人"企业。节卡机器人分别在 2021 年、2022 年完成"C 轮"融资 3 亿元、"D 轮"融资约 10 亿元。

2. 企业优势分析

（1）坚持技术自主研发，积累协作机器人核心技术

节卡机器人注重协作机器人核心技术的自主研发，已掌握无线示教、图形化编程、视觉安全防护、拖拽示教等九大核心技术，路径规划、动力学控制、高精度伺服控制等六大核心算法。

（2）打造稳定产品解决方案，完善服务体系，提升行业竞争力

2022 年，节卡机器人获得国家机器人检测与评定中心（总部）、上海市"机器人研发与转化功能型平台"颁发的可靠性证书，取得平均无故障运行时间（Mean Time Between Failure，MTBF）8 万小时认证。同时，节卡机器人打造专业的交付团队，实现产品全生命周期管理以及实时响应客户需求。

（3）注重产品创新，探索新技术解决方案

节卡机器人将增强现实（AR）、云计算等元宇宙技术与机器人产品融合，于 2022 年发布元宇宙共融交互系统，用户可在虚拟数字空间看到工作

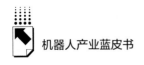

现场实况,通过虚拟现实(VR)手柄等远程操控机器人同步作业,实现数字空间和物理世界的无界连接,为有遥控操作等需求的领域提供相关技术解决方案。

(五)越疆科技

1.企业简介

越疆科技成立于2015年,是智能机械臂解决方案提供商和桌面机械臂开创者,致力成为全球智能制造标配。公司研发人员占比50%,产品和技术的国产化率已达到90%以上,截至2021年底,拥有超过20万名用户,市场覆盖全球140多个国家和地区,机器人累计出货量超过5.5万台(套),与谷歌、德国大众、华为云等企业在智慧工厂、机器人等领域开展深度合作。越疆科技在2021年7月、8月入选工信部专精特新"小巨人"企业、国家级专精特新"小巨人"企业。

2.企业优势分析

(1)自主研发核心部件,降低产品成本

越疆科技坚持自主研发,从控制系统、驱动系统等零部件到机械臂,产品国产化率达到90%以上,降低协作机器人生产成本。越疆科技的协作机器人基于手动示教、轨迹复现等交互技术,降低操作难度,缩短集成应用时间;开发安全皮肤作为非接触式碰撞检测方案,可在15cm距离检测到入侵物体,实现10ms快速响应,无需提前降低机器人速度,能够碰前停止、自主绕障,提升生产效率。

(2)深耕细分市场,布局三大应用领域

越疆科技注重产品"简单易用",布局工业、教育、商业三大市场。在工业领域,注重产品智能化和易用性,在比亚迪、富士康等客户产线中投入使用;在教育领域,致力推广STEAM机器人教育,开发K12教育机械臂、人工智能实验室建设方案及教学装备体系等产品;在商业领域,提升协作机器人安全化、智能化水平,以更加符合C端用户需求,完成制作冰激凌、调制咖啡等任务。

B.3
中国服务机器人发展报告
（2022~2023）

申靓 沙鑫*

摘　要： 伴随国家产业政策引导、机器人标准体系的逐步完善，我国服务机器人产业快速发展，2021年市场规模约400亿元。教育机器人企业逐步关注B端市场，加快产业化发展；商用清洁机器人企业拓展应用场景，通过市场验证；骨科手术机器人商业化和全局化进程加速。但编程机器人产品功能有待提升，公共服务机器人无法满足非标场景需求，特种机器人跨界合作研发不足等问题制约了中国服务机器人产业的进一步发展。未来，国内服务机器人龙头企业将凭借技术优势活跃于业务跨界，公共服务机器人企业挖掘衍生商业形态、提供智慧化数据服务，高效且可复制的标准化产品体系会成为特种机器人实现商业化的有效路径。

关键词： 服务机器人　特种机器人　多模态交互　全球化

一　服务机器人发展现状

（一）定义及产业链概述

综合国际机器人联合会（IFR）和《机器人与机器人装备词汇》（GB/T

---

* 申靓，北京市西城经济科学大学教师，曾任职于严格集团，拥有近10年市场调研、品牌宣传经验；沙鑫，严格集团高级市场分析师，主要研究方向为机器人、人工智能、智慧城市、智能制造、商业航天等。

12643—2013）中的阐述，服务机器人是一种半自主或全自主工作的机器人，它能够完成有益于人类健康的服务工作，但不包括从事生产的设备，分为个人/家用服务机器人、公共服务机器人及特种机器人三大类。

从产业链角度出发，服务机器人产业可分为上游的核心零部件和软件系统开发，包括硬件部分和软件部分，中游的服务机器人本体制造，以及下游的销售及售后服务，涉及技术横跨通信、人工智能等多个高新技术领域，各环节技术壁垒均较高。

（二）政策现状

1. 国家重视服务机器人产品研制及应用，推动服务机器人产品高端化智能化发展

近年来，我国政府及相关部门出台了一系列政策，从产品研制及应用层面，鼓励服务机器人产业发展，推动服务机器人产品高端化、智能化发展。2021 年 12 月，工信部等 15 个部门联合印发了《"十四五"机器人产业发展规划》（以下简称《规划》），《规划》提出推进服务机器人、特种机器人重点产品的研制及应用，加快医疗、养老、电力、矿山、建筑等领域机器人准入标准制定、产品认证或注册，鼓励企业建立产品体验中心。在已经形成较大应用规模的领域，如医药、公共服务、仓储物流、教育娱乐等，着力开发和推广机器人新产品，开拓高端应用市场，深入推动智能制造、智慧生活。在初步应用和潜在需求领域，如公共安全、应急救援、医疗康复、养老助残等，结合具体场景开发机器人产品和提供解决方案，开展试点示范，拓展应用空间。

针对具体机器人应用行业，国家也出台了相关政策，促进智慧化发展。例如，2020 年国家邮政局、工业和信息化部发布的《关于促进快递业与制造业深度融合发展的意见》提出，支持制造业联合快递企业研发智能物流机器人等技术装备，加快推进制造业物流技术装备智慧化；2020 年发布的《国务院办公厅关于促进养老托育服务健康发展的意见》提出，启动康复辅助器具应用推广工程，实施智慧老龄化技术推广应用工程。

2. 各地区重视服务机器人发展，支持地区服务机器人产业发展

各地区重视服务机器人发展，从关键技术、产品应用等层面，对服务机器人产业发展提供支持。近年来，广东、江西等地在相关政策中强调服务机器人关键技术的发展。例如，2021 年发布的《广东省国民经济和社会发展第十四个五年规划和二〇三五年远景目标纲要》中提出，针对服务机器人核心零部件和关键技术，支持提升关键技术水平。广东、浙江、上海、安徽等地，在推进服务机器人产品应用方面，发布了相关政策。例如，上海在 2017 年发布的《关于本市推动新一代人工智能发展的实施意见》中提出，大力推进教育娱乐、医疗康复、养老陪护等特定应用场景的智能服务机器人研发及产业化。

（三）技术现状

1. 高性能、低功耗成为服务机器人芯片企业研发方向

芯片可视为机器人的"大脑"，服务机器人定位导航、深度学习算法、视觉识别、处理传输、规划执行等环节都会运用芯片技术。几个支持芯片可集合接口，统一连接到微控制器上，以完成传感器等来源信号的预处理，降低控制系统中枢工作负载量，实现机器人快速反应。机器人所用芯片可分为通用芯片和专用芯片，通用芯片不限制使用领域，移植性、延展性较高；专用芯片是专为 AI 计算设计的芯片，也称人工智能芯片，算力、效率更高。

高性能、低功耗成为芯片企业重点研发方向。扫地机器人芯片大户瑞芯微的 GD32F103VxT6 系列芯片受到国内扫地机器人厂商的青睐，该系列芯片采用 ARMCortex-M3 内核，主频 108MHz，处理性能比市场同类产品提高了 50%；闪存（Flash）最大为 3072KB，运行内存（Random-Access Memory，RAM）最大为 96KB，外设的集成度丰富；具备三种省电模式，实现唤醒延迟和功耗之间的最大限度优化，该系列芯片应用于科沃斯、云米等扫地机器人。炬芯科技主推 ATS3607D、ATS3609D 等芯片，这些芯片采用高算力的异构双核架构，融合蓝牙收发器、音频编解码器等，适配语音前处理等算

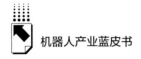

法，凭借低待机功耗、高交互性满足各种不同场景的语音交互需求，已在国内教育、家庭等机器人中有所应用。

2. 语音、体感等多模态交互技术提升服务机器人智能性水平

人机交互是指借助计算机外接硬件设备，以有效的方式输入语音、文本、触控等一种或多种模态，机器通过输出或显示设备给人提供相关反馈信号。在服务机器人的人机交互过程中，用户需要通过屏幕、语音、手势视觉等方式来控制机器人，依照用户意图执行任务。目前，人机交互技术可分为语音交互、体感交互等，其中，语音识别、自然语言处理等语音交互技术已相对成熟，可达到商用水平，科大讯飞、云知声等企业市场占有率较高；体感交互是通过机器识别人的姿势完成互动，由即时动态捕捉、图像识别等技术融合发展而来，技术处于发展阶段。人机交互技术直接影响服务机器人性能及使用体验。

服务机器人企业采用视觉识别等多模态交互技术，提升产品智能水平。百度提出了全新的"基于视觉记号和 Transformer 模型的人机主动交互系统"，是业内首次将主动交互扩展到集表情、动作、话术于一体的多模态交互模式，通过目标检测器，提取为涵盖视觉、相对空间信息的视觉标记，利用网络学习，实现对交互主体的时空建模，预测该主体是否有潜在的交互意愿，并决定当前帧合适的多模态动作。量子位发布的《人机交互新突破：百度发布主动多模态交互技术》显示，该系统已应用于小度机器人，使小度机器人在单个酒店大堂的有效服务时间从 3.109% 提升到 9.268%。

3. 激光雷达、视觉等多传感器技术进一步加快融合发展，增强环境感知能力

传感器技术是机器人环境感知模块的核心，单个传感器仅能获取目标物的部分信息，机器人需要从视觉、触觉、听觉等多个角度获取数据信息，相应配置多传感器。目前，传感器种类繁多，多数服务机器人对环境的感知是通过激光雷达、摄像头、毫米波雷达、超声波传感器、GPS 5 类传感器及各类传感器之间的组合来实现的，整体受技术限制，感知技术逻辑性较弱，服务功能复合性不高。

服务机器人厂商注重多传感器技术融合，提升产品体验。科沃斯自主研发轮式机器人底盘平台敏宝 NIMBOT，通过三线雷达、毫米波雷达等传感器，可以 0.7m/s 的速度平滑通过玻璃门，依托视觉辅助激光重定位、激光和顶视 SLAM 融合等技术，可在复杂环境中实现高可靠的定位。高仙发布商用清洁机器人夅影 S1，专攻楼宇清洁，采用激光雷达、3D 视觉等多传感器技术，具备在未知环境下自主构建高精地图、自动导航与避障等深度学习功能，据高仙机器人网站介绍，该产品发布当日签单额即超 1 亿元。

4. 机器人集群可实现互联互通及群策群力，完成复杂协同任务

服务机器人需要在动态、未知、非结构化的复杂环境下完成不同类型的作业任务，单个机器人能力相对有限，智能机器人集群协作系统的技术研究工作日益得到重视。智能机器人集群协作系统设计与开发涉及复杂的技术体系，以机器人单体技术为基础，以多系统、多层次、多学科综合集成为核心，依靠网络体系实现互联互通，依靠人工智能技术实现外部赋能，涉及机电系统、通信网络、运筹调度、人工智能、控制论等多学科知识的综合运用。智能机器人集群协作系统通常需要两个及以上机器人协同作业，不是简单的功能叠加，而是会出现"1+1>2"的群体智能效应，涌现全新的协同行为模态，从而完成更加复杂的协同任务。

服务机器人集群协作系统适用于执行空间分布范围较大、作业环节和数量繁多的复杂任务，近年来在海洋群体探测、智慧矿山、无人作战等领域取得了应用突破。例如，哈尔滨工程大学水下机器人技术国家级重点实验室突破了信息共享、协同感知、敏捷编队、协同决策等核心关键技术，成功研制出具备多协同任务模式、多智能模态、弹性可重构的海洋机器人集群智能协同技术演示系统，能够在未知海洋环境中全自主地完成协同探测、作业等任务；神东煤炭集团锦界煤矿应用采煤工作面机器人群，可以在开采工作中实现采煤机器人自主自适应预测割煤，液压支架机器人协同采煤机器人实现全工作面自动跟机作业，智能化水平明显提升。

5. 四足仿生机器人实现商业化，仿生技术赋能智能假肢机器人

仿生机器人可利用传感器和数据融合技术对环境的变化做出判断和反

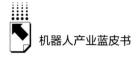

应，越来越智能。稳定性较高的亚毫米级精度光学动作捕捉系统，能够采集被捕捉目标的运动全过程，可应用于微创手术机器人、多足机器人、扑翼机器人以及水下仿生海豚机器人等。上海交通大学选择 NOKOV 度量光学三维动作捕捉系统，通过捕捉机器人"躯干"和"四肢"关节上的反光标志点，以 60Hz 的采样频率采集机器人运动过程中的动作，得到各反光标志点三维空间坐标，以确认六足机器人各足的姿态，实现六足的校准标定以及各足间的动作协调。

仿生机器人在相关行业的场景应用中，提供了高效可行的解决方案。人工巡检难以完全满足现代化变电站安全运行的要求，杭州云深处科技有限公司的"绝影"四足机器人对变电站室外鹅卵石、草地、陡坡等非结构化地形有着较高适应性，可顺利通过交界处的各种台阶、楼梯等障碍物，实现巡检机器人在变电站中的全场景覆盖。深圳市健行仿生科技有限公司生产的智能假肢机器人会跳舞、能踢球，假肢内置了角度传感器、六轴力传感器、膝关节轴位、微处理器以及蓝牙，使用者可实现跑步、上台阶等伸缩运动，智能假肢机器人通过学习使用者的行走习惯实现"人机合一"。

（四）标准现状

标准是产业发展和奠定质量技术基础的核心要素，在服务机器人发展中具有基础性和引导性作用。服务机器人标准的改进与完善，关系到服务机器人产业的健康发展以及产品国际市场竞争力的增强。

1. 多级标准协同发展共促服务机器人标准体系建设

服务机器人产业属于新兴产业，我国高度重视该领域的标准化建设，在政府引导和市场驱动下，企业、行业协会、科研院所等社会各界力量积极参与服务机器人标准体系建设。2020～2021 年，我国共发布 10 项国家标准（见表 1），批准 4 项行业标准和 5 项地方标准，范畴涉及术语定义、分类方法、技术要求、检测评定等，将近年来积累的丰富理论和技术基础进行有效固化。

表1　2020~2021年服务机器人相关国家标准汇总

序号	标准编号	标准名称	发布/批准时间
1	GB/T 38834.1—2020	《机器人　服务机器人性能规范及其试验方法　第1部分:轮式机器人运动》	2020年6月2日
2	GB/T 39405—2020	《机器人分类》	2020年11月19日
3	GB/T 39478—2020	《停车服务移动机器人通用技术条件》	2020年11月19日
4	GB/T 39586—2020	《电力机器人术语》	2020年12月14日
5	GB/T 39590.1—2020	《机器人可靠性　第1部分:通用导则》	2020年12月14日
6	GB/T 39785—2021	《服务机器人　机械安全评估与测试方法》	2021年3月9日
7	GB/T 40013—2021	《服务机器人　电气安全要求及测试方法》	2021年4月30日
8	GB/T 40229—2021	《家用移动机器人性能评估方法》	2021年5月21日
9	GB/T 40327—2021	《轮式移动机器人导引运动性能测试方法》	2021年8月20日
10	GB/Z 41046—2021	《上肢康复训练机器人　要求和试验方法》	2021年12月31日

资料来源：全国标准信息公共服务平台。

随着我国服务机器人产业的快速发展，新技术、新产品、新业态不断出现，团体标准作为国家标准、行业标准的重要补充，贴近行业、技术和市场，灵活性和适应性强，能够及时弥外服务机器人面临的标准缺口。2020~2021年，我国协会、学会、行业联盟根据市场需求，共公布33项服务机器人相关团体标准（见表2），规范和引导企业按照标准化的方式组织生产、经营、管理和服务，有效促进了服务机器人产业的良性发展。

表2　2020~2021年服务机器人部分团体标准示例

序号	团体名称	标准编号	标准名称	发布时间
1	中国标准化协会	T/CAS 428—2020	《综合管廊智能化巡检机器人通用技术标准》	2020年7月31日
2	广东省建设科技与标准化协会	T/GDJSKB 002—2020	《外墙喷涂机器人》	2020年12月21日
3	深圳市生命科技产学研资联盟	T/LTIA 11—2021	《远程超声机器人诊断新型冠状病毒肺炎操作规范》	2021年2月7日
4	中国机电一体化技术应用协会	T/CAMETA 40002—2021	《消毒服务机器人通用技术条件》	2021年4月1日

续表

序号	团体名称	标准编号	标准名称	发布时间
5	中国教育装备行业协会	T/JYBZ 014—2021	《中小学教学机器人技术规范》	2021 年 5 月 28 日
6	深圳市安全防范行业协会	T/SZAF 001—2021	《多用途轻型水下作业机器人》	2021 年 8 月 5 日
7	浙江省品牌建设联合会	T/ZZB 2365—2021	《配电房轮式巡检机器人》	2021 年 9 月 1 日
8	浙江省品牌建设联合会	T/ZZB 2602—2021	《轨道式光伏组件智能清洁机器人》	2021 年 11 月 8 日
9	珠海市无人系统协会	T/ZHUSA 001—2021	《水面智能救生机器人》	2021 年 12 月 29 日
10	中关村标准化协会	T/ZSA 88—2021	《煤炭智能机器人制样系统通用技术要求》	2021 年 12 月 31 日

资料来源：全国团体标准信息平台。

2. 企业日益重视通过企业标准提升质量管理水平及开拓海外市场

企业标准是对企业范围内需要协调、统一的技术要求、管理要求和工作要求所制定的标准，是企业组织生产、经营活动的依据。随着服务机器人市场竞争日益白热化，越来越多的企业意识到产品质量的重要性，通过制定严于国家标准或者行业标准的企业标准，实现科学管理，促进技术进步，保证和提高产品质量。此外，随着服务机器人"出海"热潮来袭，企业标准成为企业开拓海外市场继而占领海外市场的"敲门砖"。2020～2021 年服务机器人部分企业标准示例见表 3。

表 3　2020～2021 年服务机器人部分企业标准示例

序号	企业名称	标准编号	标准名称	发布时间
1	宁波广强机器人科技有限公司	Q/N GQ 300—2014	《管道机器人》	2020 年 12 月 3 日
2	广州高新兴机器人有限公司	Q/GRB 002—2021	《化纤巡检机器人》	2021 年 3 月 23 日

序号	企业名称	标准编号	标准名称	发布时间
3	山东善能启智机器人有限公司	Q/370100CJSN 001—2020	《机器人售饭机》	2021年4月14日
4	哈工天愈（中山）机器人有限公司	Q/HGTY 001—2021	《脊柱理疗机器人》	2021年6月29日
5	山东未来机器人有限公司	Q/1002SWL 006—2019	《水下监测机器人》	2021年7月16日
6	江苏凌天智能科技有限公司	Q/JSLT0 018—2021	《车底检查机器人》	2021年9月3日
7	江苏天策机器人科技有限公司	Q/320411BTS 001—2021	《智能环卫机器人》	2021年10月25日
8	江苏天策机器人科技有限公司	Q/320411BTS 002—2021	《智能清洁机器人》	2021年10月25日
9	无锡安之卓医疗机器人有限公司	Q/320206AZ Z01—2021	《配药机器人》	2021年11月17日
10	海南仙草堂生物医药科技有限公司	Q/469030XCT 005—2021	《槟榔采摘机器人》	2021年12月29日

资料来源：企业标准信息公共服务平台。

二 服务机器人市场规模分析

（一）全球市场规模分析

近年来，全球机器人领域相关创新机构与科技企业围绕人工智能、物联网、云计算、无人驾驶、多技术融合等领域不断探索，服务机器人在仓储运输、医疗康复、无人矿山、智慧农业等领域的应用不断深入，成为构建后疫情时代生产力的核心力量。

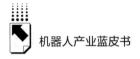
1.2020年全球服务机器人市场保持稳健增长

2020 年，全球服务机器人市场销售额和销量均保持增长，但增速有所回落。据 IFR *World Robotics 2021* 数据，2020 年全球服务机器人市场销售额约为 111.0 亿美元，同比增长 13.6%，销量约为 1913 万台，同比增长 6.2%（见图 1）。

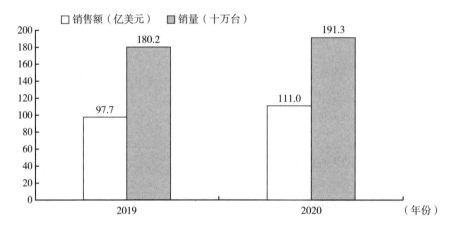

图 1　2019~2020 年全球服务机器人市场销售额及销量

资料来源：IFR，*World Robotics 2021*。

2.全球专业服务机器人销量增速超40%

2020 年，受医疗、公共服务等市场需求旺盛影响，全球专业服务机器人销量激增。据 IFR *World Robotics 2021* 数据，服务机器人分为消费者服务机器人和专业服务机器人，2020 年全球消费者服务机器人市场销售额为 44.0 亿美元，同比增长 16%，销量约为 1900 万台，同比增长 6%；2020 年全球专业服务机器人市场销售额为 67.0 亿美元，同比增长 12%，销量为 13.2 万台，同比增长 43%（见图 2）。

3.专业清洁及医用等场景应用需求呈爆发式增长

多技术融合推动服务机器人进一步向各应用场景渗透。在当前复杂场景多技术融合的背景下，服务机器人对应用领域的适应性逐步扩展、产品类型愈加丰富、自主性不断提升，已由早期的扫地机器人、送餐机器人等成熟产

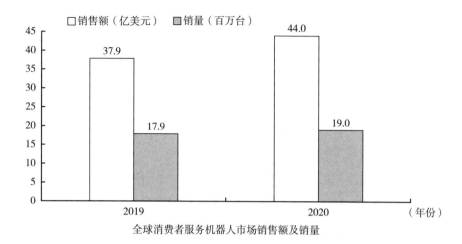

全球消费者服务机器人市场销售额及销量

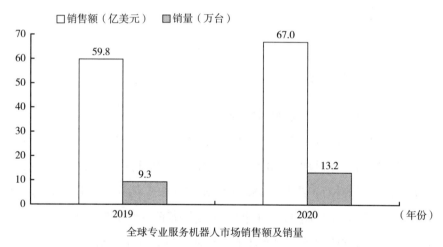

全球专业服务机器人市场销售额及销量

图2 2019~2020年全球服务机器人市场销售额及销量

资料来源：IFR，*World Robotics 2021*。

品，向运输机器人、专业清洁机器人、医用机器人、接待机器人、农业机器人等方向延伸，服务领域和服务对象不断丰富。IFR *World Robotics 2021* 显示，专业服务机器人前五大应用领域为运输物流、专业清洁、医用、接待及农业，其中专业清洁机器人数量增长最为明显（见图3）。专业清洁机器人能够满足公共场所多样化清洁需求，全过程少人/无人操作，清洁质量稳定可控。

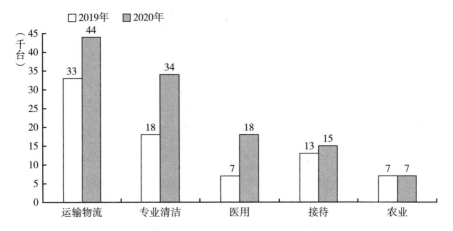

图3　2019~2020年全球专业服务机器人前五大应用领域及应用数量

资料来源：IFR，*World Robotics 2021*。

（二）中国市场规模分析

1. 中国服务机器人市场规模持续增长

据IFR *World Robotics 2021*、中国电子学会（CIE）《中国机器人产业发展报告（2022年）》数据，2020年、2021年，中国服务机器人市场规模进一步扩大，市场规模分别达到288.7亿元和393.3亿元，同比增速分别为41.66%和36.23%（见图4）。在市场需求变动下，2021年，国内服务机器人市场规模增速有所回落，但整体上，伴随人口老龄化加剧、医疗及公共服务需求旺盛等因素影响，服务机器人市场规模呈持续增长态势。

国内服务机器人市场规模持续增长，受市场处于培育阶段、产业化程度不高、市场需求多变等因素影响，增速于2021年回调。但伴随深度学习等技术的成熟、应用场景的拓展，个人/家用服务机器人及公共服务机器人产业化水平、特种机器人智能化水平将进一步提升。

2. 医疗、公共服务等市场需求进一步带动国内个人/家用机器人、公共服务机器人市场规模增长，增速高于全球

根据《中国机器人产业发展报告（2022年）》数据，2020年、2021

图4　2016~2023 年中国服务机器人市场规模及增长率

资料来源：IFR，*World Robotics 2021*；CIE《中国机器人产业发展报告（2022 年）》。

年，国内个人/家用、公共服务机器人市场受医疗、教育、公共服务市场需求带动，规模快速增长，分别达到 222.2 亿元和 302.6 亿元，同比增速分别为 47.25% 和 36.18%，高于全球个人/家用机器人、公共服务机器人市场规模增速。受市场需求引导，到 2023 年，医疗机器人、陪伴服务机器人等产品的应用场景将进一步拓展，国内个人/家用机器人、公共服务机器人市场规模有望突破 600 亿元（见图 5）。

图5　2016~2023 年中国个人/家用机器人、公共服务机器人市场规模及增长率

资料来源：CIE《中国机器人产业发展报告（2022 年）》。

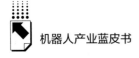

受新冠疫情等因素影响，国内公共服务机器人、医疗机器人市场规模快速增长。智能清洁、无人配送等需求增多，带动国内公共服务机器人销售。远程手术、测温、无接触消杀等功能凸显医疗机器人价值，提升其社会认可度及销量。

3. 特种机器人拓展应用领域，企业进一步探索产品商业化

根据《中国机器人产业发展报告（2022 年）》数据，2020 年、2021 年，国内特种机器人市场受电力、煤矿等应用场景需求带动，市场规模分别为 66.5 亿元和 90.7 亿元，同比增速分别为 25.71% 和 36.39%（见图 6），高于全球水平。到 2023 年，国内特种机器人有望在农业、采矿挖掘、水下作业、军事作战等场景得到进一步推广使用，市场规模将达到 185.2 亿元。

图 6　2016～2023 年中国特种机器人市场规模及增长率

资料来源：CIE《中国机器人产业发展报告（2022 年）》。

特种机器人的商业化非常依赖场景需求，复杂、极端的应用环境要求产品可用性较高，国内特种机器人企业不断探索固定领域内可复制的标准化产品，以提升商业化水平，实现产品量产，这也是国内特种机器人市场规模增长的影响因素之一。

4. 受消费需求不稳定因素影响，中国服务机器人单月产量波动较大

2020 年、2021 年，我国服务机器人产量累计值分别为 619 万台和 921

万台。从同比增速看，受市场不景气等因素影响，2021 年国内服务机器人产量增速呈现震荡下行态势，4 月增速最高达 100.1%，10 月增速最低，出现负值，为 -1.9%。从单月产量看，因下游消费需求不稳定、产业化程度不高，2020~2021 年服务机器人单月产量波动较大。聚焦 2021 年，1~2 月产量最高，超 90 万台；7 月产量最低，约 60 万台（见图 7）。

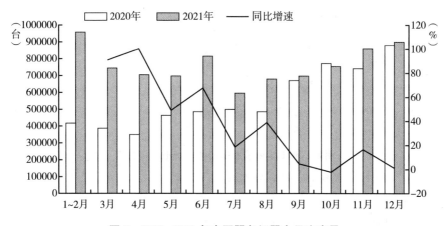

图 7　2020~2021 年中国服务机器人月度产量

资料来源：国家统计局网站。

5. 中国服务机器人产业主要集中在华东地区、中南地区

受经济发展、消费水平影响，中国服务机器人产业主要集中在华东地区、中南地区，西南、东北等地区产业规模较小。其中，华东地区服务机器人产业规模占全国的 40.6%，中南地区占比为 32.7%，华北地区占比为 17.2%（见图 8）。

三　服务机器人应用现状分析

（一）避障、自清洁等多元化技术创新提升用户体验，带动扫地机器人销售

国内扫地机器人产品注重提升产品力，以避障、自清洁等技术创新打开

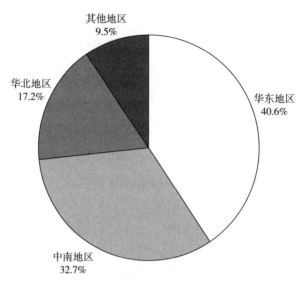

图8 2021年中国服务机器人产业区域分布

资料来源：赛迪智库网站。

市场。扫地机器人的主要价值在于解放人类双手，核心技术包括导航、避障、自清洁等。移动导航方面，已从陀螺仪导航升级至 LDS SLAM 激光导航、VSLAM 视觉导航；避障方面，包括 3D 结构光、单目 AI、双目 AI 等；清洁技术方面，各大厂商通过智能水箱、抹布清洁等方式推出创新型清洁技术。扫地机器人产品力的提升会带来扫地机器人零售额增速的显著提升。据奥维云网《2022年中国扫地机器人消费趋势洞察报告》数据，2020年、2021年，国内扫地机器人零售额分别为93.9亿元和120.1亿元，同比增速分别为17.52%和27.90%（见图9）。

国内扫地机器人厂商注重视觉识别、全局规划技术升级，提升产品环境适应力及产品功能。科沃斯扫地机器人地宝 T8 Family 中的地宝 T8 AIVI，作为旗舰机型，专为环境复杂用户打造，对人工智能及视觉识别系统进行升级，增强产品识别能力，创新研发 TrueMapping 全局规划技术和 OZMO Pro 电动高频擦地系统，提升用户体验。

国内扫地机器人的自清洁功能受市场青睐，该技术推动行业拖地场景的

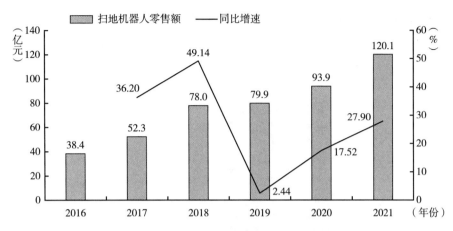

图9 2016~2021年中国市场扫地机器人零售额及增速

资料来源：奥维云网《2022年中国扫地机器人消费趋势洞察报告》。

自动化，机器人厂商通过自动上下水设计等方式实现产品自清洁功能创新，2019年以来，国内扫地机器人自清洁产品占比迅速提升（见图10）。自清洁方案打通扫地机器人解放双手的最后一环，解决脏污拖布仍需人工清洁的痛点。国内该方案最早于2019年由云鲸智能推出（云鲸智能小白鲸J1扫拖机器人），2021年云鲸智能扫地机器人线上销售额排名第2（见图11）。云鲸智能

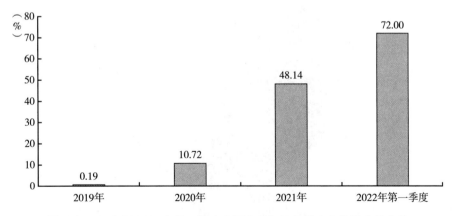

图10 2019年至2022年第一季度中国市场扫地机器人自清洁产品占比

资料来源：奥维云网《2022年中国扫地机器人消费趋势洞察报告》。

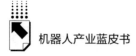
的小白鲸 J2 扫拖机器人（见图 12），除了在 J1 基础上进行吸力、避障、越障等方面的优化升级外，还创新性地对自动上下水功能进行模块化设计，实现拖地场景的全自动。

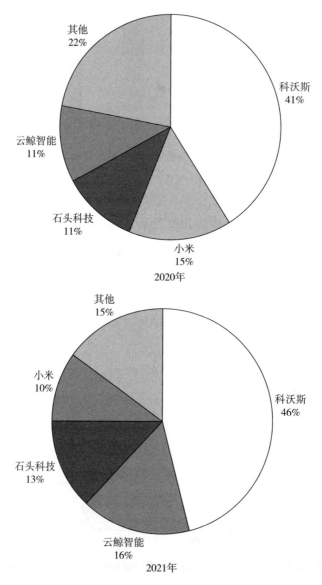

图 11 2020~2021 年中国扫地机器人线上零售额分布（按企业分类）

资料来源：奥维云网《2022 年中国扫地机器人消费趋势洞察报告》。

图 12　云鲸智能小白鲸 J2 扫拖机器人

资料来源：云鲸智能微信公众号。

　　3D 建图等功能优化扫地机器人产品力，国内企业加大技术投入力度，提升清扫工作效率。石头科技扫拖机器人 T8（见图 13），具备自动集尘、激光避障等功能，支持 3D 地图显示，可直观看到行走路线并据此进行禁区设定和虚拟墙设置，还支持快速建图功能，改变先清扫后建图的模式，实现"实时清扫"，提升清扫效率。

图 13　石头科技扫拖机器人 T8

资料来源：石头科技微信公众号。

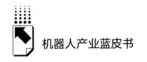

（二）受规模化、产业化影响，部分教育机器人企业逐步关注 B 端市场

受限于技术成熟度，国内教育机器人实用性不高，市场反馈普遍不好，但伴随人工智能等技术的发展，厂商不断探索技术与教育的深度融合，打磨产品推广的商业模式，以推动国内教育机器人市场化落地。

部分国内教育机器人厂商为积累客户资源，首先开发 B 端市场，逐步拓展 C 端市场，以实现规模化扩张。教育机器人 C 端产品主要为教育陪伴机器人，应用于家庭，技术难度和成本相对较低，市场空间大，产品个性化要求高，机器人种类繁多、同质化严重，用户关注价格、功能等因素，整体市场仍处于培育阶段；教育机器人 B 端产品主要为 STEAM 教育机器人，应用于学校、培训机构等，包括机器人产品、课程、培训等，内容标准化程度高，用户黏性高，规模化扩张速度不高。因此，部分教育机器人企业先开拓 B 端市场，由学校或培训机构做背书，提升行业影响力，积累潜在客户，降低 C 端市场获客成本，当 B 端市场成熟后再拓展 C 端市场，提升业务利润。

教育机器人企业开发产品、课程、赛事等系列产品，增强用户黏性，提升市场竞争优势。大疆发布机甲大师 RoboMaster EP 教育拓展套装（见图14），推出相应课程内容，并面向 9～19 岁中小学生举办 RoboMaster 青少年挑战赛。机甲大师 RoboMaster EP 教育拓展套装产品主要面向 B 端中小学校、培训机构，其支持 Scratch、Python 语言，支持外接 Arduino、树莓派等第三方开源硬件。通过开放 SDK 协议，RoboMaster EP 允许用户调用机器人的姿态角等参数，并支持外接超过 50 个可编程传感器接口。

国内企业进行教育机器人编程等多功能模式开发，激发用户学习兴趣。优必选研发 JIMU PRO 系列产品（见图15），其为一款人工智能属性的STEAM 教育产品，提供 PBL（Project Based Learning）项目制学习，让 5 岁以上的孩子了解机器人工作原理。该产品带有 AI 摄像头、声控模块，可识别人脸、手势、语音，还可进行 Scratch 图形化编程和 Python 编程的切换，协助入门级编程向进阶级编程过渡。

图 14　大疆机甲大师 RoboMaster EP 教育拓展套装

资料来源：大疆公司网站。

图 15　优必选 JIMU PRO 系列产品

资料来源：优必选公司网站。

　　教育机器人企业注重产品功能优化，简化编程难度，提升用户吸引力。能力风暴开发教育机器人飞行积木系列氙（见图 16），着重提升孩子空间智能、数学逻辑智能和自然探索智能等多元智能水平；创新推出的六面搭建及

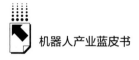
灵活的空间移动飞行能力，增强孩子创新和探索的欲望，让少年儿童在快乐中训练能力，提升科技素养。

图16　能力风暴飞行积木系列氪

资料来源：能力风暴公司网站。

（三）娱乐机器人注重柔性交互、运动性能提升，下沉家庭应用场景

伴随消费市场、家庭消费能力的升级，国内家庭娱乐需求不断增长，娱乐机器人市场热潮不断。目前，娱乐机器人主要功能是聊天、陪玩、游戏等，国内市场潜力大，受益于5G、人工智能、云计算等技术的融合，产品种类不断创新，企业抓住市场机遇，以差异化竞争策略打磨产品功能。其中，优必选主打人形机器人产品，价格在4000元左右，具备跳舞、摄影等功能；康力优蓝主张"打造智能家庭生活"，旗舰产品爱乐优家用智能机器人，可实现幼儿启智教育、智能家居控制等功能；进化者核心产品小胖机器人，拥有语音交互等功能。

国内娱乐机器人厂商注重娱乐机器人运动性能提升，通过感知系统、运动规划等技术，提升产品环境适应性及稳定性。优必选推出"家庭智能助手"Walker（见图17），进行运动性能、环境感知等方面的算法迭代，可完成快速的类人步态行走、快速稳定上楼梯。同时，在操作层面，基于伺服跟随技术，Walker可根据目标物体的位姿变化实时调整任务轨迹，在动态环境中完成更加复杂的任务。通过感知系统，Walker在执行操作任务的同时，进行自主运动规划，避开环境障碍物及调节自身关节顺利完成任务。Walker已实现模块化，便于产品量产及成本控制，该款娱乐机器人的最终落地方向是家庭场景。

图17 优必选"家庭智能助手"Walker

资料来源：优必选微信公众号。

国内娱乐机器人厂商加强语音、视觉等技术创新研发应用，提升产品"仿生"真实性，实现产品柔性交互。小米发布仿生四足机器人CyberDog（见图18），中文名为"铁蛋"，其搭载高精度环境感知系统，共有11个高精度传感器向AI大脑实时传输信息，可感知图像、光线、距离、速度、声音等环境信息，还原更真实的生物反应。CyberDog"铁蛋"可完成语音交互、翻跟头等操作，能够基于全球开源社区进行自研创新，主要应用场景为医疗救援、家庭陪护等。

图18　小米仿生四足机器人 CyberDog "铁蛋"

资料来源：小米公司网站。

（四）国内智慧养老设备需求潜力大，部分养老助残机器人入选政府推广目录

国内老龄化趋势加快，养老助残机器人需求潜力较大。目前，国内政策提倡"9073养老模式"，即90%的老人依靠居家养老、7%的老人依靠社区养老、3%的老人依靠机构养老。受老龄化趋势加快影响，我国智慧养老助残设备市场空间较大。2020年，工信部等部门制定《智慧健康养老产品及服务推广目录（2020年版）》（以下简称《目录》），共有118件智慧养老设备入选，其中有护理机器人、陪伴机器人产品共7件（见表4）。护理机器人主要用途在于家庭式人员护理、康复，陪伴机器人主要用途在于陪伴、娱乐。《目录》是政府为培育和规范智慧养老市场而制定的，入选产品可在养老、医疗机构等政府采购项目中获得优先支持。

表4 《智慧健康养老产品及服务推广目录（2020年版）》机器人相关产品

单位名称	产品类别	产品名称	产品规格型号
安徽哈工海姬尔智能科技有限公司	护理机器人	海姬尔床式护理机器人	HJE-NA01
沈阳新松机器人自动化股份有限公司	护理机器人	下肢康复训练机器人	SRLK15A-J05
山东泽普医疗科技有限公司	护理机器人	全自动卧床排泄处理系统	ZEPU-SPX-110
天津市慈济康复器材厂	护理机器人	智能排泄护理机	CJ-NS-Y8Z
山东蓝创网络技术股份有限公司	陪伴机器人	所依多媒体终端设备	LST-H8001
深圳市优必选科技股份有限公司	陪伴机器人	笑宝机器人(TD-LTE 数据终端)	alpha Mini
湖南超能机器人技术有限公司	陪伴机器人	智能健康服务机器人	CNBOT-F11

资料来源：根据公开资料整理。

国内护理机器人厂商重点关注失能人群护理与康复需求，并以产品设计优化、技术改进等方式实现。安徽哈工海姬尔智能科技有限公司开发的 HJE-NA 系列智能护理床（床式护理机器人）（见图19）融合人体工程学与科技，针对肌体失能人群护理与康复需求，具备残/瘫患者坐卧曲腿、自动翻身、解便冲洗、康复训练等功能，减轻护理人员劳动强度与失能半失能病人痛苦。

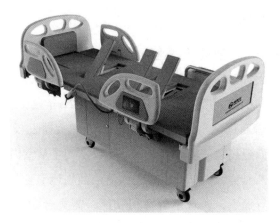

图19 哈工海姬尔 HJE-NA 系列智能护理床

资料来源：严格集团微信公众号。

康复机器人注重产品运动功能，辅助患者康复训练。新松推出的下肢康复训练机器人（见图20），可帮助有行动障碍等患者进行下肢主/被动训练，结合康复医学理论，为患者重建正确运动模式，促进新陈代谢、血液循环等，恢复肌肉的剩余力量，增强患者康复信心。

图20　新松下肢康复训练机器人

资料来源：新松公司网站。

（五）商用清洁机器人应用场景从室内向室外、从小场景向大场景延伸，通过市场验证

商用清洁机器人产业处于高速增长态势，应用场景实现了从室内到室外、从小场景到大场景的不断延伸，逐渐通过了市场验证。近年来，以高仙为代表的商用清洁机器人厂商备受资本关注，2021年底，高仙完成了12亿元C轮融资。随着商用清洁领域相关企业不断加大研发投入力度，商用清洁机器人在满足商业场景清洁需求的基础上，实现了从室内到室外、从小场景到大场景的不断延伸。例如，室外无人清洁面临地形复杂、环境多变、垃圾形态和种类多等痛点，实现室外清洁功能，需集合激光雷达、深度摄像头、毫米波、超声波、防碰撞等多种传感器，以多维度感知周围环境，灵活应对环境中出现的静/动态障碍物，并实时做出反应，保障机器人、设施设备和行人的安全。图21为高仙商用清洁机器人夹影S1。

图 21　高仙机器人商用清洁机器人奂影 S1

资料来源：高仙机器人公司网站。

众多机器人企业入局商用清洁领域，不断推出商用清洁机器人新品，产品在写字楼、酒店、市政道路等场景实现应用。商用清洁机器人领域企业除了深耕商用清洁行业的高仙，从无人驾驶领域跨界商用清洁领域的智行者，还有科沃斯、石头科技等国内 C 端扫地机器人龙头企业，近年来，上述两家企业也开始进入商用清洁机器人市场。

高仙拥有六大产品线，产品不仅适用于写字楼、酒店、商业综合体等室内场景，还适用于广场、公园、景区等室外场景，其无人驾驶环卫车实现了超大场景延伸，实现了市政道路、园区、景区等更大范围的室外应用。智行者是国内提供无人驾驶系统多元解决方案的企业之一，其“蜗小白”无人驾驶扫地车（见图 22）在全国多个省（区、市）累计投放百余台，在清华大学、北京植物园、港珠澳大桥等场景实现落地。2021 年，科沃斯、石头科技先后发布了商用清洁机器人产品，拓展了商用清洁机器人赛道。科沃斯的“程犀”是一款扫洗一体室内商用清洁机器人，可用于住宅楼公共区域、写字楼、商超门店、医院等场合的地面清洁；石头科技发布的商用清洁机器人可应用于商场、办公楼、机场等大型室内空间，完成公共领域的清扫。

图22 智行者"蜗小白"无人驾驶扫地车

资料来源：智行者公司网站。

（六）酒店成为服务机器人落地的关键场景，产品不断实现迭代优化

随着核心技术的突破，企业对酒店、楼宇等特定场景的商业服务需求理解不断加深，酒店成为服务机器人落地的关键场景。技术层面，酒店场景对服务机器人的稳定性有一定要求，核心技术包括传感器、人工智能、机械解构以及硬件化等。市场层面，酒店具备资金实力为机器人买单，且环境相对标准化，能够满足服务机器人商业落地的条件。目前，酒店机器人产业已出现云迹科技等龙头企业，已初步完成市场教育，产品实现商业化落地，相关产品（见图23）服务范围在10~100米，可完成客房配送、迎宾引导、无人零售、安防巡更等工作。携程App"酒店设施"选项中，就包含了"机器人服务"的标签，酒店存在"机器人"服务员正在成为共识。

酒店机器人得到市场验证，产品不断实现迭代优化。云迹科技专注酒店机器人以及酒店智能服务解决方案开发，产品及方案可实现AI自主应答电话问询、智能分配服务、自主接送物等，可实现机器人换人，提高酒店运营效率，降低人工成本。同时，云迹科技的酒店机器人得到了市场验证，在应

图 23　云迹科技酒店服务机器人"小美"

资料来源：云迹科技微信公众号。

用场景中积累的数据和逻辑模型，有助于加速产品的迭代优化，有望衍生新的商业模式。云迹科技的合作客户包括万豪、希尔顿、华住等品牌酒店。九号的方糖配送机器人（见图 24），搭载了自主研发的定位导航系统，可准确识别酒店通道、电梯以及客房的位置，独立完成配送工作，7×24 小时的工作时间，提高了酒店的运营效率。

图 24　九号机器人的方糖配送机器人

资料来源：九号机器人公司网站。

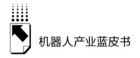

（七）市场需求推进餐饮机器人不断完善，成本更低、实用性更强

伴随技术的快速发展，全球服务业劳动力短缺问题凸显，越来越多的企业不断推进机器人换人。餐饮机器人具备营销推广、配送等功能，帮助餐厅提高效率、节省成本。早期的餐饮机器人产品存在自主导航能力差、配送量太小等问题，产品力不足使餐饮机器人被贴上了"卖噱头"的标签，也面临场景多元、价格、实用性等方面的挑战。在此背景下，企业越来越关注产品能力与市场化能力。技术层面，餐饮机器人涉及人工智能和算法、综合系统工程化能力、制造力等，厂商不断加强核心技术、制造及供应链整合等方面的能力，逐渐解决高成本和不实用等难题。

餐饮机器人企业注重产品应用创新，持续加强技术研发，不断探索、完善销售体系。擎朗智能专注餐饮市场，是国内最早一批探索餐饮领域机器人应用的企业之一，在室内定位导航系统、智能安全避障与调度协作系统等方面积累了经验。擎朗智能采用租售结合的付费模式，带来持续性收入，拓展更大的市场空间，同时降低客户的使用门槛和风险，合作伙伴包括海底捞、巴奴毛肚火锅、外婆家等。图 25 为擎朗智能送餐机器人"Peanut"。普渡科

图 25　擎朗智能送餐机器人"Peanut"

资料来源：擎朗智能微信公众号。

技持续定义创新型产品，致力于解决餐饮机器人高峰期通过性、全流程自动化以及地面通过性等问题，其已通过三款产品分别解决了这三个问题，随着技术的发展，预期将推出同时满足三种需求的"三合一"产品。图26为普渡科技送餐机器人。

图26　普渡科技送餐机器人

资料来源：普渡科技微信公众号。

（八）室外配送机器人应用自动驾驶等技术实现商用

室外配送机器人应用自动驾驶技术，在封闭、半封闭场景找到了商业落地机会，已实现小批量落地。随着5G时代的到来，室外配送机器人载物逐渐被大众接受，同时，国家大力推动智慧社区建设，为室外配送机器人提供市场机遇。该产品解决"最后一公里"的寄送难点，可应用于校园、园区、景区、厂区、方舱医院等场景。以阿里巴巴、京东为代表的互联网企业拥有自己的物流体系，为了完善寄递末端服务，大力发展无接触递送服务，阿里巴巴推出了"小蛮驴"无人车，京东研发了低速无人车。外卖配送的即时性要求高，餐饮外卖场景多且分散，对室外配送机器人提出了更高的要求，例如，美团推出外卖无人配送车"卤蛋"。此外，致力于室外配送机器人研发的企业还包括新石器慧通（北京）科技有限公司、长沙行深智能科技有限公司、深圳一清创新科技有限公司等。

机器人企业将"末端无人配送"作为无人驾驶技术商业化应用的切入点，促使室外配送机器人实现商业落地。长沙行深智能科技有限公司聚焦室外配送机器人相关技术、产品和解决方案，将"末端无人配送"作为无人驾驶技术商业化应用的切入点，针对无人驾驶系统体系架构，拥有自主知识产权，其室外配送机器人可应用在校园、园区、社区等场景，已实现投产并批量生产。深圳一清创新科技有限公司聚焦无人车低速场景，推出的一清"夸父"室外配送机器人在多个园区示范应用。

（九）安防机器人从简单封闭场景走向复杂开放场景，在疫情防控、智慧城市建设中表现突出

随着国民公共安全意识的不断提高和机器人技术的快速发展，安防机器人开始从少人无人、简单、危险、封闭场景，走向多人、复杂、常态、开放场景，应用范围不断拓展。安防行业工作环境复杂多样，安防机器人可以根据不同应用场景下的安防巡检需求提供定制化服务，如烟雾检测、毒气检测、电源检查、轨道检查等，并可安装捕捉网、催泪瓦斯、辣椒水喷剂、灭火器、电棍、消毒喷雾等不同装置，场景适应能力不断增强。

新冠疫情以来，能够进行自动体温识别、人员佩戴口罩监测、特定区域巡检的安防机器人崭露头角，投入疫情防控工作。优必选联合公安部第一研究所推出了警用安防机器人"建国"（见图27），该款机器人通过内嵌认证核验系统，打通公安部身份证数据库，远距离、无接触进行身份证核验，做到100米外人像识别、5~20米无接触身份核验，还可以使用警用数字集群（PDT）网络，从指挥中心直接发起对现场的指挥、处置，指令时延小于200毫秒，加快现场的反应速度，对疑似病例进行及时拦截。大陆智源推出ANDI安防巡检机器人（防疫版），在武汉协和医院实现落地应用，可以代替人工执行人群实时监测、口罩识别、消毒液喷洒、自主巡逻等任务，有效避免交叉感染，提高医院防疫效率。

图27　优必选警用安防机器人"建国"在某治安卡口执行巡逻任务

资料来源：优必选微信公众号。

安防机器人与智慧城市结合日益紧密，有力解决了安防产业人力匮乏、险情处理不及时等痛点问题，逐渐成为"天网工程"和"雪亮工程"的重要推手。2016年，万为机器人联合国防科学技术大学机电工程与自动化学院研制全国首款智能安保服务机器ANBOT，在机器人自主移动技术、图像识别算法以及平台业务协同调度方面建立独特优势，在北京天安门、海南机场、湖南省博物馆等地实现落地应用。大陆智源ANDI安防巡检机器人，可针对性屏蔽网络信号干扰，应用于新疆反恐作战平台，有效协助公安干警执行安全反恐任务，在新疆公安部门、北京延庆冬奥村实现批量应用（见图28）。

（十）立面作业机器人在船舶领域实现规模化应用，并迅速扩展到电力、石化、建筑等领域

在船舶、石化、核电等领域大型立面维护作业场景中，传统的解决方案是采用蜘蛛人、脚手架、吊篮、高空作业车等，危险系数高且作业效率低下。在人口红利逐渐消失和环保要求日益严格的大环境下，立面维护作业人

图28 大陆智源ANDI安防巡检机器人在北京延庆冬奥村执行任务

资料来源：大陆智源微信公众号。

力短缺、环保压力大等问题凸显，已处于维护作业工艺与装备升级换代的关键时期。立面作业机器人是融吸附功能、行走功能为一体的特种机器人，通过搭载检测仪、探伤仪、清洗头、超高压水射流设备、喷涂枪、打磨头等功能上装，并完成移动平台与功能上装的工艺结合和工序规划，满足不同立面作业场景的检测、探伤、清洗、除锈、喷涂、打磨等具体任务需求。

立面作业机器人已经在船舶领域实现规模化落地应用，有效提高了船舶维护质量、效率和稳定性，显著改善了工人劳动条件。传统的船舶除锈方式，需要几十名现场工人搭载数十台高空作业车，手持干喷砂枪或超高压水枪进行除锈作业，除锈效率4~6m²/h。而超高压水枪会产生极大反冲力，人工手持存在较大安全隐患，同时现场作业环境粉尘极多、噪声巨大，因此对人体存在严重伤害。史河科技通过突破磁吸结构、柔性构型运动算法、多传感定位等核心技术，大幅提高机器人对船体大曲面的适应能力，可适用船体外壳90%以上的作业区域，并具有1.5cm的越障能力，实现厘米级立面定位精度，并在规则区域内具备路径规划及自主导航能力。工作人员遥控操作史河科技船舶除锈机器人（见图 29）进行除锈作业，除锈效率达 20～40m²/h，作业效率显著提升，人员安全性亦得到充分保障。截至 2021 年底，史河科技船舶除锈机器人已服务包括中船、中远、招商在内的 30 余家大型修造船厂，完成作业面积超 70 万 m²，累计完成超 300 艘十万吨级以上货轮除锈作业。

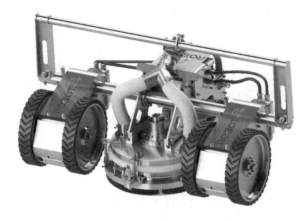

图 29　史河科技船舶除锈机器人

资料来源：史河科技公司网站。

立面作业机器人应用潜力巨大，快速扩展到电力、石化、建筑等领域，涌现化工罐打磨与防腐、火电锅炉清理与检测、桥梁检测及维护、建筑清洗及检测等创新应用。例如，彼合彼方机器人在永磁吸附技术和吸附模块上取得突破，负载自重比达到 2∶1，在产品设计上对清洁、除锈、喷漆、打磨、抛光等一系列作业工艺进行模块化设计，可以快速满足客户多样化需求，面向石化、电力、桥梁等多行业的大型设备除锈、喷漆、清洁、检测等需求，推出多功能防腐作业机器人（见图 30）等多类多款产品，与中石油、中核集团、大唐风电等多家龙头企业建立合作关系；黑蚁兄弟自主研发高空幕墙清洗机器人，融合应用人工智能、大数据分析、机器人自动化控制等技术，并利用算法对环境与数据进行分析，自动规划行进路线，自主清洁并检测清洁程度，两小时内可以完成 200～300m² 的幕墙清洁任务。

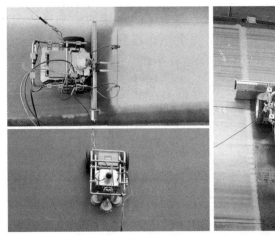

图30 彼合彼方多功能防腐作业机器人

资料来源：彼合彼方微信公众号。

（十一）骨科手术机器人商业化进程和全球化布局提速，腔镜手术机器人多款产品相继获批上市并开展临床应用

手术机器人是机器人辅助手术中的核心设备，能够帮助医生克服手术过程中精准度差、缺乏三维高精度视野等问题，备受医疗机构青睐，被视为下一代手术的新方式。根据临床应用的不同，手术机器人又分为腔镜手术机器人、自然腔道手术机器人、骨科手术机器人、泛血管及经皮手术机器人等。短期来看，骨科手术机器人和腔镜手术机器人技术相对成熟，商业化前景良好，有望在国内率先实现大批量应用。与之相应，2021年北京和上海分别将部分骨科手术机器人手术与部分腔镜手术机器人手术纳入医保。

国内骨科手术机器人头部企业开发的相关产品达到国际领先水平，已在国内进入商业化阶段，临床应用效果良好，同时企业积极推动产品创新，开始谋划进军海外市场。天智航研发的第三代产品"天玑"骨科手术机器人于2016年便获得国家食品药品监督管理总局核发的第三类医疗器械注册证，各项性能指标处于国际领先水平。天智航2022年年报显示，截至2021年底，"天玑"骨科手术机器人已在国内100余家医疗机构实现常规临床应用，累计完成超 2 万例手术，取得了良好的临床应用效果。此外，天智航积极进行产品升级和海外市场布局，其升级产品"天玑Ⅱ"骨科手术机器人（见图 31）是国际上唯一能够开展四肢、骨盆以及颈、胸、腰、骶脊柱全节段手术的骨科手术机器人，临床精度达到 0.8mm，术中辐射减少 70% 以上，手术效率提高 20% 以上，技术处于国际领先水平，目前已取得加拿大标准协会（CCSA）的认证证书，为进入欧美市场提供了有利的必要条件。杭州键嘉机器人有限公司自主研发制造的全髋关节置换手术机器人，于 2022 年初正式获得国家药监局上市批准，根据现有的临床数据，该机器人可以将最终手术误差控制在 1mm 以内，安装角度偏差控制在 1° 以内，各项性能指标达到国际同品种器械水平。

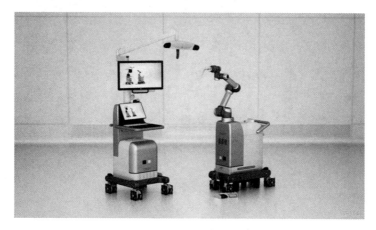

图 31　"天玑Ⅱ"骨科手术机器人

资料来源：天智航公司网站。

腔镜手术机器人应用前景广阔，国内领先企业度过漫长技术探索期，相关产品相继获批上市，国产替代加速推进。由于腔镜手术机器人可进行泌尿外科、妇科、胸外科及普外科等手术，因此是手术机器人最大的细分市场，在《"十四五"医疗装备产业发展规划》中，腔镜手术机器人被列为重点发展的高端医疗器械。2021 年 10 月，山东威高的腹腔内窥镜手术设备"妙手-S"（见图 32）获国家药监局批准上市，成为国内首个获批上市的腔镜手术机器

人，该设备可用于若干普外科手术，并且已经启动泌尿外科临床试验；2021
年底，精锋医疗完成 MP1000 用于泌尿外科手术的注册临床试验，用于妇科、
普外科及胸外科的临床试验也已经启动；2022 年 1 月，微创机器人旗下产品
"图迈"获批用于泌尿外科手术，这是中国第一款获批的四臂腔镜手术机器
人，目前已完成妇科、普外科及胸外科手术的临床入组；术锐 SURS 单孔腔镜
手术机器人于 2021~2022 年完成多例纯单孔下的机器人泌尿外科、妇科、普
外科经典手术，并已成功于泌尿外科、普外科和妇科三大科室开展临床应用。

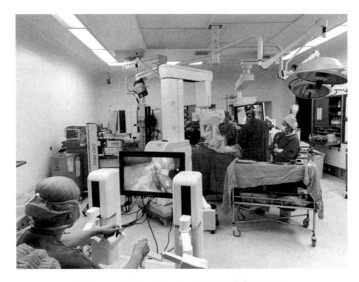

图 32 "妙手-S"手术机器人在辅助手术

资料来源：山东威高公司网站。

（十二）软体机器人在康复、采样等低门槛领域落地应用，在微创
手术、药物控释等微型化应用路线取得科研进展

软体机器人是一种科技含量高、前景良好的创新型机器人，它以材料科
学、机构学和控制科学为基础，利用软体材料的物理特性使机器人进行更简
单的高效运动。软体机器人具有质量轻、对目标形状适应能力强、与环境接
触碰撞力小等优点，能够适应各种非结构化环境，与人类的交互也更安全，
特别适合在医疗领域应用。

软体机器人在康复训练、检测采样等技术门槛相对较低的场景实现落地应用。SRT 软件机器人公司基于康复医疗学理论，研发了 SRT 软甲—手部康复机器人（见图 33）。该机器人可通过对患肢的反复运动训练，直接改善患者的手指痉挛、无力症状，并间接训练反射神经、脑部神经，减少患者压力、增加康复信心，从而达到提高患者生活质量的目的。博奥生物集团和北京清华长庚医院，联合研制出一款咽拭子采样机器人系统，其核心关键组件是一个软体末端执行器，大大降低了受试者在面向刚性机器人时的心理恐慌程度，并提高了机器人的采样安全性，已完成多例人体采样试验。

图 33　SRT 软甲—手部康复机器人

资料来源：SRT 软体机器人公司网站。

医疗用软体机器人的另一条应用路线是微型化，国内部分科研院所结合生物合成、4D 打印（延续 3D 打印技术，并增加变形维度）等技术研发微型软体机器人，可应用于微创手术、靶向药物输送等场景，发展潜力巨大。香港中文大学研发了一款配备内镜辅助磁力导航系统的"生物合成微型软体机器人"，可突破现有仪器限制，深入人体狭窄腔道治疗消化道疾病（见图 34）。中国科学院沈阳自动化研究所微纳米自动化课题组在磁热联合驱动的微型软体机器人研究中取得新进展，科研人员利用 4D 打印技术制备的软体机器人在近红外光和磁场的联合驱动下，展示了弯曲形变、夹取及搬运功能，在微结构搬运、药物控释等方面展现重要的应用前景。

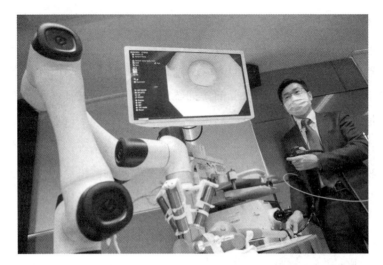

图 34 香港中文大学产品团队利用人体模型示范透过内镜将微型机器人送入
狭窄的消化道内，再利用磁场驱动精准地运送它们到目标位置

资料来源：香港中文大学传讯及公共关系处。

四 服务机器人的现存问题及对策建议

（一）扫地机器人市场教育有待进一步深入，消费用户产品认知
滞后

扫地机器人作为智能家庭清洁装备，备受市场关注，但产品评价呈现两
极分化。一部分消费群体认为扫地机器人可解放人类双手，在无需人工干预
下，可帮助完成家庭清洁工作，工作效率高。另一部分消费群体认为扫地机
器人仍存在功能缺陷，如产品会"迷路"，需要人工参与；洗拖一体的扫地
机器人无法自动清洁，仍需人进行手动清洗脏污抹布；机器人运动能力弱，
会卡在门槛上一直耗到没电；扫地机器人尘盒小，需频繁手动清理尘盒。以
至于国内大部分用户购买扫地机器人的主要原因并非家庭智能清洁，而是科
技设备体验、尝试新鲜事物等（见图35）。

扫地机器人经过避障、导航、清洁等技术创新发展，智能化水平全面提

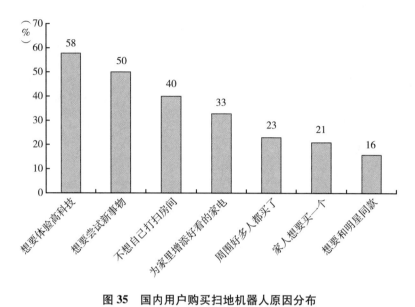

图35　国内用户购买扫地机器人原因分布

资料来源：《2021 年中国下沉市场扫地机器人消费行为报告》。

升，产品形态日渐成熟。目前，国内扫地机器人搭载激光雷达、人工智能算法等技术，路径规划、避障等更加智能，可实现不乱撞、全面积清扫；针对拖地模块需要手动安装切换、机身没有自带水箱润湿拖布需要频繁回洗等问题，云鲸智能、科沃斯等企业涌入扫地机器人自清洁赛道，通过增加机身水箱自动注水、自动烘干拖布等功能，实现机器自清洁；厂商加大尘盒容量、增加自集尘功能，即扫地机器人自带集尘清洁基站，当扫地机器人回充时，基站集尘舱会通过强大的吸力，把尘盒内的垃圾吸入集尘舱，集尘舱自带密封集尘袋，可直接扔掉，避免二次扬尘，通常一个 4 升左右的集尘舱，可实现一个月仅需清理一次。伴随国内扫地机器人功能逐渐丰富，产品形态日渐成熟，技术水平已有较大程度提升，可满足家庭智能清洁需求。

针对市场用户对扫地机器人"不智能""清扫不干净""人工参与环节多"等认知不到位问题，提出以下建议。

第一，受产品研发周期影响，具备自清洁功能的扫地机器人仍处于市场前期推广阶段，产品研发成本、售价仍较高，市场均价在 3000 元以上，直

接打击消费者采购积极性。伴随自清洁扫地机器人产品市场成熟度的提升，需要进一步降低产品单价，激发用户购买欲望，在实际体验后消除对产品是"智商税"的误判。

第二，扫地机器人以线上销售渠道为主，从国内整体情况看，产品市场渗透率有待提升，意味着机器人厂商在注重线上销售的前提下，还需要重视产品线下实体店体验、展览推广、视频直播等用户触达方式，加强市场教育，提高用户对产品功能、价值的认知。

（二）编程机器人产品功能待提升，教育质量待验证

以编程机器人为代表的教育机器人，本身除了陪伴功能，更多的附加价值在于产品的教育属性。国内教育机器人赛道火热，入局"玩家"众多，企业依据自身业务优势开发不同形式的教育机器人产品，包括编程平台、AI教育套件、课程体系、配套赛事；此外，也有以乐高为参考的编程机器人企业，研发积木类型编程产品。从需求端看，虽然儿童等未成年人是编程机器人的使用者，但采购者为家长及学校，其对产品的需求明确，希望激发孩子兴趣，培养动手能力，提升科技水平，期望孩子获得相关机器人技能奖牌或资质证明，为考试升学做能力储备。

国内市场中编程机器人产品、品牌众多，但质量、性能参差不齐，或只有"机器人"的名头，但功能上并不智能，未能激发孩子的好奇心、创造力、动手能力，这导致孩子在经过短暂的尝鲜期后，就不再关注、使用产品。国内编程机器人作为新兴人工智能教育内容，相关企业是否具备专业性教育资质、教育内容能否真正帮助儿童成长、可否进行学习质量评估等问题有待进一步考证。针对编程机器人上述问题，提出以下建议。

第一，企业注重编程机器人产品设计，树立精品意识，统一考量用户体验、软硬件系统结构等因素，增强机器人功能，打造寓教于乐机器人产品，使其成为学校、培训机构等专业教学机构的有益补充。

第二，政府相关部门关注编程机器人教学生态，组织专家、行业协会等专业资源对产品内容进行调研、统筹，在尊重企业研发创新前提下，建立专

业编程机器人教学内容目录、考核标准及管理办法，明确企业违规处罚条例，并加大社会监督力度。

第三，家长预先调研编程机器人产品，了解产品功能及内容质量，选择教学质量好、品牌知名度高的产品，同时，密切关注孩子的产品使用状态，与孩子一起探索机器人的教育、娱乐功能，培养学习兴趣。

（三）公共服务机器人无法满足非标场景需求，机器人换人可替代性弱

在部分非标场景中，公共服务机器人无法满足相应需求，机器人换人可替代性弱。由于技术、生产制造标准化、供应链、市场教育以及厂商对场景和行业理解的不健全等问题，公共服务机器人通用型产品难以实现。例如，餐饮机器人在功能上面临高峰期通过性、地面通过性以及全流程自动化三大问题，在餐厅配送场景中，高峰期人流量大造成拥挤，会产生视觉盲区，出于安全考虑，将不得不降低餐饮机器人的运行速度和效率。目前，餐饮机器人只能解决从厨房出餐口到餐桌的搬运问题，仍需服务员与餐饮机器人协作完成出餐和端菜上桌，且大部分餐饮机器人主要采用轮式底盘，只能在平整的地面移动，不能适用走楼梯、上台阶、走石板路等场景。酒店机器人也存在类似问题。针对上述公共服务机器人产业存在的问题，提出以下对策建议。

第一，一款公共服务机器人不能同时满足同一场景的所有需求，需要将该场景需求拆分成多个小需求，针对小需求设计相应餐饮机器人产品，以逐一满足场景的全部需求。同时，厂商应不断加强技术研发、产品创新，推出性价比更高的产品，以最终赢得市场青睐。

第二，短期内，机器人企业除了打磨单一功能产品以更好满足场景需求外，还需要进一步提升酒店机器人针对相应场景所产生的价值，可针对场景内客户需求进行挖掘，利用积累的运营数据，实现酒店机器人相关场景的商业价值最大化。例如，云迹科技针对酒店场景，从提供单纯的硬件型基础机器人，过渡到以数据驱动为导向的衍生商业形态，可进一步为酒店实现智慧化数据服务。

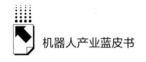

（四）公共服务机器人虽实现初步市场教育，但整体渗透率依然较低

新冠疫情刺激无人化服务需求上涨，带动酒店机器人、餐饮机器人等公共服务机器人赛道崛起，公共服务机器人实现了初步的市场教育。然而，在技术研发、产品迭代以及市场教育等因素影响下，公共服务机器人快速发展依然面临市场渗透率低的问题。以餐饮机器人为例，餐饮行业的连锁化率约为15%，机器人企业面临餐饮市场分散的问题，为了推广餐饮机器人、实现餐饮机器人市场教育，除了针对大型关键门店客户外，企业还需要持续发展大量非连锁单体门店客户。同时，餐饮机器人企业还需要考虑产品价格、用户认知不足等问题。酒店作为传统行业，是一个偏慢热的市场，对新事物的接受度较低，酒店机器人企业还将经历漫长的市场教育过程。另外，国内公共服务机器人企业面临国内市场较分散、企业间竞争日益激烈、低线城市人工成本低、机器人换人成本优势不突出等问题。针对上述公共服务机器人产业存在的问题，提出以下对策建议。

第一，机器人企业可以通过租赁模式降低商家的前期投入成本，推动产品市场化，通过直营、代理等销售模式，建立完善的销售体系，逐渐从高线城市向低线城市拓展，持续开拓市场。企业还可以通过商业活动、媒体宣传的方式，让更多的商家了解和认识产品，以持续打开国内市场。

第二，产品力较强的头部企业、新锐企业，可尝试拓展海外市场实现业绩增长。机器人企业可通过资源整合搭建海外渠道，线上通过海外社交平台及海外搜索引擎进行品牌及产品曝光，线下通过参与海外各类行业相关的活动，以触达及影响潜在目标客户，进而实现市场开拓。

（五）特种机器人存在产品可靠性及操作便利性低、跨界合作研发不足、产业链配套服务滞后等问题

特种机器人多在危险场景作业，产品可靠性仍需加强，作业能力、智能化水平与具体场景应用相结合的操作方式还有待创新。受当前技术发展水

平、人机协作程度的限制，特种机器人只能部分替代人工，尚无法较好融入现有生产系统，难以形成良好配合。以带电作业机器人为例，其在高空高危、高温高湿等苛刻环境下工作，由技术人员在地面进行操作，对于复杂环境下的精细化操作，机器人需要进一步提升视觉、听觉、力觉、触觉等方面的感知能力，以提高视觉定位和测量精度、力反馈和感知精度以及稳定性，使机器人具备柔性化操作能力，更好与人协作。此外，机器人的绝缘防护设计水平需要进一步提升，避免在操作失误或机器人故障时威胁电网及人员安全。

特种机器人应用需求和研发制造之间沟通不畅，跨界联合研发不足，导致研发出的特种机器人实用性不强，与市场脱节。特种机器人不仅需要具备感知、决策、执行等功能，还需要适应各类特殊场景的要求，如矿山的防粉尘与防爆、消防的防水防火耐高温、化学品的防腐蚀等，这些要求分属不同领域且专业性强，特种机器人在满足个性化功能要求基础上应对复杂环境的能力，决定了其市场推广的可能性。此外，在很多特殊场景下，企业需要的已不是传统意义上的特种机器人，而是需要把工业机械臂、云计算、人工智能等技术进行融合，形成有移动能力、有感知能力、有大脑分析与判断能力、有操作能力的复合型特种机器人。因此，特种机器人研发需要各领域协同配合，是一个系统性的集成与创新。

特种机器人产业链的配套服务能力仍有待提高。特种机器人融合多种高新技术，对操控、维护要求极高，尤其是内部重要零部件在危险环境中较易损坏，需要操作培训、售后保养、部件更换、系统升级、数据分析等全生命周期服务作为支撑。特种机器人配套服务发展滞后，在一定程度上影响了市场应用的积极性。针对上述特种机器人产业存在的问题，提出以下对策建议。

第一，加快制定适合专业领域要求的特种机器人国标、行标、团标，将可靠性和便利性作为基本要求，引导特种机器人产业规范化发展，鼓励建立特种机器人检测评定中心，结合实际应用环境强化产品检测认证，以适应特殊危险场景的极端要求，尽快打造细分领域市场品牌，实现专业化发展和规

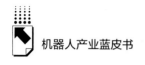

模化应用。

第二，从用户需求出发，加强特种机器人产学研用合作，加强产业链上下游企业沟通，提升产品设计、研发、制造、应用各环节参与方的协作程度，创建跨专业、跨领域的研发联盟，促进更贴合实际需求的科技创新。

第三，引导企业基于特种机器人核心功能延伸产业链条，建立贯穿特种机器人全生命周期的服务体系，降低装备应用、维护、更新、更换难度，打造性能和服务的综合竞争优势。

第四，推动特种机器人在危险行业、危险岗位、危险工序示范应用，总结经验并在行业内进行推广，大力培育特种机器人创新应用。

（六）手术机器人尚未形成"产学研医"生态，市场推广受采购成本、使用费用、操作难度等因素制约

手术机器人市场仍处于早期发展阶段，"产学研医"生态还未完全形成。目前，以科研领头的产学研成果转化为手术机器人市场主流，但在将高校研究级别项目落地到产品级别的过程中，往往会造成研究与产业及市场需求脱节。某项技术或产品在实验室或非量化生产过程中数据良好，但在临床中可能并不适用或者不符合临床医疗规律、医生使用习惯、病人接受程度等。此外，手术机器人获准上市必须取得"医疗器械注册证"和"医疗器械生产许可证"，需要经过产品设计开发→质量体系建立→创新产品申报（若涉及）→注册检测→临床试验→注册申报→生产许可申请→产品上市等一系列流程，必须进行大量科学严谨的临床试验，需要临床医师的早期介入和深度参与。

医院高昂的采购成本、患者不菲的使用费用、医生操作的易用性等问题，也在一定程度上限制了手术机器人的普及。天智航在招股书中披露，其每台骨科手术机器人的指导价格区间在 390 万~680 万元，由于价格限制，目前我国骨科手术机器人主要分布在部分中心城市的三甲医院。而且骨科手术机器人运用在手术上，还需要患者缴纳近万元的开机费，令不少患者望而却步。手术机器人操作易用性不足问题凸显，以骨科手术为例，

医生要成为脊柱正畸手术的主刀，往往需要 10 年历练，已经习惯人工手术的操作流程，也积累了大量经验，用机器人做手术，医生需要学习新的流程和操作方式。针对上述手术机器人产业存在的问题，提出以下对策建议。

第一，手术机器人的研发以解决临床问题为导向，鼓励机器人企业、科研机构、医院等联合建立科技成果孵化基地、创新技术转化中心、产品研发实验室等，形成"产学研医"协同创新机制，让临床医生、科学家、企业研发团队零距离接触，打通从思路设计、过程研究、成果凝练到项目转化、产品生产、市场开拓的全流程。

第二，探索和完善多样化收费模式，建立专业化产品培训讲师队伍，建立完善手术机器人标准化操作培训体系，提高对手术机器人客户需求的响应速度和处理效率，持续提升手术机器人产品及工具的易用性和稳定性。

五　服务机器人的发展趋势及市场机会

（一）服务机器人龙头企业凭借技术等优势，寻求业务跨界

我国服务机器人行业不断发展成熟，全产业链环节已出现龙头企业。在硬件领域，国内出现地平线、寒武纪等芯片企业，思岚科技和镭神智能等传感器企业；在技术模块领域，科大讯飞的语音识别、商汤科技的视觉识别等技术处于行业领先水平；在产品领域，科沃斯、高仙、云迹科技、天智航等企业在个人/家用、公共、特种等服务领域实现商业化落地，并在细分产品市场成为龙头企业。

在新冠疫情影响下，公共领域接待、清洁、消杀等需求旺盛，因机器人可实现无人化作业，"机器换人"趋势得到更大范围的确认，市场的反馈更为直接，医院、酒店、机场、商场等机构将目光投向公共服务机器人产品，在市场需求牵引下，机器人企业进行产品应用拓展。已有龙头企业凭借自身技术积累、品牌知名度、销售渠道等优势，将目光对准了其他商用赛道，进

行跨场景业务拓展，如个人/家用扫地机器人企业基于产品避障、清扫等技术积累，进军公共服务领域，研发商用清洁机器人；公共服务机器人企业凭借渠道、定制化解决方案能力，布局医疗服务领域，开发医疗消毒机器人。未来，将有更多服务机器人龙头企业在原有重点垂直市场中占据重要市场地位后，活跃于业务跨界，一方面开拓市场，增强企业盈利能力；另一方面推动市场要素资源整合，实现与消费者等主体的多个产品业务联系，以数据信息提供个性化功能服务，提高用户黏性。

（二）服务机器人通过增强电池功能等方式，提升产品续航能力

服务机器人电池受新能源汽车行业发展影响，技术有了较大进步，养老、医疗、特种应用领域都需要机器人能够长时间续航，电池续航成为市场关注热点。服务机器人因高移动性、工作时间长、应用环境复杂等要求，多选择不带缆、电池内置设计。以娱乐竞技、危险环境排爆、医疗手术等特殊用途机器人为例，这些机器人对电池成本并不敏感，但要求电池比较轻、容量比较大、可提供大电流放电，且寿命长，因此，锂电池成为国内机器人企业选择热点。其中，聚合物锂电池因能量密度大、大电流放电、低温性能好获得特种机器人企业青睐，磷酸铁锂电池因寿命长在公共服务机器人上应用更多。

从服务机器人电池应用情况看，部分产品仍无法满足长时间续航需求，企业及高校加大相关领域研发力度，提出电池管理系统（Battery Management System，BMS)、换电、无线充电等解决方案。电池管理系统作为服务机器人电池自身附加功能，将有效提升机器人的续航能力和可靠性，使产品更加高效、长时间完成工作；机器人采用内置大容量电池自主供电，注重电池方便更换设计，可摆脱实际作业环境中外接电源的限制；无线充电等方案，会减少机器人充电接口损坏及机器人的休眠时间，提升工作效率。从现有技术发展水平看，短期内服务机器人电池长时间续航实现重大技术突破难度较高，国内企业及研发机构将更加注重现有电池设计及充电方式的改进，以满足市场需求。

（三）养老助残机器人需求迫切，企业探索租赁等商业模式

目前，国内仍以家庭式养老模式为主，为进一步落实养老政策，扶持养老产业的发展，地方依据产业发展水平提出具体执行方案，以加大社会养老服务体系的建设力度。以上海为例，发布《上海市深化养老服务实施方案（2019—2022年）》，提出要推进护理床位建设，到2022年，全市养老机构护理型床位达到总床位数的60%，"十四五"期间继续保持这一水平，并根据实际需要稳步提高。对于经区民政局认定符合《上海市养老机构护理型床位设置指引》要求的护理床位，按照每张床位2000元标准，通过福彩公益金给予一次性补贴。

护理机器人企业探索租赁等商业模式，降低用户使用成本，加快产品推广应用。因技术水平限制，国内养老助残机器人医疗康复、突发情况处理等刚需功能仍不完全具备，以护理床为代表的护理机器人因满足日常护理、减少人工参与、监测生命体征等需求，已逐步进入养老院、医院等场景。因产品售价较高，普通家庭几乎无法承担，暂时未进入家用场景。因此，国内护理机器人企业不断探索特色产品道路，首先聚焦医院、养老院等B端市场，打磨产品功能，提升品牌知名度，以规模优势促进产品量产，降低产品生产成本，再推广C端市场，满足个性化定制需求，增加产品附加值。同时，机器人企业提高产品的易用性与通用性，以租赁、共享等商业模式进一步降低客户采购/使用资金压力，培养用户使用习惯。

（四）通过拓展海外市场，公共服务机器人企业实现业绩突破

近年来，公共服务机器人在海外市场需求显著提升，国内相关头部企业已经在积极关注和布局，公共服务机器人海外业务将成为市场下一步发展的重要方向。疫情防控、人力成本等因素，使海外市场对餐饮服务机器人等公共服务机器人的需求显著提升。首先，海外发达地区的人力成本较高，机器人换人可以降低人力成本，且国产公共服务机器人品牌不断致力于降低机器人成本，在海外的竞争力会日益凸显。其次，相比多数海外国家，我国制造

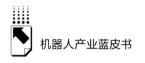

业产业链在完整性、高效性等方面具有优势，公共服务机器人产品在海外市场开拓前景较好。最后，人工智能是公共服务机器人产业发展的重要基础，伴随中国人工智能技术的不断发展，国内公共服务机器人场景应用数据不断储备，为公共服务机器人拓展海外市场打下基础。部分厂商海外市场营收已明显超越国内市场，头部厂商都在重点布局海外市场。

海外业务拓展需要根据不同国家实际的业务发展阶段来建设本地化的渠道，通过线上和线下的营销方式实现品牌及产品的推广。线上可以通过领英等海外社交平台及谷歌等搜索引擎进行品牌及产品的曝光；线下可通过参与海外各类行业相关的活动，触达及影响潜在目标客户。

（五）公共服务机器人产业链实现强链、延链，针对全场景布局产品

随着公共服务机器人产品实现应用落地，产品不断实现迭代优化，公共服务机器人需要进一步打开市场，在此背景下，公共服务机器人解决方案集成商出现，会针对具体场景提供定制化服务，实现公共服务机器人产业的强链、延链。首先，公共服务机器人解决方案集成商提供的产品将不再局限于某个具体的应用场景、某个品牌，而是针对更大的场景，如社区、写字楼、餐饮、酒店等进行全场景布局，机器人应用领域更广，机器人产品选择也将不再局限于某个具体的品牌，客户将拥有更多的选择空间。其次，公共服务机器人解决方案集成商可针对多场景、大体量公共服务机器人进行运营及维护，通过技术服务平台，实现产品的安装、部署和维护等。最后，公共服务机器人解决方案集成商不断加强营销体系建设，以实现产业链强链、延链，集成商通过建立省级、市级、县级代理公司布局全国线下营销体系，同时搭建公共服务机器人线上营销平台，打通各大流量平台，实现产品推广及售卖，助力各种功能的公共服务机器人产品落地应用，实现多应用场景解决方案的实施，解决市场痛点、难点。

公共服务机器人解决方案集成商除了扩大应用场景、加强运营与维护以及渠道搭建，以实现公共服务机器人产业链强链、延链，还需要提高工厂生产、物流运输等方面的能力。随着市场的开拓、渠道的建设，公共服务机器

人市场需求增加，更高的生产能力是公共服务机器人实现销售的保障；高效的物流运输，可以保证产品从工厂及时到达客户的手中，帮忙公共服务机器人解决方案集成商开拓市场。

（六）挖掘场景衍生商业形态，实现场景智慧化数据服务

公共服务机器人企业从提供单纯的硬件型基础机器人，过渡到以数据驱动为导向的衍生商业形态，进而针对相关场景实现智慧化数据服务。随着公共服务机器人实现应用落地，产品根据用户反馈实现优化迭代，运行效率由慢变快、稳定性逐渐增强、产品产生的价值越来越大。与此同时，公共服务机器人企业对场景需求有了更加深入的了解，通过机器人在日常工作中积累的相关数据，相关场景的商业价值有待进一步挖掘。公共服务机器人在不同场景代替人力完成相应任务的同时，也成为相应场景的数据流入口，可通过积累大量与消费者需求和体验等维度相关的数据，建立模型开展数据分析，为相关场景商业决策提供重要依据，如活动策划、品牌及产品推介等。随着公共服务机器人在更多场景更多频次的使用，其数据平台可实现相应场景智慧化数据服务，并对相关场景所产生价值的进行挖掘。

通过将公共服务机器人积累的场景内相关数据与外部数据关联，例如实现跨区域、跨平台相关数据的连接，帮助公共服务机器人企业相关客户获取更多维度相关信息，建立相关场景多维数据库，实现竞品监测、商圈分析及用户行为分析，协助企业进一步实现业绩提升，提高公共服务机器人的智慧化服务水平。

（七）高效且可复制的标准化技术产品体系将成为特种机器人实现商业化的有效路径

近年来，中国特种机器人品种不断丰富，智能化水平及环境适应能力不断提升，应用领域持续丰富。随着场景不断细分，不同特种机器人的独特性意味着技术方案的特定化，企业会花费大量精力用于烦琐的沟通及进行二次

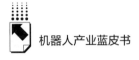

或多次开发，无法有效控制成本投入和落地周期。

高效且可复制的标准化技术产品体系逐渐成为特种机器人实现商业化的有效路径，从上游技术源头开始，通过建立一个标准化技术产品体系，将硬件、软件及各种开发服务高度整合统一，覆盖各种应用场景，将成为减少企业投入成本和研发周期的有效手段。以特种机器人底盘为例，如果能实现标准化、模块化，机器人厂商可以将底盘研发及生产外包给上游专业的底盘供应商，自身将精力集中于需求理解及产品开发，而后者也可以通过规模优势降低底盘的研发和制造成本，不仅可以降本增效，也可以在一定程度上完善特种机器人产业链。

综上所述，特种机器人的规模化发展，需要的不仅是新技术的研发和应用，标准化、通用化的技术体系也是推动特种机器人产业迅速扩大的基础，同时将成为特种机器人产业链成熟的显性特征。

（八）农业机器人亟须突破关键技术以填补劳动力缺口，深海采矿机器人或将迎来产业化机遇

农业机器人逐渐成为应对农村劳动力缺失的重要抓手，面向复杂农业环境的关键技术突破将驱动农业机器人产业快速发展。近年来，中国农业领域就业人口占比持续下降，农村地区大量劳动力外出务工，留守老人逐渐成为务农主力。面对我国农业劳动力结构性短缺的严峻形势，越来越多的目光开始关注农业机器人，在日益旺盛的需求倒逼下，农业机器人产业将迎来新的发展阶段。不同于工业环境的流水线生产，农业机器人面临的工作环境非常多变，果实形态多样、农业环境中复杂的光照条件、植株的复杂布局等，都会对农业机器人的判断和执行造成干扰，复杂农业环境下的导航、机器人—作物的无损互作、农艺—机器人融合、多功能田间管理等具有实际应用价值的关键技术创新逐渐得到产业界和科研界重视，成功突破后将成为农业机器人产业快速发展的重要驱动力。

在矿产资源较为匮乏的背景下，通过开发深海矿产资源来缓解人类社会资源匮乏这一难题已成为全球趋势，深海采矿机器人迎来产业化机遇。海洋

拥有丰富的资源，以锰结核、多金属软泥为例，海底锰结核含锰、铁、镍、钴等20多种金属元素，经济价值巨大，多金属软泥又被称为"未来战略性金属"，富含铁、锰、铅、锌、金、银等多种金属元素，在科学研究上具有重要价值。据悉，国际海底管理局（ISA）已批准超过20份海底探索和采矿合同，涵盖约26万平方千米海域。深海采矿启动在即，深海生物多样性、深海生物栖息地环境以及海洋渔业都会面临不同程度的影响，深海采矿机器人可以最大限度保障环境安全，将成为海底勘探与矿藏挖掘的主力。我国制定了海洋强国战略，将海洋资源开发作为战略性产业，领先企业已经开发并交付了全球首套商业化应用的1700米级深海采矿机器人。可以预计的是，随着深海采矿时代来临，我国将会持续加大海底矿产勘探、开采、运输系统装备技术的研发投入力度，推动深海采矿机器人产业化发展。

（九）人工智能将赋能术前规划及术中导航，助推手术机器人临床应用创新发展

人工智能将成为加快手术机器人临床应用的强劲助推器，在术前规划、术中导航等方面赋能手术机器人，推动手术机器人微创化、智能化、安全化、精准化、高效化发展。

在术前规划中，人工智能可以辅助手术机器人大幅提升规划的符合率与效率，进而提高手术精确度和成功率，减少手术创伤，降低并发症发生率。术前规划是医生根据患者的病历和影像来计划手术干预的阶段，当前主要依赖医师的经验，一致性不能保证，自动化程度较低。人工智能辅助术前规划，使用深度学习分割网络对图像进行像素级分类，基于循环神经网络的边缘平滑技术对患者身体各部位进行精准分割，运用注意力机制的神经网络实现关键解剖点位的精确识别，识别精度接近毫米级且具有较高的鲁棒性，耗费时间短且能达到专家级精度的自动术前规划。

在手术过程中，人工智能可以高效辅助手术机器人的定位和操作，使医生能够专注于手术的复杂操作，并避免额外创伤，从而获得卓越的诊治结果。当前，术中导航系统大多为机械臂以及红外光学导航设备的结合，根据医生

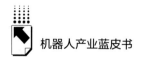

的术前规划，结合术中的注册配准技术，即光学导航设备采集患者身体的真实位置，与软件中的身体模型坐标系相匹配，辅助医生完成手术操作，不仅流程烦琐、时间长，而且可靠性和实时性差。人工智能可以帮助手术机器人快速从演示中学习，通过浏览并学习数百万个数据集，向医生提供关键信息和最佳路径建议，最大限度减少重复性任务，帮助医生在手术过程中表现得更好。此外，人工智能导航无需额外标记，并可以系统性补偿机器人系统自身误差，减少患者身体微动误差带来的影响，从而避免对患者造成额外创伤。

六　服务机器人重点企业分析

（一）云鲸智能

1. 企业简介

云鲸智能创立于 2016 年，立足家用机器人领域，致力于研发革命性科技产品，已完成"E 轮"融资，历次投资方包括清水湾基金、盈峰资本、明势资本、字节跳动、源码资本、红杉资本和高瓴资本等。

2. 企业优势分析

（1）创新扫地机器人产品功能，成为"扫赛"黑马企业

2019 年，云鲸智能推出"免洗拖布"的小白鲸 J1 扫拖机器人，依靠"拖布自清洁"突破性技术创新、直播等新型营销方式，掌握流量时代的密码，在消费市场"一炮而红"，以黑马之姿成为行业头部品牌，和老牌的科沃斯、石头科技等行业领先者展开较量。《2022 年中国扫地机器人消费趋势洞察报告》显示，2021 年，云鲸智能扫地机器人国内线上销售额排名第 2。

（2）打造一站式产品服务体系，提升客户满意度

云鲸智能在小白鲸 J2 扫拖机器人推出后自建服务体系，率先在行业内大规模引入上门安装服务，为消费者提供从预约上门、勘察安装、试机检漏、产品使用和保养知识讲解到售后的一站式服务保障，并建立了专业的服务团队，覆盖全国 200 多个城市。

（二）能力风暴

1. 企业简介

能力风暴，是上海未来伙伴机器人有限公司旗下的教育机器人品牌，始创于 1996 年，自主研发 120 余种教育机器人，编写出 50 多套机器人教材，开拓面向家庭用户的教育机器人产品、机器人活动中心、学校机器人实验室三大业务线。

2. 企业优势分析

（1）产品线丰富，同时覆盖 B 端、C 端市场

能力风暴的家庭产品线丰富，拥有教育机器人积木系列氪、移动系列奥科流思、模块系列伯牙、飞行系列虹湾等；机器人活动中心主要面对 4~18 岁青少年，通过以教育机器人为平台的能力训练课程体系，使孩子在快乐中培养科技素养、锻炼成功能力；机器人实验室系列面向大、中、小学校，以"积木系列、模块系列、飞行系列、类人系列机器人"为平台，配备全新的课程内容、教学模式和评价体系。

（2）用户群体庞大，以加盟商业模式加快市场推广

全球已有 50 多个国家和地区的 40000 多所学校与培训机构、1200 多个学校教育机器人实验室、300 多家教育机器人活动中心以能力风暴教育机器人为平台进行教学、竞赛以及科技活动。同时，能力风暴采用加盟模式，提供前期筹备、中间成长、后续发展全程帮扶指导，鼓励创业者加入。

（三）高仙机器人

1. 企业简介

高仙机器人成立于 2013 年，是全球最早从事自主移动技术研发和应用的高科技公司之一，于 2021 年 4 月完成亿级美元的"B+"系列融资，2021 年 10 月完成 12 亿元人民币"C 轮"融资，跻身全球"独角兽"企业。高仙机器人深耕商用清洁机器人赛道，推出六大产品线，覆盖七大清洁功能，产品不仅适用于写字楼、酒店、商业综合体等室内场景，还适用于广场、公园、景

区等室外场景。

2. 企业优势分析

（1）注重产品质量，实现全流程管理

高仙机器人是获得 ISO9001 国际认证、中国机器人 CR 认证、美国 UL 安全认证、欧洲 CE 安全认证的商业服务机器人公司。同时，高仙机器人实现了从技术研发、产品设计、供应链管理、量产交付到售后服务的全流程管理，以实现高质量的服务交付。

（2）完成大规模商业化落地，积累客户数据

截至目前，高仙机器人已为全球逾 40 个国家和地区的 2000 多个客户提供超过 2 亿公里的清洁服务，多样化的产品和丰富的数据积累令高仙机器人提高企业竞争力，促进规模经济转化为成本优势。

（四）云迹科技

1. 企业简介

云迹科技于 2014 年成立，作为国内专注商用机器人产品应用与技术研发的创新型科技公司，在室内定位导航、机器人移动、大数据等方面有多年积累，主攻智能机器人产品化、商业化运营，已完成 6 次机器人迭代，以及三代机器人的原型研发，产品主要应用于酒店、楼宇、政务大厅、社区等场景，提供零售、送物、住中解决方案等各项服务，合作客户包括万豪、希尔顿等品牌酒店。

2. 企业优势分析

（1）注重研发创新，入选国家专精特新"小巨人"企业

云迹科技研发人员占比超过 60%，累计知识产权申请量 1300 余项（专利申请占比超过 70%），凭借对服务机器人产品应用与技术研发的持续深耕，在 2021 年入选国家专精特新"小巨人"企业。

（2）不断做深场景应用，优化产品功能

云迹科技基于酒店场景积累及对行业理解，不只做服务机器人硬件，更是以机器人为技术核心提供服务数字化解决方案，以数字流实现酒店住中

全数字化，再通过数据驱动酒店服务流程更好运转，为酒店精细化运营提供科学的数字依据，提升酒店用户体验。

（五）史河科技

1. 企业简介

史河科技成立于 2015 年，由清华大学博士团队创建，是一家从事智能特种机器人自主研发的科技公司，也是国内第一家实现高空作业机器人产业化的企业，成功推出针对船舶除锈、化工打磨、火电检测等不同应用场景的高空作业机器人产品，服务中船重工、中船工业、中远集团、中石油、国电投、浙江省特种设备科学研究院等多家大型国企与央企客户。

2. 企业优势分析

（1）研发人员占比超 60%，布局专利数量超 200 项

史河科技现有员工超百人，其中研发人员占比 60% 以上，核心成员具有清华、北航、人大等学习科研背景及世界五百强工作经历，拥有以清华、北航教授为核心的科学家顾问团队。史河科技以解决高空作业问题的爬壁机器人为核心，攻克高空作业机器人多项技术难题，申请相关专利 200 余项。

（2）产品功能持续迭代，充分满足客户需求

史河科技研发的机器人产品具有负载自重比高、曲面适应性强、越障性能优越、立面空间可自主定位导航等特点，同时首创高空机器人立面定位导航技术，让机器人具备自主作业或辅助作业等能力，降低对人员的依赖，充分满足客户需求。

（六）天智航

1. 企业简介

天智航是一家专注从事骨科手术机器人及其相关技术自主创新、规模化生产、专业化营销及优质临床应用的高新技术企业，也是国内第一家、全球第五家获得医疗机器人注册许可证的企业。2020 年，天智航成功上市 IPO科创板。

115

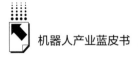

2. 企业优势分析

（1）深耕骨科机器人赛道，总手术量突破 30000 例

10 余年来，天智航专注于骨科领域，将创新意识融入设计、研发和制造的每个环节，致力于为精准智能骨科医学的发展提供更多可能。天智航核心产品——天玑骨科手术机器人用于辅助医生精确定位植入物或手术器械，可广泛应用于脊柱和创伤骨科手术，其临床精度可达 1 毫米以内，可显著减少术中辐射并提高手术效率，使复杂手术简单化、常规手术标准化、开放手术微创化、医疗资源均等化。截至 2022 年 9 月 30 日，天玑骨科手术机器人已经进入国内 150 余家临床机构，完成超过 30000 例骨科机器人手术。

（2）协同创新研发机制汇聚研发资源，权威认证助推海外市场开拓

天智航通过搭建"产、学、研、医"协同创新研发机制，汇聚医疗机器人领域的创新资源，建立天智航在医疗机器人领域的领先创新优势。天智航研发团队承担了多项国家级和省部级科研项目，在骨科手术导航定位机器人成果产品化研究方面具有丰富经验。此外，"天玑Ⅱ"骨科手术机器人国际版成功取得 CSA 认证证书，成为国内第一家取得该证书的手术机器人公司。这代表该产品在技术方面完全符合北美市场准入标准，为天智航国际市场商业化拓展打下坚实基础。

（七）微创机器人

1. 企业简介

上海微创医疗机器人（集团）股份有限公司（以下简称"微创机器人"）是微创医疗科学有限公司旗下子集团，2014 年开始研发腔镜手术机器人（作为集团的内部孵化项目），2015 年在中国成立公司，开始研发骨科手术机器人、腔镜手术机器人等，致力于面向微创伤手术最前沿发展需求，运用机器人、智能控制、传感与信息领域的前沿研究和产业集成，创新性提供能够延长和重塑生命的机器人智能手术全解决方案，引领机器人手术的成熟与发展，塑造超智能手术时代。

2. 企业优势分析

（1）自主研发能力积累深厚，注重开展科研合作活动

微创机器人于 2015 年在上海建立研发中心，现已在全球多地设有研发中心，在机器人本体设计、控制算法、电气工程、影像导航和精准成像 5 项核心底层技术方面实现全面覆盖并有深厚积累，具备机械臂和三维电子腹腔镜的自主研发能力，同时建立了专业的临床试验团队，负责产品临床试验的设计、选址和监控等各个环节，确保其符合方案设计和药物临床试验质量管理规范（GCP）。此外，微创机器人参与了 14 个国家级、省部级科研课题，攻关系统性技术开发、手术机器人临床应用和发明专利保护，并与国内外顶级医院、高校和科研机构广泛合作，推进多模态医学图像配准融合技术等项目。

（2）全球化战略稳步推进，产品布局开放合作

微创机器人通过自主研发的方式布局了"图迈"腔镜手术机器人、"鸿鹄"骨科手术机器人、脊柱手术机器人、经支气管手术机器人、经导管主动脉瓣置入术（TAVR）手术机器人等产品。此外，微创机器人通过一系列外部合作进一步丰富产品种类，如与 Robocath 合作的 R-ONE 血管介入手术机器人，并于 2021 年 11 月完成国家药品监督管理局注册性临床试验的首例入组；与 NDR 合作的自动针瞄准（ANT）机器人处于设计开发阶段；与 Biobot 合作的 iSR'obot Mona Lisa 前列腺穿刺活检机器人，正处于注册性临床阶段，已完成大部分临床入组手术。丰富的产品布局以及开放合作的理念为微创机器人的全球化发展提供了多元持续的动力。

B.4
中国煤矿机器人发展报告（2022~2023）

《中国煤矿机器人发展报告（2022~2023）》课题组 *

摘　要：　2021 年，机器人成为中国煤矿行业重点技术发展方向，聚焦关键和危险岗位，重点研发应用掘进、安控、采煤等煤矿机器人，受国家政策牵引、煤炭资源重要性凸显、"机器换人"迫切性需求拉动等多重因素影响，煤矿机器人产业发展潜力巨大。煤矿机器人市场处于早期发展阶段，销售额近 10 亿元但市场竞争格局较为分散，其中安控类和掘进类煤矿机器人发展较为迅速。针对煤矿机器人产业面临的标准缺失、政策指导滞后、检验检测技术不足、制造成本高、应用推广难等发展阻碍，可通过加强产业标准体系顶层设计、补齐产业关键技术短板、提升企业自主创新动

---

* 课题组组长：董永站，北京昊华能源股份有限公司党委书记、董事长、技术中心主任，高级工程师，主要研究方向为采矿工程、安全工程、煤炭企业管理、安全生产技术管理等。课题组成员：梅东升，北京京能能源技术研究有限责任公司董事长，专业从事能源技术研究、企业管理、科技管理等工作 30 年，在能源行业科学技术创新、技术平台搭建、产学研深度融合等方面做出巨大贡献；杨勇，宁夏红墩子煤业有限公司红一矿技术副总工程师，主要从事采掘技术基础管理、矿井采掘接续管理、采掘计划管理、矿井采掘工程设计管理、矿建工程验收和质量认证管理；陈宫，北京昊华能源股份有限公司安全环保部部长，长期从事煤矿技术管理工作，主要研究方向为矿井采煤工艺改革、施工工艺创新等；薛长站，北京京能能源技术研究有限责任公司总经理，主持集控信息集成系统、综合业务接入复用设备、采煤机遥控系统等多个煤矿设备项目的研究与应用工作，牵头编制京能集团安全管理、特种设备管理等企业标准；张宇博，北京京能能源技术研究有限责任公司副总经理，主要研究方向为能源行业管理创新等；刘红欣，清华大学电机系电气工程领域工程硕士、高级工程师，主要负责京能集团科技创新管理相关工作，主要研究方向为人工智能、能源数字化转型、智慧能源、储能、氢能、安全提升等领域科技创新；郭永红，北京京能能源技术研究有限责任公司科技服务中心主任，教授级高级工程师，牵头承担智慧电厂技术优化、发电机智慧诊断及储能调频应用等多个科技研发及创新项目；武国旺，北京京能能源技术研究有限责任公司科技服务中心副主任，煤炭工业技术委员会煤智能化与新技术专家委员会委员，主要研究方向为恶劣危险环境下的工作人员安全问题，主持爬壁机器人、无人机检测机器人、输煤皮带巡检机器人等的设计与研发工作。

力、研发远程维护技术等途径解决。未来，煤矿机器人资源融合将不断加速，创新生态体系趋于完善，煤矿机器人企业将更加注重引入 AI、物联网等交叉协同技术，基础部件自主研发能力、方案定制化开发能力等将得到提高。

关键词： 服务机器人　工业机器人　煤矿机器人

一　煤矿机器人发展现状

（一）煤矿机器人定义

煤炭在我国一次能源消费结构中占比较高，但开采环境复杂，生产流程较危险。为保障煤炭能源的长效供给，提升开采效率，我国政府及企业大力推行煤矿产业升级，鼓励"机械化替人、自动化减人"，在危险岗位实现机器人替代人工，以保证安全生产，提升煤矿行业智能化水平。伴随机器人、人工智能等技术的发展，煤矿机器人因具备无人化开采、效率高等优势，成为国内煤矿行业重点技术发展方向。

煤矿机器人是能够依靠自主控制能力及随身动力来实现某种特定采矿功能的机器，可以通过预先编程、人工智能规划、受人指挥的方式，协助或替代人进行采矿作业劳动或危险操作。

我国煤矿机器人研究工作起步于 20 世纪 80 年代，经历了概念设计、基础技术攻关、样机研发到推广应用的过程，目前已初步形成完整的煤矿机器人技术体系。

（二）煤矿机器人分类

2019 年，国家煤矿安全监察局制定公布《煤矿机器人重点研发目录》（以下简称《目录》），聚焦关键环节、危险岗位，重点研发应用 5 类 38 种煤矿机器人（见图 1），并对每种机器人的功能提出了基本要求。

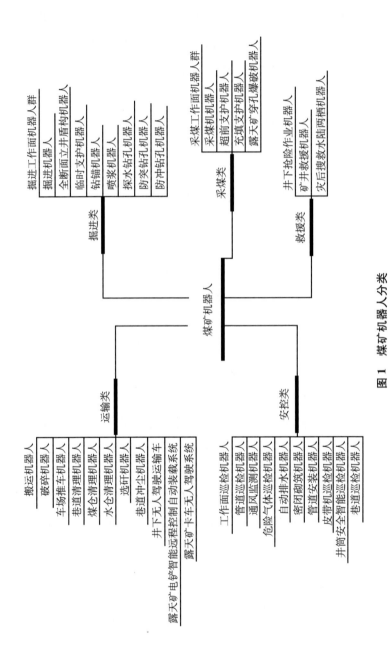

图 1 煤矿机器人分类

资料来源：国家煤矿安全监察局。

从《目录》对机器人的技术要求看，煤矿机器人分类是由具体工作流程、产品功能决定的，以管道巡检机器人为例，需要具备气体测定、管壁检测、缺陷定位、清淤、除垢及封堵等功能。

（三）煤矿机器人产业链分析

从产业链角度出发，煤矿机器人产业可分为上游的核心零部件和软件系统开发，中游的煤矿机器人本体制造，下游的销售及售后服务（见图2）。煤矿机器人产业链涉及的技术横跨通信、人工智能、大数据等多个高新技术领域，各环节技术壁垒均较高。

在产业链上游，由于煤矿井下粉尘多、光照低、空间非结构化且限制多、作业负载重，因此高精度传感器、安全高效能源供给、复合式高效驱动技术、井下大载荷作业机械臂、高可靠抗干扰通信技术、封闭环境下精准定位导航技术、多传感器信息融合技术等核心零部件和技术模块是煤矿机器人实现产品功能的关键。此外，煤矿机器人需要具备防尘、防水、耐高温、抗腐蚀等特性，防爆安全也尤为重要，感知、控制、能源等系统都要进行必要的防爆处理。

在产业链中游，随着我国煤矿安全生产重点由被动救援转为主动预防，各种安控类机器人成为研发热点，目前部分煤矿已经实现井下皮带机和机电硐室的日常巡检。在此基础上，掘进类、采煤类和运输类等从事煤矿作业任务机器人的研发被提上日程，无人掘进机器人系统、智能化采煤工作面机器人系统、煤矿智能运输和钻锚机器人等也日渐成熟。

煤矿机器人产业链下游主要为系统集成商和服务提供商，负责煤矿机器人应用的二次开发和自动化配套设备的集成，实现煤矿机器人与皮带运输、地面洗选等其他生产设备和管理系统互通，将煤矿机器人产品投向实际应用。

（四）煤矿机器人发展环境分析

1. 政治环境：国内重视顶层设计，大力支持煤矿机器人行业发展

我国高度重视煤矿机器人产业发展，完善政策内容引导产业健康发展。近

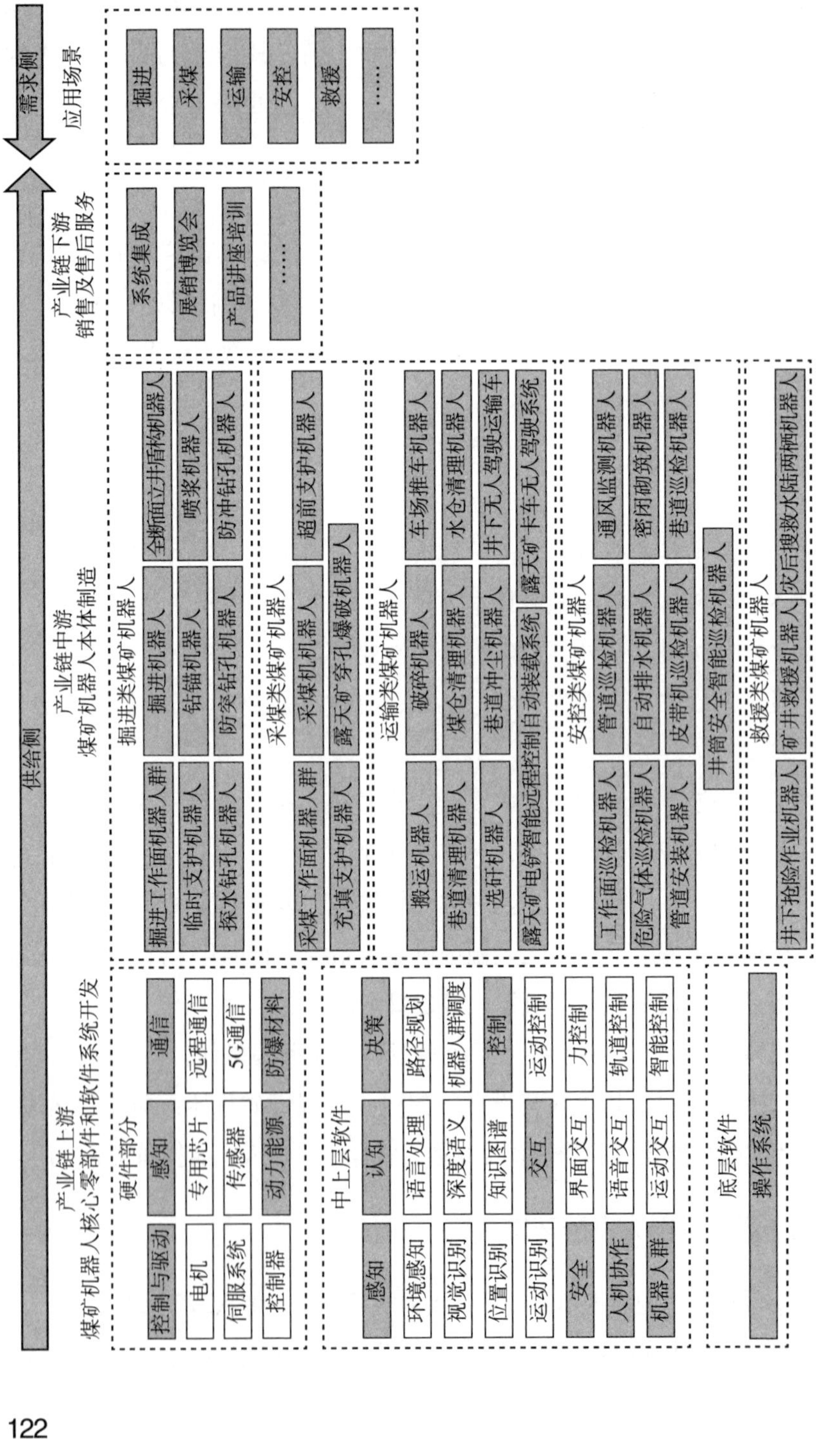

需求侧
应用场景：掘进、采煤、运输、安控、救援、……

产业链下游
销售及售后服务：系统集成、展销博览会、产品讲座培训、……

供给侧

产业链中游
煤矿机器人本体制造

掘进类煤矿机器人：掘进工作面机器人群、掘进机器人、临时支护机器人、钻锚机器人、探水钻孔机器人、防突钻孔机器人、全断面立井钻掘机器人、喷浆机器人、防冲钻孔机器人

采煤类煤矿机器人：采煤工作面机器人群、采煤机机器人、充填支护机器人、露天矿穿孔爆破机器人、超前支护机器人

运输类煤矿机器人：搬运机器人、巷道清理机器人、远矿排尘机器人、露天矿"电铲"智能远程控制自动装载系统、破碎机器人、煤仓清理机器人、巷道冲尘机器人、井下无人驾驶运输车、露天矿"卡车无人驾驶系统"

安控类煤矿机器人：工作面巡检机器人、危险气体巡检机器人、管道安装机器人、管道巡检机器人、自动排水机器人、皮带机智能巡检机器人、通风监测机器人、密闭砌筑机器人、巷道巡检机器人、井筒安全智能巡检机器人

救援类煤矿机器人：井下抢险作业机器人、矿井救援机器人、沉后搜救水陆两栖机器人

产业链上游
煤矿机器人核心零部件和软件系统开发

硬件部分
控制与驱动：电机、伺服系统、控制器
感知：专用芯片、传感器、动力能源
通信：远程通信、5G通信、防爆材料

中上层软件
决策：路径规划、机器人群调度
控制：运动控制、力控制、轨道控制、智能控制
认知：语言处理、深度语义、知识图谱
交互：界面交互、语音交互、运动交互
感知：环境感知、视觉识别、位置识别、运动识别
安全：人机协作、机器人群

底层软件
操作系统

图 2　煤矿机器人产业链

资料来源：根据公开资料整理。

年来，我国坚持能源绿色低碳转型战略，提出"碳达峰"和"碳中和"发展目标，针对煤炭行业，工信部、国家能源局等相关部门印发《关于加快煤矿智能化发展的指导意见》《能源技术革命创新行动计划（2016—2030年）》等文件（见表1），在发展战略方面，将煤炭行业智能化开采列入重点支持的能源技术创新方向，鼓励技术创新和智能改造，推进煤矿机器人研发及产业化应用，保障煤矿安全；在产业配套方面，煤矿安全改造中央预算内重点支持推广应用机器人岗位替代等，引导资金向煤矿智能化改造领域汇聚，建立智能化发展长效机制；在产业合作方面，在国家和相关部门指导下，以行业协会、科研院校、装备厂商和煤炭企业等为主体，组建政产学研用创新机构，强化跨领域跨学科协同攻关，践行关键核心技术攻关新型举国体制。

表1　中国部分煤矿机器人引导政策

序号	发布时间	政策名称	主要内容
1	2020年2月	《关于加快煤矿智能化发展的指导意见》	对煤矿智能化发展提出了具体目标等，提出推进大型煤机装备、煤矿机器人研发及产业化应用
2	2017年1月	《安全生产"十三五"规划》	推进煤矿安全技术改造；在矿山领域实施"机械化换人、自动化减人"，推广应用工业机器人、智能装备等
3	2016年11月	《全国矿产资源规划（2016—2020年）》	大力推进矿业领域科技创新，加快建设数字化、智能化、信息化、自动化矿山
4	2016年4月	《能源技术革命创新行动计划(2016—2030年)》	明确能源技术创新的重点任务，2030年实现智能化开采，重点煤矿区基本实现工作面无人化，全国煤矿采煤机械化程度达到95%以上

资料来源：中国政府网等。

各地区立足煤矿行业智能化发展，鼓励煤矿机器人等相关设备的研发与应用。目前，新疆、内蒙古、山西等地出台明确的煤矿智能化发展方案（见表2），提出要推进智能技术与煤炭产业的融合发展，在重点岗位、危险工序等实现机器人替代，全面建成以智能煤矿为支撑的煤炭工业体系，促进煤炭行业的健康、可持续发展。

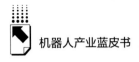

表 2　我国部分省区煤矿机器人引导政策

序号	省区	发布时间	政策名称	主要内容
1	内蒙古	2021 年 4 月	《内蒙古自治区推进煤矿智能化建设三年行动实施方案》	实施煤矿智能化改造,到 2025 年,117处井工矿实现全部固定岗位机器人作业,到 2035 年,全面建成以智能煤矿为支撑的煤炭工业体系
2	新疆	2021 年 2 月	《新疆维吾尔自治区煤矿智能化建设实施方案》	到 2023 年底,智能化开采煤炭产量占比达到 70%以上;到 2025 年底,全区煤矿基本完成智能化建设,重点岗位实现机器人作业;到 2030 年,基本建成智能化煤矿体系;到 2035 年,全面建成以智能煤矿为支撑的煤炭工业体系
3	河南	2021 年 1 月	《河南省煤矿智能化建设三年行动方案(2021—2023 年)》	加快推进煤矿智能化建设工作,全面推进机器人等煤矿装备智能化升级改造
4	山西	2020 年 2 月	《关于山西省智能煤矿和智能综采工作面建设试点的通知》	尽早建成智能煤矿和智能综采工作面,推动煤矿装备向智能化、高端化发展,基本实现煤矿重点岗位机器人作业
5	山东	2019 年 12 月	《山东省煤矿智能化建设实施方案》	整体推动煤矿智能化建设,实现生产过程少人化、无人化,促进煤炭行业安全、高效、绿色和高质量发展
6	贵州	2019 年 10 月	《深入推进贵州省煤矿智能化、机械化升级改造攻坚方案(2019—2020 年)》	明确煤矿智能化、机械化升级改造工作任务及工作重点

资料来源:内蒙古、新疆、河南等省区人民政府网站。

2. 经济环境:规模以上煤炭企业利润总额同比增长超200%,煤炭行业固定资产投资稳步提升

煤炭行业作为我国重要的能源行业之一,是我国国民经济的重要组成部分。2021 年,全国原煤产量 41.3 亿吨,较上年增加 2.3 亿吨,同比增长5.90%。2021 年,山西、内蒙古、陕西原煤产量居全国前列,三地合计占比超 70%(见图 3)。

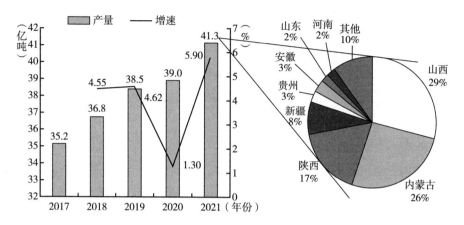

图3　2017~2021年全国原煤产量及增速

资料来源：国家统计局网站、中国煤炭工业协会网站。

我国煤炭行业曾出现产能利用率低、库存高等问题，2016年，煤炭行业开始推动供给侧结构性改革，鼓励企业高质量经营，提高产能利用率。2021年，全国规模以上煤炭企业实现营业收入32897亿元，同比增长64.47%；实现利润总额7023亿元，同比增长215.92%（见图4）。煤炭行业整体发展向好，企业利润大幅提升，原因在于下游需求旺盛，煤炭价格上涨，企业强化精益管理，深入提质降本。

2021年，全国煤炭开采和洗选业固定资产投资同比增长11.1%，较上年提升4个百分点（见图5），行业投资信心上涨，企业重视生产安全、智能化等方向的投入。

3.社会环境：煤炭将长期占我国一次能源消费的一半以上，煤企智能化转型力度持续加大

煤炭是我国最丰富的化石能源品种，按照当前规模仍可开发100年以上，这决定了煤炭是我国能源体系的支柱。自然资源部发布的《中国矿产资源报告2022》显示，2021年我国能源消费总量中煤炭占比高达56.0%，虽然近年来核能、风能、太阳能等新能源行业发展迅速，我国能源结构呈现持续多元化发展的态势，但具备成熟可靠、价格低廉等优势的煤炭资源仍将

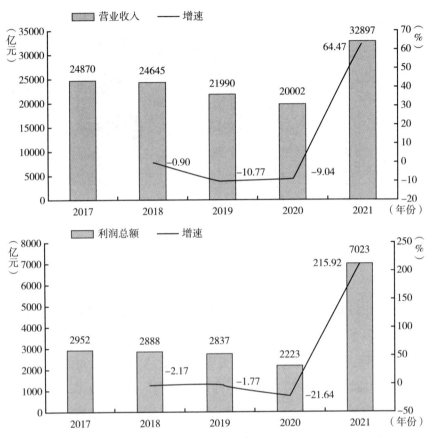

图4 2017～2021年全国规模以上煤炭企业营业收入、利润总额及增速

资料来源：国家统计局网站、中国煤炭工业协会网站。

在较长时期作为我国能源结构中的主导性能源和基础性能源，为我国国民经济持续发展发挥重要作用。

煤炭是我国能源安全的"压舱石"，其经济可靠，可实现清洁高效利用。在开发上，煤炭具备开发的经济性优势，同等热值的煤炭、石油、天然气比价为1:7:3，且煤炭价格主要取决于国内市场，有助于能源自主可控；煤炭利用的洁净性增强了其生命力，目前80%以上的煤炭发电已实现超低排放，效果优于天然气发电排放标准，发电成本只增加0.4～2分/度；在工业应用领域，煤粉锅炉标准性高、效率高，数量占我国工业锅炉

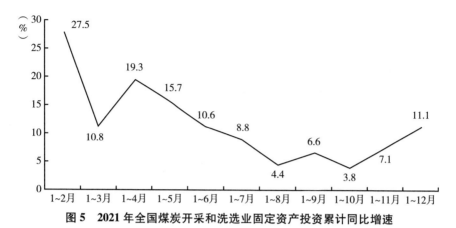

图5　2021年全国煤炭开采和洗选业固定资产投资累计同比增速

资料来源：中国煤炭工业协会网站。

总数的10%。

　　未来，煤炭行业将进入高质量发展攻坚期，要以越来越低的社会成本，精准满足经济社会发展对煤炭的需要，叠加我国人口老龄化趋势，井下恶劣的作业环境难以吸引年轻人加入，导致招工越发困难且用工成本不断攀升，这将促使煤炭企业加大智能化投入力度减少劳动用工。

　　4. 技术环境：煤矿机器人开展井下复杂环境作业需要大力突破结构设计、无线通信、能源动力、运动控制等关键技术

　　目前，中国煤矿机器人制备技术处在较初级阶段，部分产品尚无法满足井下复杂环境作业的需求，但自国家矿山安全监察局大力推动煤矿机器人研发应用工作以来，煤矿企业、机器人企业和相关科研机构基本形成了加快发展煤矿机器人的共识，研发关键技术的自觉性进一步增强。煤矿井下特殊环境给煤矿机器人研发带来了严峻挑战，煤矿机器人的技术要求与普通机器人有所区别：煤矿机器人需要具有防爆、防尘、防潮、抗腐蚀等特点；煤矿机器人结构与尺寸设计需要满足井下空间作业需求；针对井下复杂地形，煤矿机器人需要具有自动平衡、自动行走控制能力；煤矿机器人需要具有智能感知及决策能力，操作简单且具有高可靠性。要实现煤矿机器人下井，真正替代矿工开展井下复杂环境作业，还有赖于运动控制、自主作业、井下通信等

相关技术研发取得突破性进展。

在结构设计方面，关键技术为轻质防爆材料及动力材料制备技术，是一项集多学科、精细化、高尖端技术于一体的系统工程，涉及动态应变强化、吸能降噪、耐高温、抗高速冲击震动等多领域知识，整个流程包含温湿度、浓度、黏度、流量等上千个参数高精度控制，需要探索研究合金元素分布、结构与燃点关系、摩擦火花生成规律、阻燃防护等技术。

在无线通信方面，煤矿井下存在巷道走向变化多、巷道壁复杂反射干扰等特点，需要重点攻克煤矿受限环境下的多源信号抗干扰技术及无线传感器网络的自组网络拓扑优化技术，构建具备自组网能力的分布式通信平台，以解决有效传输距离短、数据量大、节点动态变化多等问题，推动煤矿机器人大规模应用。

在运动控制方面，煤矿巷道、采掘工作面等作业区域具有典型的半结构化或非结构化环境特征，存在地面起伏不平、障碍物多等难题，一般导航技术的应用效果差，需要有针对性地研究高适应性行走机构、自主避障路径规划技术等。

在能源动力方面，井下环境下采用大容量电池的供电方式将面临电池防爆设计、能量管理、充电安全等诸多难题，安全、高效的能源供给和驱动方式是保障煤矿机器人井下作业的关键，因此亟须研发适用于煤矿机器人的大容量长时防爆供电、混合动力高效驱动、井下无线防爆充电等技术。

在自主作业方面，当前的矿用传感器多为针对传统煤矿机械研制，存在体积大、质量大、功能单一等局限，不能直接应用于煤矿机器人。因此，需要突破现有矿用传感器设计原理，创新传感器高效防护手段，研究新型防爆、防水、智能除尘技术，研发适用于煤矿机器人的各类防爆、高精度、高可靠性传感器，实现对井下空间、环境、设备等信息的智能感知。此外，针对井下非结构环境下机器人易碰撞或冲击问题，应研发煤矿机器人自适应接触力跟踪与柔性控制技术，保障运行的安全并消除对周围设备和人员的危害。

二 煤矿机器人市场分析

（一）市场规模：我国探索煤矿智能化建设，2021年煤矿机器人销售额超9亿元

以美国为代表的发达国家较早开展煤矿开采自动化研究，煤矿机器人整体发展水平相对较高，煤炭开采成本低于中国等发展中国家。煤矿机器人作为特殊场景应用机器人，能够提高煤矿安全生产水平，降低生产成本，解决"招工难"等问题。根据前瞻产业研究院《2022—2027年中国煤矿机器人行业市场前瞻与投资战略规划分析报告》数据，2021年，全球煤矿机器人销售额占机器人总销售额的1.32%，较上年提高0.04个百分点，占比整体呈稳定上升趋势。

全球经济形势复杂、能源短缺，煤炭等传统能源日益受到重视。根据前瞻产业研究院《2022—2027年中国煤矿机器人行业市场前瞻与投资战略规划分析报告》数据，2021年，全球煤矿机器人销售额约为3.84亿美元，较上年增加0.68亿美元（见图6）。美国等发达国家的煤炭开采自动化程度较高，未来，煤炭开采劳动力密集的发展中国家在机器人等技术带动下，将有更多煤矿机器人市场需求，促进全球煤矿机器人市场的扩展。

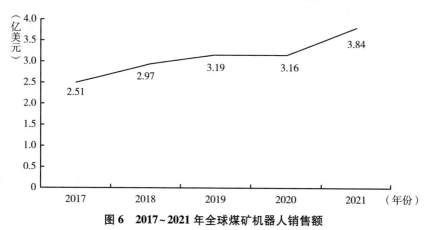

图6 2017~2021年全球煤矿机器人销售额

资料来源：根据IFR《2022年世界机器人报告》、前瞻产业研究院《2022—2027年中国煤矿机器人行业市场前瞻与投资战略规划分析报告》资料绘制。

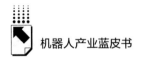

随着我国绿色能源战略的实施，煤炭行业不断探索煤矿智能化建设，带动煤矿机器人市场的稳步发展，2021年，我国煤矿机器人销售额约为9.04亿元，较上年增加2.93亿元（见图7）。

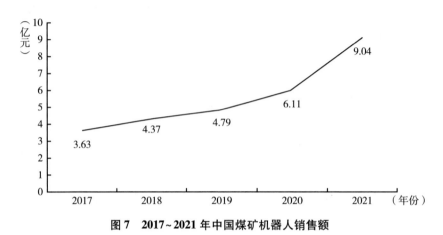

图7 2017~2021年中国煤矿机器人销售额

资料来源：根据IFR《2022年世界机器人报告》、前瞻产业研究院《2022—2027年中国煤矿机器人行业市场前瞻与投资战略规划分析报告》资料绘制。

（二）市场竞争情况：煤矿机器人市场处于早期发展阶段，三大企业具备先发优势

1. 煤矿机器人企业数量稳步增长，国有企业竞争实力雄厚

受国内煤炭行业智能化发展需求引导，相关技术企业进入煤矿机器人行业，提供技术、产品、咨询等服务。2021年，我国有煤矿机器人企业368家，较上年增加25.17%（见图8）。

煤矿机器人技术门槛较高，市场参与企业数量较机器人其他领域少，主要参与者为国有企业（见表3）。这类企业在技术积累、客户资源、研发资本等方面实力雄厚，可通过自主研发、投资并购等方式布局煤矿机器人行业。部分私营企业利用煤矿机械等自动化业务转型进入煤矿机器人行业，拥有煤矿智能化建设的技术、业务经验积累，在政策引导下开展相关业务。同时，部分国外煤矿机器人龙头企业看到中国煤炭自动化升级的市场需求，通过寻找经销商、代理商等方式，进入中国煤矿机器人行业。

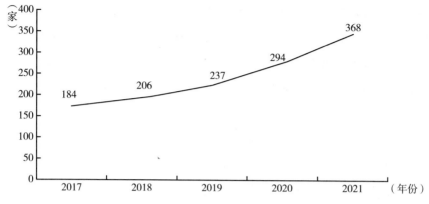

图8 2017~2021年中国煤矿机器人企业数量

资料来源：企查猫网站、前瞻产业研究院《2022—2027年中国煤矿机器人行业市场前瞻与投资战略规划分析报告》。

表3 中国部分煤矿机器人企业名单

企业类型	部分企业名单
国有企业	中国煤炭科工集团有限公司、郑州煤矿机械集团股份有限公司、中信重工开诚智能装备有限公司、中国铁建重工集团股份有限公司等
民营企业	山西戴德测控技术有限公司、山西科达自控股份有限公司、北京菲力克技术有限公司、湖南创远高新机械有限责任公司、山东工大中能科技有限公司等
国外龙头企业	美国 CaterPillar、日本 Komatsu 等

资料来源：依据公开资料整理。

2. 煤矿机器人行业快速发展，市场竞争格局较为分散

2022年8月，为加快机器人应用推广，工信部等四部门联合印发《关于公布农业、建筑、医疗、矿山领域机器人典型应用场景名单的通知》，在《矿山领域机器人典型应用场景名单》中有42个煤矿机器人典型应用案例。其中，中国煤炭科工集团（以下简称"中煤科工集团"）沈阳研究院有限公司拥有5个典型应用案例，位列榜首，其次为中信重工开诚智能装备有限公司（以下简称"中信重工开诚智能"），拥有4个典型应用案例，中国铁建重工集团股份有限公司（以下简称"铁建重工"）、丹东东方测控技术股份有限公司（以下简称"东方测控"）、山西戴德测控技术有限公司（以下

简称"戴德测控")、山东天河科技有限公司(以下简称"天河科技")各有
2个应用案例(见图9),其余25家企业各有1个应用案例。从企业典型应
用案例数量看,中国煤矿机器人行业市场竞争格局较分散,中煤科工集团、
中信重工开诚智能竞争优势明显。

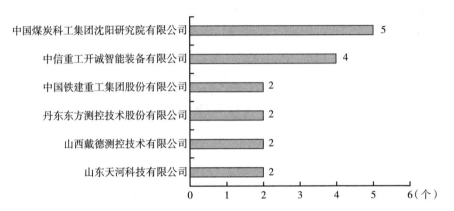

图9 《矿山领域机器人典型应用场景名单》部分入选企业案例数量

资料来源:工信部网站。

千里马等招标网站披露,2021年1月至2022年9月中国煤矿机器人中
标项目数量为37个,其中以巡检机器人为代表的安控类产品29个,约占
78.38%(见图10)。

从中标企业看,中煤科工集团(包括集团控股的沈阳研究院有限公司6
个、上海有限公司1个、唐山研究院有限公司1个)、中信重工开诚智能、
戴德测控中标项目数量排名前列,中标项目数量分别为8个、7个和7个,
占比分别为21.62%、18.92%和18.92%,其余15家企业中标项目数量均为
1个(见图11)。

(三)应用情况

近年来,我国煤炭生产结构持续升级,煤炭开采量有所降低,但煤矿智
能化程度在逐渐提升。2022年3月应急管理部例行新闻发布会披露,截至
2022年3月,全国已有29种煤矿机器人在370余处矿井现场应用,智能化

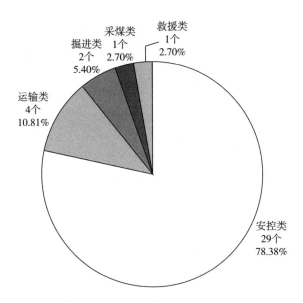

图10　2021年1月至2022年9月中国煤矿机器人中标项目类型及数量分布

资料来源：依据千里马等招标网站资料绘制。

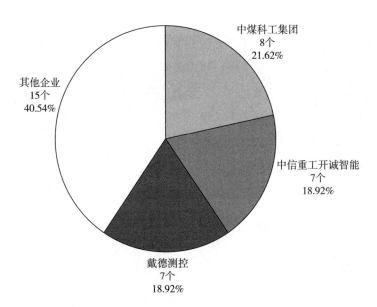

图11　2021年1月至2022年9月中国煤矿机器人企业中标项目数量及占比

资料来源：依据千里马等招标网站资料绘制。

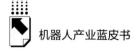
采掘工作面已达到 813 个,与 2020 年相比增加 65%,其中采煤面 477 个,与 2020 年相比增加 43%。整体上看,我国目前的煤矿机器人研发应用仍处于起步阶段,各类煤矿机器人研发应用正在有序推进,但距离全矿井、全矿区机器人化、无人化还有很大的距离。

1. 安控类煤矿机器人发展最快,预计2027年市场需求量近千台

安控类煤矿机器人以各类巡检机器人为主,发展较为成熟的有工作面巡检机器人(见图 12)、皮带机巡检机器人、井筒安全智能巡检机器人、巷道巡检机器人等品类。其中,多数巡检类机器人已具备轨道式或地面轮履式行走能力,能适应井下各区域、各巡检岗位的复杂作业工况,具有图像捕获、红外热像、危险气体识别等多种监测手段,并能及时将监测信息反馈至调度中心;部分巡检机器人也具备了一定的井下信息智能提取能力,如通过计算机视觉技术和深度学习技术,智能识别仪器仪表信息和感知井下人员违规操作,并进行设备闭锁联动操作、报警等智能处理。我国安控类煤矿机器人研发应用情况见表4。

图 12 工作面巡检机器人在大柳塔煤矿综采工作面应用

资料来源:国家能源集团网站。

表4　中国安控类煤矿机器人研发应用情况

名称	主要研发单位	所处阶段	典型应用
工作面巡检机器人	天津华宁电子有限公司	已有应用	神东煤炭集团陕西榆林大柳塔煤矿
通风监测机器人	山东品诺信息科技公司	已有应用	枣矿集团
自动排水机器人	山西焦煤集团	已有应用	山西焦煤集团
皮带机巡检机器人	中信重工开诚智能	已有应用	同煤大唐塔山煤矿
井筒安全智能巡检机器人	中信重工开诚智能	已有应用	枣矿济宁七五煤矿
巷道巡检机器人	中信重工开诚智能	已有应用	同煤大唐塔山煤矿
管道安装机器人	中煤科工集团沈阳研究院	已有应用	陕煤柠条塔煤矿
危险气体巡检机器人	晋能控股山西科学技术研究院公司、同大科技研究院、中信重工开诚智能	已有应用	同煤大唐塔山煤矿
管道巡检机器人	徐州徐工道金特种机器人技术有限公司	正在研发	—
密闭砌筑机器人	国家能源集团	正在研发	—

资料来源：根据前瞻产业研究院资料绘制。

受煤矿企业需求驱动，安控类机器人研发热度高、参与者多、产品种类多，包括工作面巡检、皮带机巡检、巷道巡检、井筒监测、通风监测、管道监测等类别，是目前单体类煤矿机器人中发展最快的品类。预计到2027年，中国煤矿巡检机器人因渗透率提升和产品更新所带来的需求量为902台（见图13），对应煤矿巡检机器人市场规模为7.59亿元（见图14）。

2. 掘进类煤矿机器人需求迫切，预计2027年市场销售额近30亿元

煤矿巷道掘进工艺发展多年，按先进程度可以分为炮掘、普掘、综掘和智能掘进四个阶段，目前大部分矿井仍处于普掘阶段，部分矿井实现了综掘，仅少数矿井开展了智能掘进的尝试。智能掘进是建设无人化、自动化工作面的重要保障。目前，掘进类机器人研发以掘进工作面机器人群为重点，通常由截割系统、临时支护系统、锚固系统、装运系统、行走系统组成，具有掘锚平行作业、多臂钻锚支护、连续破碎运输、长压短抽通风和远程操控等特点。以西安重工装备制造集团联合西安科技大学和陕西陕煤榆北煤业有限公司研发的掘进工作面机器人群为例，其已经在陕西煤业化工集团小保当

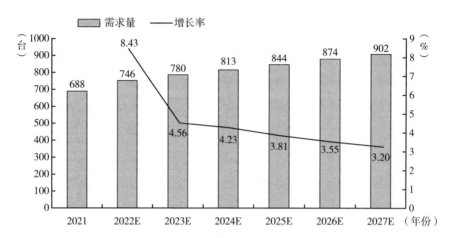

图 13　2021~2027 年中国市场煤矿巡检机器人应用需求潜力测算

资料来源：《2021—2027 年中国煤矿机器人行业市场前瞻与投资战略规划分析报告》。

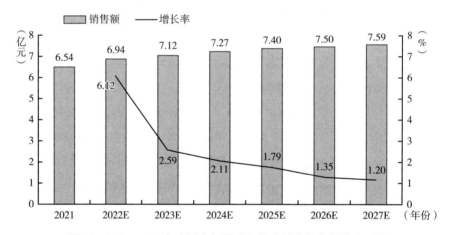

图 14　2021~2027 年中国市场煤矿巡检机器人销售额潜力测算

资料来源：《2022—2027 年中国煤矿机器人行业市场前瞻与投资战略规划分析报告》。

煤矿开展了工业性试验（见图 15）。应用掘进机器人系统后，掘进工作面人工将由原来的 18 人减少为 8 人，月进尺可达 1500 米。我国掘进类煤矿机器人研发应用情况见表 5。

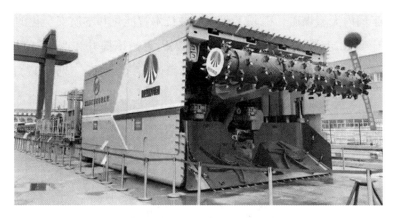

图15　护盾式掘进机器人在小保当煤矿投入应用

资料来源：陕煤集团网站。

表5　中国掘进类煤矿机器人研发应用情况

名称	主要研发单位	所处阶段	典型应用
掘进工作面机器人群	中国矿业大学（北京）、西安重工装备制造集团	已有应用	陕煤榆北煤业小保当煤矿
掘进机器人	石家庄煤矿机械有限公司	已有应用	国家能源集团新疆涝坝湾煤矿
全断面立井盾构机器人	中国铁建重工集团	已有应用	陕煤榆北煤业曹家滩煤矿
钻锚机器人	冀凯河北机电科技公司	已有应用	冀中能源峰峰集团羊东矿
喷浆机器人	山东天河科技股份有限公司	已有应用	甘肃庆阳宁县新庄煤矿
临时支护机器人	西安煤矿机械有限公司	已有应用	陕煤彬长矿业小庄矿
探水钻孔机器人	中煤天津设计工程有限责任公司、廊坊捷德电子科技有限公司	已有应用	华晋集团山西王家岭矿
防冲钻孔机器人	山东天河科技股份有限公司	已有应用	大屯煤电公司徐州姚桥煤矿
防突钻孔机器人	铁福来装备制造集团股份有限公司	正在研发	—

资料来源：根据前瞻产业研究院资料绘制。

目前，煤矿普遍面临采掘接续失调等生产问题，煤矿掘进机器人是应用需求最迫切的煤矿机器人之一，掘进机器人、盾构机器人、钻锚机器人等逐渐应用于国内大型煤矿，引领了业内快掘技术智能化和本质安全化的发展方向。预计到 2027 年，中国煤矿掘进机器人因渗透率提升和产品更新所带来的需求量为 692 台（见图 16），对应销售额为 27.60 亿元（见图 17）。

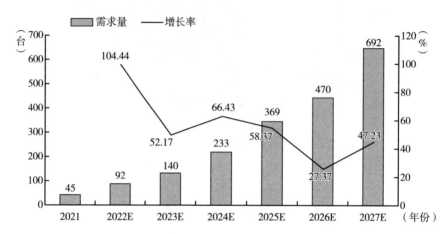

图 16　2021~2027 年中国市场煤矿掘进机器人应用需求潜力测算

资料来源：《2022—2027 年中国煤矿机器人行业市场前瞻与投资战略规划分析报告》。

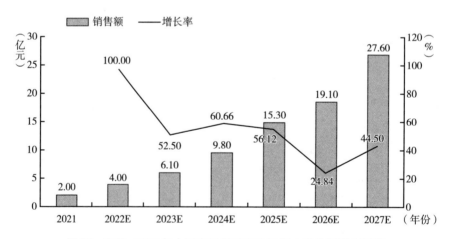

图 17　2021~2027 年中国市场煤矿掘进机器人销售额潜力测算

资料来源：《2022—2027 年中国煤矿机器人行业市场前瞻与投资战略规划分析报告》。

3. 运输类煤矿机器人以辅助运输为研发重点，为实现连续化运输关键点

运输是煤炭开采的重要环节，煤炭从煤壁剥离后便进入一系列的运输流程，可大致分为煤矿井下主运输与辅助运输、露天运输等。目前，我国多数煤矿的主运输系统基本实现了连续化、机械化和自动化，深井提升机、带式输送机、刮板输送机等煤矿主运输装备技术相对成熟，但煤矿的辅助运输发展较为缓慢，因此煤矿运输机器人的发展以水仓清理机器人、煤仓清理机器人、选矸机器人、搬运机器人（见图18）等辅助运输机器人及相关领域为重点，是实现连续化运输、减少井下转载点用工的关键。我国运输类煤矿机器人研发应用情况见表6。

图18 煤矿搬运机器人在神东煤炭集团内蒙古补连塔煤矿验收成功

资料来源：中国机器人网。

表6 中国运输类煤矿机器人研发应用情况

名称	主要研发单位	所处阶段	典型应用
搬运机器人	国家能源集团	已有应用	神东煤炭集团内蒙古补连塔煤矿
破碎机器人	上海矿山机械制造有限公司、中煤矿山建设集团	已有应用	陕西神木阴湾煤矿
巷道清理机器人	徐州徐工道金特种机器人技术有限公司	已有应用	陕西榆林某煤矿
水仓清理机器人	山东鲁科自动化技术有限公司、中煤科工集团沈阳设计研究院	已有应用	陕西彬长矿业胡家河矿
煤仓清理机器人	中国矿业大学、北京奥普科星技术有限公司	已有应用	国家电投内蒙古公司南露天煤矿

名称	主要研发单位	所处阶段	典型应用
选矸机器人	天津美腾科技股份有限公司	已有应用	山西晋煤赵庄选煤厂
井下无人驾驶运输车	矿冶集团北京北矿智能科技有限公司	已有应用	甘肃金川集团三矿区
露天矿电铲智能远程控制自动装载系统	北京拓疆者智能科技有限公司、华为、贵州理工学院	已有应用	内蒙古霍林河南露天煤矿
露天矿卡车无人驾驶系统	航天重工	已有应用	呼伦贝尔神宝公司
车场推车机器人	美卓矿山安全设备(徐州)有限公司	正在研发	—
巷道冲尘机器人	—	尚无资料	—

资料来源：根据前瞻产业研究院资料绘制。

4. 采煤类煤矿机器人以工作面机器人群为研发重点，部分品类定制化开发难度大

当前，采煤类煤矿机器人以研发适合煤矿复杂地质与环境条件的采煤工作面机器人群为主，一般是工作面采煤机、刮板输送机、液压支架、转载机和超前支架等多种设备的系统集成和智能化应用，需要具备回采工作面设备机群自主决策控制和煤岩界面的自主识别等功能（见图19）。此外，在支护

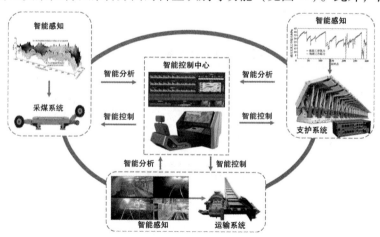

图 19　采煤工作面机器人群功能示意

资料来源：《智能矿山》杂志。

类机器人和穿孔爆破类机器人方面，由于开采作业工作面的复杂多样化，需要针对具体工况进行定制化研发，研发难度较大、成本高、周期长，北京天地玛珂电液控制系统有限公司、郑州煤矿机械集团等企业正在积极研发，但目前在煤矿取得现场应用的较少（见表7）。

表7　中国采煤类煤矿机器人研发应用情况

名称	主要研发单位	所处阶段	典型应用
采煤工作面机器人群	天地科技股份有限公司	已有应用	内蒙古转龙湾煤矿
采煤机机器人	西安重工装备制造集团	已有应用	内蒙古神东煤炭集团
超前支护机器人	北京天地科技公司	已有应用	陕煤柠条塔煤矿
充填支护机器人	北京天地玛珂电液控制系统有限公司	正在研发	—
露天矿穿孔爆破机器人	—	尚无资料	—

资料来源：根据前瞻产业研究院资料绘制。

5.救援类煤矿机器人灾后环境适应能力要求高，产品应用主要集中在井下抢险及矿井救援

煤矿救援机器人（见图20）是一种在矿井发生灾害事故时，替代救护队员进入危险区域实施救援和环境监测的多功能智能救援装备，其应用对减

图20　中信重工开诚智能矿井救援机器人

资料来源：IntelMining智能矿业。

少二次伤亡、提升煤矿灾后救援效率具有重要的意义。煤矿救援机器人研发
在我国起步较早，但由于煤矿灾后环境的不可预知性，对防爆和防护的要求
比常规工况更高，给各类煤矿救援机器人的研发带来了巨大挑战，目前产品
应用主要集中在矿井救援、井下抢险等方面，对灾后搜救水陆两栖机器人等
产品的研发还处于空白状态（见表8）。

表8　中国救援类煤矿机器人研发应用情况

名称	主要研发单位	所处阶段	典型应用
井下抢险作业机器人	新松机器人公司	已有应用	山能集团
矿井救援机器人	中信重工开诚智能	已有应用	梁宝寺煤矿
灾后搜救水陆两栖机器人	江苏集萃智能制造	正在研发	—

资料来源：根据前瞻产业研究院资料绘制。

三　中国煤矿机器人行业痛点及对策建议

（一）标准缺失和政策指导滞后成为煤矿机器人产业发展阻碍

煤矿机器人领域存在标准缺失现象，难以满足智能矿山新技术、新业
态、新模式蓬勃兴起的需要。目前，现行煤矿相关国家标准不足100项，煤
矿行业标准1400余项，主要对煤矿的一般术语、安全生产、关键设备的通
用要求进行规定。关于煤矿机器人的标准还存在大量缺口，比如目前煤矿机
器人研发过程中无统一检验标准对其进行规范，很多企业均凭自身了解或是
对其他行业标准的参考进行研发，导致研发的机器人质量参差不齐；动力电
源井下充电标准也同样处于空白状态，无线充电功率仍沿用《爆炸性环境
　第1部分：设备：通用要求》（GB/T 3836.1—2021）规定，该标准为防
止大功率无线发射引起瓦斯爆炸，规定射频阀功率（无线发射设备的有效
输出功率与天线增益的乘积）不得大于6W，这限制了井下无线充电技术的
发展。

煤矿机器人政策性指导及相关规范存在模糊和滞后问题，在一定程度上限制了煤矿机器人的推广应用。煤矿井下运输一直以来都是煤矿安全的重要环节，然而针对煤矿井下无人化驾驶、智能化运输，缺乏清晰有效的政策指导，进而导致技术路线模糊不清，各企业自行其是，无法形成合力。此外，部分法规滞后也影响了煤矿机器人的应用效果，以《煤矿安全规程》为例，其规定移动机车类动力电源尚不允许在井下除专用硐室以外充电，这就大大降低了煤矿机器人在煤矿井下的应用空间，使煤矿机器人在井下的推广前景降低。针对上述问题，提出以下建议。

第一，加快构建和完善煤矿机器人标准体系，强化基础性、关键性技术标准和管理标准的制修订，从根本上梳理煤矿机器人技术路线并进行顶层设计，同时加快煤矿智能化建设术语、数据管理、技术装备及煤矿机器人等相关技术规范、产品标准和检测检验规范的制修订。在确保煤矿机器人产品安全和可靠性的前提下，可合理确定、适当放宽部分功能和性能指标，降低市场准入门槛，激发机器人企业的创新活力。

第二，研究制定煤矿机器人发展规划，明确煤矿智能化发展的行动方向、实施路径和政策措施，统一制定技术架构、设计标准和配套规范，同时鼓励各地煤炭企业结合区域特点、煤层赋存条件、技术基础等因素，研究制定煤矿机器人应用推广行动计划，对于有重要意义和重大影响的项目可以用试点、专项等形式给予政策保障和资金支持。

（二）煤矿机器人组合防爆型安全和井下环境模拟检测检验技术亟待完善

煤矿机器人检测检验的推进及检验规范的制定是该领域技术发展到一定程度的必然结果，也是煤矿机器人产业化发展的关键，不仅能够为企业研发的煤矿机器人提供资质评定，也可为用户提供参考依据。目前，国内煤矿机器人非电气部分的机械火花等组合型防爆安全、井下救援环境适应能力检测检验技术有待完善。

适用于煤矿机器人的组合防爆型安全检测检验技术亟待完善，同时需要考虑井下复杂环境对安全功能的影响。煤矿机器人由多种结构组合而成，各部分防爆型制不一，有本安型、浇封型、隔爆型、光保护型等多种类型，属于组合防爆型电气设备。同时，煤矿机器人需要在整个矿井运行，井下不同区域，如掘进面、巷道、水泵房及临界处等对防爆安全要求不同，因此针对组合型防爆电气设备应深入分析井下不同区域对其安全性能的影响。此外，由于机器人通常具有行走机构且样式各异，运行时势必会与外部或自身发生摩擦和碰撞，随着机器人规模化应用于煤矿井下，迫切需要对机器人的非电气部分进行防爆试验研究，避免机械结构引起的爆炸。

煤矿救援机器人性能要求高，井下环境模拟检测检验需求迫切。目前，越来越多的研发团队投入煤矿救援机器人的研究与设计，但与井上环境不同，救援机器人在井下性能会大大衰减，无法适应温差大、湿度高、环境照度低、振动剧烈、电磁干扰及爆炸性气体浓度高的井下环境，从而出现各种问题。因此，在投入井下使用前进行仿真检验，实际分析机器人在煤矿井下复杂环境的适应性十分必要。针对上述问题，提出以下建议。

第一，完善煤矿机器人防爆安全检测检验技术，加快研究组合型防爆安全检测检验技术，综合考虑煤矿 0 区（危险气体 ≥1000h/年）、1 区（危险气体：10~1000h/年）、2 区（危险气体 ≤10h/年）等危险环境对防爆类型的特殊要求及存在的安全隐患，重点研究各部分在机器人运动时因摩擦与碰撞引起的机械火花安全问题。

第二，结合煤矿防爆安全要求，建立更加完善的煤矿井下特殊环境模拟实验室，导入更多实际环境参数，对机器人爬坡、越障、行走及环境适应的能力与性能进行综合评估，同时通过建立三维立体模型，进行更全面立体的仿真分析与计算，检查防爆结构设计的可行性及抗压能力等。

（三）元器件标准化程度待提升，企业制造成本高

煤矿机器人元器件标准化程度低，制约产品下游应用。目前，国内已形成完整的机器人产业链，专业的上游零部件供应商产品可满足一般工业机器人、服务机器人等正常工作环境的性能需要，但煤矿井下环境恶劣，对机器

人的防爆性能等要求比较高，煤矿机器人进矿须符合一系列防爆标准体系要求，传感器、机械臂等元器件作为机器人的感知、行动设备，也需要满足相关要求。煤矿机器人企业为保证元器件达到实际应用中的防爆、功率等条件，会对外采设备进行再加工，甚至是自主研发生产。同时，需要研发系列元器件，以实现不同工况条件下的机器人性能，这直接增加煤矿机器人生产技术难度及制造成本。

受制于产品技术及细分市场需求，国内煤矿机器人产业化水平不高。从国内煤矿机器人应用情况看，以巡检为代表的安控类煤矿机器人需求较多，占据国内煤矿机器人招标项目的主导地位。近年来，国内煤炭行业高度重视生产安全，煤矿灾害事件逐年减少，救援类煤矿机器人的使用频次较低，且每次灾害情况存在较大差异，机器人救援难度高，导致救援类煤矿机器人产业发展较为缓慢。掘进类、采煤类煤矿机器人主要应用于煤炭生产领域，市场潜在需求旺盛，但受制于技术水平，产品未能得到大范围推广使用。从整体来看，国内煤矿机器人受制于技术、市场需求等因素，增加制造企业生产成本、降低技术研发迭代速度，导致行业产业化水平不高。针对上述问题，提出以下建议。

第一，煤矿机器人企业针对不同产品，适配相应发展战略。支护机器人、巡检机器人、救援机器人等产品研发难度大、周期长，企业可加强产品设计创新，通过技术和产品迭代，优化机器人功能；掘进机器人、巷道清理机器人、采煤机器人等产品可在现有煤机等相关设备上进行再设计或智能化改造，研发周期较短、改造费用相对较低，适合在不改变现有煤矿生产系统和生产工艺的情况下快速推广应用。

第二，煤矿机器人企业注重规模化生产的标准体系建设，提升产业化程度。国内煤矿机器人市场仍处于发展阶段，中煤科工集团、中信重工开诚智能、戴德测控等企业深耕煤矿机器人产品，具备技术、资源积累优势，受制于元器件特殊防爆、功率等条件要求，企业向上游产业链布局进行产品制造，更需要建立软硬件、流程、文件等标准化管理制度，以形成从样机试制到规模化生产的整套标准体系，推动煤矿机器人产业化发展。

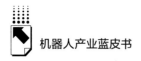

第三，政府加大煤矿机器人生产制造支持力度，鼓励设立制造基地，降低企业生产成本。政府对煤矿机器人产业化发展给予税收、金融等政策倾斜，鼓励相关技术龙头企业依托国内大型煤炭企业建设具有影响力的专业化煤矿机器人产业基地，提高核心零部件自主制造水平，吸引专业人才，提升对下游客户的服务能力。

（四）产品使用及维护技术难度高，制约应用推广

煤矿机器人工作环境复杂，产品应用难度高。矿井现场环境复杂，空气温湿度、瓦斯浓度等环境参数以及回采工作面、巷道顶板状态直接影响矿井人员安全。受工作环境等因素影响，煤矿机器人应用面临较大功能限制，因井下防爆要求，现有井下机器人一般采用钢质外壳，自重过大，较笨重，对复杂煤层条件的适应性不足。同时，井下作业流程复杂，不同环节所需机器人的品类不同，以掘进工作面为例，存在掘进、运输、临时支护等多种工作，需配备相应功能的机器人，若使用全能型机器人完成作业，设计难度高，产品可靠性不足，若使用多台机器人协同作业，产品之间存在干扰，且效率待验证。

煤矿机器人操作、维护技术难度较高，煤矿企业无配套专业技术团队。煤矿机器人存在操作难度，且不同品类机器人的操作方法不同，煤矿企业需要培养技术人员操作机器人。此外，煤矿机器人在长期工作后，存在传感器定期校准检测、产品功能维修等需求，煤矿企业还需要配备技术人员完成机器人功能检修。煤矿企业对机器人技术积累较少，建立专业技术团队操作、维护机器人的难度较高，且成本也相对较高。针对上述问题，提出以下建议。

第一，煤矿机器人企业提升产品技术水平，针对不同工作环节开发配套系统集成方案。煤矿机器人企业可根据煤矿不同生产环节设计多工序、多装备的机器人系统集成方案，形成局部机器人群完成协同作业，如掘进工作面机器人群、采煤工作面机器人群，并根据煤炭开采工艺及技术的发展不断迭代，深耕煤矿具体生产领域。

第二，煤矿机器人企业通过技术培训、远程故障检修等方式，降低煤矿企业运营成本。煤矿机器人企业定期组织煤矿企业开展技术培训，输出产品操作、功能检修等相关内容，鼓励煤炭企业技术人员自主操作产品，具备一定的应急处突能力。同时，煤矿企业多属于偏远地区，机器人厂商可探索开发远程监控运维物联网解决方案，帮助客户远程诊断、定位、解决设备故障，降低机器人使用、维护成本。

四　中国煤矿机器人发展趋势及市场机会

（一）国家政策引导煤矿机器人产业高质量发展，对产品技术稳定性、全流程标准化提出更高要求

国家助推煤矿机器人发展，对产品稳定性提出更高要求。2022年，国家能源局印发《智能化示范煤矿验收管理办法（试行）》（以下简称《办法》），提出规范做好智能化示范建设煤矿验收管理工作。在示范煤矿评分指标中，采煤、主煤流运输、辅助运输等系统如配备机器人进行巡检、运输、装卸等作业，可酌情增加1~5分，即鼓励煤矿企业引入机器人等智能装备，推进煤矿机器人的产业化应用。同时，《办法》提出，申请智能化验收的煤矿需要完成智能化升级改造，处于正常生产状态，各智能化系统稳定运行至少2个月以上，这也对煤矿机器人工作稳定性提出更高的技术要求，需要具备长时间在地下复杂极端环境信息感知及稳定传输、大规模复杂系统数据分析等能力，倒逼煤矿机器人企业更加注重产品综合性能的提升。

煤矿机器人装备设计、研发、生产趋于标准化，加速产品推广及应用。我国高度重视煤矿机器人的产业化发展，鼓励企业等主体持续提升产品的研发与应用水平。煤矿生产环节众多，机器人企业需要依据具体的使用环节需求开发配套智能化解决方案，这要求煤矿机器人的设计、生产、应用等全流程高度标准化，需要开发机器人标准化接口及通信协议，促进煤矿机器人协

同作业；进行动力单元、末端执行机构等元器件的标准化设计及研发，提升机器人维护、部件更换便利性；使用煤矿机器人通用操作系统，增强产品在煤矿环境应用能力。2021年，华为携手国家能源集团发布了矿鸿操作系统，以打破协议、设备等的连接壁垒，从底层为煤矿行业数字化、智能化转型提供便利；中煤科工集团沈阳设计研究院随之推出全球首款搭载矿鸿操作系统的煤矿机器人，实现了底层设备兼容、多环境信息获取。

（二）煤矿机器人资源加速融合，多方力量共建创新生态体系

伴随大批新兴力量的加入，汇聚产业各方主体的资源力量，构建健康的生态体系将成为煤矿机器人产业未来发展的重要趋势。煤矿机器人的研发、制造与应用是产业生态各个主体的共创成果，国家层面强化煤矿机器人产业整体战略规划，各级政府精准扶持产业薄弱环节，龙头企业发挥主体优势，从技术端、产品端向产业输送创新力量；产学研用联动，以需求为牵引，突破关键共性技术，提升机器人产品与场景需求的契合程度。

随着经济社会发展和科学技术进步，政府将更加重视和大力支持煤矿机器人发展，以促进煤矿生产方式变革，并保障煤矿安全生产。各级政府将结合本地区实际情况，围绕煤矿生产薄弱环节出台一系列举措，通过政策扶持吸引优质生态合作伙伴，以点带面推动煤矿机器人应用。

龙头企业将不断发挥自身优势，深挖场景痛点，前瞻性布局战略方向，带动产业链上下游探索发展路径。以华为为例，其针对煤矿推出矿鸿操作系统，并与中信重工、天地玛珂、郑煤机、和利时、华夏天信和神东煤炭进行合作，共同加速煤矿智能化建设进程。中信重工巡检机器人搭载矿鸿操作系统后，实现快速数据采集和互联互通，链接和操作变得更加便捷，提升了产品实用性。

产学研用合作将持续加深，合力突破关键共性技术，促进煤矿机器人应用。煤矿机器人产业呈现"百花齐放"的新态势，正在吸引社会各界积极参与，通过产学研用跨界合作实现协同发展。以矿山机器人创新应用联盟为例，其由中国矿业大学（北京）、中信重工开诚智能联合发起，旨在凝聚高

等院校、科研院所、矿山机器人与煤机制造企业、煤炭生产企业、科技研发企业等相关单位的力量，重点以采掘类、安控类、救援类矿山机器人研发与应用共性技术需求为导向，补齐理论技术短板，突破关键技术，提高创新能力，切实满足煤矿场景需求。

（三）煤矿机器人将更加注重引入交叉协同技术，自主适应复杂动态环境并实现协同作业

煤矿机器人将更加注重引入高端传感、工业互联网、5G等前沿技术，以实现交叉协同发展，从而提升智能化程度并开拓更多应用场景。目前，煤矿应用的各类煤矿机器人功能较为简单、智能化程度较低，大部分煤矿机器人仍处于试验样机和工程样机阶段，煤矿机器人的控制仍主要依赖遥控或简单的自主避障。未来，煤矿机器人将与智能传感、人工智能等技术实现更深度融合，引入机器视觉、听觉、触觉、嗅觉等各类高端传感技术，研发各类适用于煤矿恶劣工况的先进传感器，以具备更强的信息感知、自主运行控制和移动作业能力。可以预计，煤矿机器人将会更加注重多领域协同交叉，工业互联网、5G通信、大数据、云计算、数字孪生等技术将逐渐赋能煤矿机器人，不断攻克煤矿机器人井下智能探测识别、导航定位、无线通信和智能决策等关键技术，实现煤矿机器人引领煤矿智能化建设。

煤矿机器人的应用给矿井管理带来新的挑战，将会推动"人—机—环境"共融、协作智能设备群等技术的快速发展。井下作业环境复杂，煤矿机器人可以代替工人，但也给矿井生产、安全、人员、机器人应用管理带来新的挑战。未来，煤矿机器人的发展将趋向"人—机—环境"共融及人机协作，煤矿机器人能与人、作业环境和其他煤矿装备自然交互、自主适应复杂动态环境并协同作业。煤矿机器人将具备自主学习和进化功能，根据需求自动执行安全生产任务，并与新型智能检测装置、智能网关等边缘计算设备组成协作智能设备群，最终将形成采、掘、机、运、通、排等系统协同运转的智能体系。

（四）煤矿机器人企业将通过自主研发基础部件、开发定制化解决方案等途径，提升产业化应用能力

煤矿机器人企业重视基础部件的自主研发，提升产品应用能力。目前，国内煤矿机器人存在元器件标准化程度低、功率及防爆等技术条件达不到实际工作要求等不足。为进一步提升机器人的适应能力、延长工作时间，越来越多的企业针对煤矿机器人不同的应用场景开发适配的元器件，包括伺服电机、控制器、机械臂等，以解决井下机器人存在的驱动负荷大、爆炸环境安全系数低等缺陷。2021 年，武汉科大自控研发支出排名第 1 的为"特种机器人—矿山机器人基础部件"，报告期研发费用支出约 370 万元，项目开发的新产品为矿井机器人的重要基础部件，可解决机器人在井下工作续航能力弱、遥控距离短等问题，目前该产品仍处于试验阶段。

企业提供定制化煤矿机器人解决方案，满足不同应用场景作业需求。与其他机器人相比，煤矿机器人使用环境特殊，需要完成大载荷作业，这就要求产品具备强动力、高负载能力。同时，井下巷道空间狭窄，也对机器人的尺寸、重量、材质等提出了更高要求，这些因素都提升了煤矿机器人的技术难度。企业为快速切入市场，会依据自身技术、市场条件选择具体的产品研发方向，满足细分领域客户需求，并不断积累应用及数据信息，为后续业务拓展奠定基础。从前瞻产业研究院整理的不同种类煤矿机器人的典型应用案例看，中信重工开诚智能拥有安控类产品典型应用案例 4 个，天河科技拥有掘进类产品典型应用案例 2 个，侧面反映了不同企业在细分产品领域的技术优势。

五　煤矿机器人重点企业分析

（一）中信重工开诚智能

1. 企业简介

中信重工开诚智能聚焦于特种机器人及煤矿智能装备，相关产品达 130

余款，应用覆盖应急救援、智能矿山、煤化工等众多领域，公司主持参与编写矿用变频器、特种机器人等 10 余项国家及行业标准，承担科学技术部重点研发专项，连续多年稳居中国智能特种机器人产业第一梯队。面向智能矿山建设需求，中信重工开诚智能研制出 70 余款煤矿机器人、煤矿智能化系统及传动装备，应用覆盖巡检、运输、综采、救援等多个场景，无缝链接矿鸿操作系统。

2. 企业优势分析

（1）深耕特种机器人领域，积累项目经验

中信重工开诚智能以消防机器人作为切入点，凭借对煤矿、石化等场景特殊工况的了解，研发出煤矿侦测机器人等新产品，在相关场景中实现应用。公司采用数字化、信息化方式搭建"管控一体化"智慧矿山作业体系，助力煤矿智能化转型升级。

（2）提升企业管理水平，快速响应市场需求

中信重工开诚智能实行项目组工作制，每个项目组配有机械、电气、软件等不同领域技术人才，由组长统一协调，扁平化管理，实行信息互通机制，确保技术、市场、售后等环节高效联动，第一时间掌握客户需求和市场动向。

（3）产品受到行业及国家认可，多次入围示范名单

中信重工开诚智能煤矿机器人相关技术位于国内行业前列，承接窑街煤电集团"智慧矿山"等项目，为煤矿企业构建智慧矿山管控平台。同时，企业凭借自身技术实力，入围国家矿山安全监察局发布的"关于矿山领域机器人应用优秀场景名单的公示"、工信部等部门发布的矿山领域机器人典型应用场景名单。

（二）戴德测控

1. 企业简介

戴德测控深耕"皮带机智能巡检"领域，先后获得国家级高新技术企业、国家级专精特新"小巨人"企业等荣誉资质，主要产品是防爆型皮带机智能多参数巡检机器人。该机器人的部分功能及技术已通过国家科学技术

成果鉴定，鉴定结论为国际先进。目前，戴德测控已服务全球 2600 多家客户，所研制的机器人产品适用于矿山、石油化工等领域。

2. 企业优势分析

（1）积累客户应用案例，提升企业技术水平

戴德测控聚焦煤炭、石油等领域，积累了一批客户资源，这些客户的工况条件不一，部分极端工况条件为企业技术攻关提供应用场景，如海拔 4800m 的西藏工卡铜矿、极寒 -40℃ 的白音华露天煤矿、最热 45℃ 的缅甸达贡山镍矿、皮带最宽 2.2m 的神东榆家梁煤矿等，都为企业更新软件算法和数据库创造有利条件，促进自身技术水平提升。

（2）注重产学研合作，培养专业人才

戴德测控注重内部人才培养，积极组织研发人员通过国内外展会等形式接触市场，了解客户需求，同时与太原理工大学、中北大学开展产学研合作，将高校科研理论优势直接赋能企业的技术和产品，进一步提升市场竞争力。

（三）能工荟智

1. 企业简介

北京能工荟智机器人有限责任公司（以下简称"能工荟智"）位于北京经济技术开发区（北京自贸试验片区高端产业片区亦庄组团），成立于 2020 年 1 月，由京能集团、湖南哈工机器人研究院共同出资组建，注册资金 2000 万元。公司立足电力、煤炭、热力、钢铁、石化等工业行业，以市场化为导向，推进特种机器人、自动控制系统、关键零部件等装置的研发和产业化，专注于为工矿企业提供基于机器人的智能巡测方案，是智能化运维和综合性解决方案的供应商及服务商。

2. 企业优势分析

（1）承接多个科技创新项目，打通用户需求与技术实现壁垒

能工荟智拥有国内国际机器人行业专家 11 人，先后承接防爆隧道巡检机器人，密闭粉尘空间爬壁机器人，热电区域制冷能源站、氢站、油区智能巡检机器人系统，智能煤矿新技术的研究与应用等多个科技创新项目。能工

荟智从市场应用调研到技术呈现打通了用户需求与技术实现的行业壁垒，真正做到了产学研一体化。

（2）产品技术先进、功能完善，巡检运行维护高效准确

能工荟智巡检机器人搭载云台系统、气体采集等传感器，通过"望、闻、问、切、思"，基于高效准确的巡检运行维护策略，利用 AI 识别、算法分析等技术，进行数据采集、存储、分析、诊断、预测，实现场所智能化巡检检测，达到设备智慧化管理的目标，从而为用户带来更智能、更安全、更高效、更节能的智慧化一站式体验。

（四）天玛智控

1. 企业简介

北京天玛智控科技股份有限公司（以下简称"天玛智控"）成立于2001 年 7 月，隶属于中煤科工集团，是天地科技股份有限公司的控股子公司，专注于采煤工作面无人化智能开采领域，依托无人化智能开采控制技术、高水基液压技术两大核心技术引擎，以 SAM 型综采自动化控制系统、SAC 型液压支架电液控制系统、SAP 型智能集成供液系统三大系统为基础，以提供专业化技术支持和运维服务为支撑，为煤矿用户提供机、电、液、软深度融合的无人化智能开采控制技术、装备、服务一体化解决方案。

2. 企业优势分析

（1）双平台支撑攻克核心技术，重视国际技术交流合作

天玛智控建立了业内领先的煤炭智能化无人开采技术研发中心，以基于互联网和大数据的智能服务平台和信息化平台为支撑，对无人化开采的核心技术问题进行研究和攻克，包括无人化开采液压驱动技术和感知控制技术、电气产品和软件可靠性、智能制造工艺等，形成了完整的研发创新体系，为实现成果转化提供了可靠的验证手段，拥有专业实验室 6 个，测试系统平台37 个。此外，天玛智控一直重视科技创新与国际合作，加入了麻省理工学院全球产业联盟（ILP），并通过 ILP 平台，就精密机械、自动控制、煤炭智能开采等方向进行密切交流；与澳大利亚联邦科学与工业研究组织签订协

议引进激光雷达（LASC）技术以及共建实验室。

（2）采取精益生产理念创新生产工具，自研软件实现数字化管理

天玛智控坚持精益生产理念，采取"关键零部件高精度自动化生产"及"提高组装质量管理能力"的策略，创新研发了多项高效生产工艺和智能装备并成功应用，提高了生产自动化、智能化和管理信息化水平。天玛智控自主研发统计过程控制（SPC）测量管理系统、AGV智能调度系统等多款软件，实现了从研发设计、订单到工艺、生产、检测、仓储、物流的高效数字化管理模式。

（五）西安重装

1.企业简介

西安重工装备制造集团有限公司（以下简称"西安重装"）是陕西煤业化工集团有限责任公司的全资子公司，形成了以煤矿装备制造为依托，以智能化、信息化、数字化科技为驱动，以高端绿色环保装备制造为延伸的产业体系。西安重装以打造煤机民族品牌为使命，始终致力于推进煤矿装备智能化技术和服务保障水平提升，全力打造煤矿智能高端装备、智能化信息化、绿色节能环保产品及服务融合发展创新型实体企业。

2.企业优势分析

（1）坚持科技创新引领，年度研发投入占比不低于4.5%

西安重装构建以企业为主体、市场为导向、产学研用一体化的深度融合技术创新体系，坚持年度研发投入不低于营业收入的4.5%，保障技术创新升级，拥有国家级煤矿装备绿色设计平台、国家能源煤矿采掘机械装备研发（实验）中心、省级工程技术中心、省级企业技术中心、院士专家工作站、博士后科研工作站、采掘装备智能远程诊断及服务中心和采掘装备数据通信及智能化系统实验室。

（2）高度重视人才队伍建设，激发科技人员创新积极性

西安重装高度重视人才队伍建设，全面实施创新驱动发展战略，成立创新孵化中心，建立重装集团专家库，采用"人才培养计划"、"导师带徒项

目"以及国内外高校合作培训等措施，通过技术创新成果分红等激励机制，不断激发科技人员创新积极性，加速科技成果转化；通过关键工序攻关激励等举措，持之以恒弘扬工匠精神、培养工匠队伍、铸造工匠品牌。

（六）湖南创远

1. 企业简介

湖南创远高新机械有限责任公司（以下简称"湖南创远"）始建于2012年11月，是集采矿工艺、智能装备、集控平台于一体，实现智能装备自主作业的矿山整体解决方案供应商。湖南创远的煤矿机器人产品主要包括装药机器人、凿岩机器人、撬毛机器人和充填机器人，同时提供智能矿山解决方案。

2. 企业优势分析

（1）构建多层次人才队伍，自主研发创新型产品

湖南创远是可以提供智能矿山整合服务的厂商，组建了教授、高级工程师、博士、硕士多层次科技人才队伍，拥有中国工程院院士指导、国家级行业专家领衔的科技开发团队以及技师主导的制造团队。湖南创远坚持自主技术创新，在广泛调查传统产品使用现状和吸纳国外先进技术的基础上，充分利用成熟的矿山机械产品开发经验和现代前沿技术，成功开发出多款创新型煤矿机器人。

（2）切实满足中小矿山需求，积累良好品牌美誉度

湖南创远以满足中小矿山机械化以及机械化基础之上的智能化建设需求为首要目标，紧紧围绕国内矿山的实际情况和具体特点，开展技术研究和装备研制，切实满足国内矿山的需求。此外，湖南创远在业务布局领域具有较高的服务能力，积累了良好的品牌美誉度。

B.5

中国机器人核心零部件发展报告
（2022~2023）

《中国机器人核心零部件发展报告（2022~2023）》课题组[*]

摘　要： 在机器人成本链中，上游的零部件成本占比最高，占生产成本的70%以上。近年来，机器人核心零部件的国产化率持续提高，不少厂商取得了不同程度的突破，但技术方面与国外相比仍然存在一定差距，核心技术壁垒待突破，高端产品缺乏，进口依赖严重，国内产品在稳定性、精度、寿命等各方面存在较大的成长空间。相关企业应在国家政策的引导与支持下，大力研发具备自主知识产权的关键核心技术，提高产品的质量和性能，从而推动国产机器人核心零部件行业持续健康发展。

关键词： 机器人产业　核心零部件　技术壁垒　工业机器人

[*] 课题组组长：金马，哈尔滨工业大学航空宇航制造工程博士，合肥市智能机器人研究院智能装备所所长助理，主要研究方向为机器人仿真系统应用及开发、机器人运动规划与控制等。课题组成员：陈浣，中国科技大学机电工程硕士，合肥市智能机器人研究院精密减速器检测项目经理，主要研究方向为精密减速器、精密检测等；张洁洁，哈尔滨工业大学博士，合肥市智能机器人研究院工程师，主要研究方向为机器人仿真系统应用及开发、智能制造与数字孪生等；郭龙，厦门大学机械电子专业硕士，合肥市智能机器人研究院工程师，主要研究方向为智能机器人控制器产品与算法及软件架构设计与搭建；党珊珊，河南理工大学工学硕士，合肥市智能机器人研究院伺服驱动软件工程师，主要研究方向为伺服驱动软件设计、智能装备控制调试等；涂凡凡，南京航空航天大学工学硕士，合肥市智能机器人研究院机器人操作系统项目研发工程师，主要研究方向为机器人系统控制与应用；夏科睿，哈尔滨工业大学博士，合肥市智能机器人研究院智能装备所副所长，主要研究方向为智能机器人系统及控制；赵福臣，哈尔滨理工大学工学硕士，合肥市智能机器人研究院智能装备所副所长，主要研究方向为机器人系统应用；刘鹏飞，哈尔滨理工大学工学硕士，合肥市智能机器人研究院智能装备所所长助理，主要研究方向为基于ROS的智能控制器、自主规划算法、机器人控制系统开发及应用。

一　中国机器人核心零部件发展现状

（一）减速器：外国占领高端市场，我国须提高产品性能

减速器是一种动力传输装置，普遍用于低速、大扭矩的传动机械，通过减速器输入轴的小齿轮啮合输出到大齿轮输出轴上，将内燃机、电机或其他高速运转机器以低速输出，达到减速的目的。精密减速器能降低转速并增大扭矩，是一种较为精密的机械设备，在机器人动力系统中，主要用于传导伺服电机的动力，调整速度和扭矩，以精确控制机器人动作。减速器作为核心零部件之一，价值量占比约35%，居首位。减速器的种类繁多，可按照齿轮形状、传动类型、传动级数、传动布置形式、控制精度等分类。其中，在机器人领域应用最多的减速器为RV减速器与谐波减速器。RV减速器凭借高负载能力和高刚度的优势，一般应用于多关节机器人机座、大臂、肩部等重负载的位置。谐波减速器凭借体积小、传动比高、精密度高的特点，在机器人小臂、腕部或手部等有高精密操作要求的部位广泛运用。

减速器是机器人的关键零部件，位于机器人产业链的上游。减速器具体下游应用产业有工业机器人、服务机器人、数控机床、航空航天、光伏设备、医疗设备。工业4.0的大背景下，以美国、日本、德国为代表的国家大力推动机器人产业发展，全球工业机器人行业保持快速发展。受此带动，作为工业机器人的核心零部件，精密减速器市场迎来高速发展。

我国减速器的研究起步较晚，技术还不成熟，因此国产机器人组装的减速器严重依赖进口，特别是日本的哈默纳科和纳博特斯克，占国内减速器市场份额的75%。[1] ABB、KUKA和其他世界知名机器人制造商正在使用的减

---

[1]　哈工大机器人（合肥）国际创新研究院、中智科学技术评价研究中心研创《中国机器人产业发展报告（2020~2021）》，社会科学文献出版社，2021。

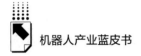
速器大多来自上述两家日本公司。在中国机器人企业购买相关减速器时，这些行业巨头对中国企业实施了超乎寻常的产品溢价，这极大增加了我国机器人的研制成本，使我国机器人的竞争力降低。

目前，我国正处在产业转型升级和新旧动能转换的关键阶段，新技术、新产业、新业态、新模式、新产品、新动能加快孕育，智能制造、数字化生产成为近年来推动经济结构优化、动能转换和质量提升的重要力量。近年来，国内谐波减速器产业也在国家政策支持下不断发展，受益于政策和主要下游行业的驱动，国产减速器将迎来快速发展时期。

（二）控制器：一体化趋势明显，智能化需求突出

相对于其他机器人核心零部件，机器人控制器类似于人的"神经中枢"，其重要性不言而喻。工业机器人控制系统的主要任务是提供用户交互接口，实现算法规划，通过对应的通信协议调度机器人本体中各个关节电机，以满足用户特定任务和需求功能的硬件。机器人的运动功能和精度与机器人的执行关节自由度有紧密的关系，自由度越高，使用的关节电机数量越多，对控制器的功能和性能要求就越高。

工业机器人控制器核心功能是控制机械臂本体，需要和第三方部件（如驱动器或外部传感器等）进行通信完成信息采集与决策，实现本体电机的控制。这种分布式机器人控制系统在稳定性、可维护性、易用性等方面存在较大痛点，急需一体化控制器来完成控制器上下层相关部件的整合，简化系统的部署和操作流程以提升稳定性和易用性。

同时，基于移动机器人相关应用场景需求，尤其是基于服务机器人产业的快速发展，以及无人驾驶技术应用场景的不断扩大，移动机器人领域控制器技术发展很快。但是，由于移动机器人的产品定位和技术发展，通用机器人控制器厂家并不常见。主要是移动机器人产品的非标场景属性，以及需要对每台机器人进行单独适配标定等流程，导致控制器部署复杂，但其研究前景和产业化空间较大。同时，能实现移动机器人和机械臂同步协同运控的一体化智能控制器也存在较大的产业化空间。

（三）伺服系统：机器人主要的动力来源

伺服系统经历了由液压、气动到电气的发展过程，其中电气伺服系统根据所驱动的电机类型分为直流和交流伺服系统。由于集成电路、交流可变速驱动技术和电机永磁材料制造工艺的发展，永磁交流伺服系统是主流的伺服系统。

1. 伺服电机

伺服电机是伺服驱动系统中控制机械元器件运转的发动机，可以精确控制速度、位置，将电压信号转化为扭矩和转速以驱动控制对象。机器人的伺服电机需要具备快速响应、启动转矩惯量比大、控制特性的连续性和直线性等特征。机器人腿部、手部等与外界互动较多的地方，存在日常冲击，伺服系统需要具备承受大电流的能力。

2. 编码器

为了实现闭环控制，需要在电机输出轴同轴上安装编码器，电机与编码器同步旋转，电机转一圈编码器也转一圈，转动的同时将编码信号送回驱动器，驱动器根据编码信号判断伺服电机的转向、转速、位置是否正确，据此调整驱动器输出电源频率及电流大小。

3. 伺服驱动器

伺服驱动器在整个伺服系统的过程跟随与复现环节，特别是速度控制环节发挥关键作用，可以控制伺服电机启动、停止、加速、减速等，伺服驱动器的精度、可靠性、效率直接影响伺服电机运动性能，从而影响伺服系统性能，进而影响工业自动化设备可靠性，因此地位极为重要。

4. 驱控一体化

驱控一体化是伺服电机的新型模式。传统的运动控制器、伺服驱动器、伺服电机三者两两组合，构成驱控一体化集成技术。驱控一体化技术的形式包括：第一，上位机运动控制器保持不变，伺服驱动器和伺服电机一体化集成，这样电机与驱动器的线缆就得到了极大的节约；第二，伺服电机保持不变，运动控制器和伺服驱动器一体化集成。伺服驱动系统可用于工业机器

人、数控机床等工业自动化设备制造领域，随着制造业转型升级，市场对生产设备的性能要求不断提高，高端工业自动化设备需求不断上升，伺服驱动器市场空间不断扩大，同时技术含量也在不断提高。

（四）传感器：应用领域扩大，智能化发展加速

传感器在机器人系统中作为感知单元，是机器人智能化的核心组件，同时作为机器人和外界交互的枢纽，可感知机器人运动过程中的外部环境状态，再将状态数据转换成数据信息，通过电信号或其他信号传递给机器人，控制系统经过决策判断来规划和控制机器人运行。

1. 视觉传感器

（1）视觉传感器定义及功能

视觉传感器是指通过光学元件与成像装置获取外部图像环境的仪器，通常由一个元件或多个元件组成，是机器人获取外部环境信息的工具。视觉传感器获取图像后通过算法处理，计算出图像的特征值，并通过图像的特征值输出图像的参数（面积、重心、长度、位置等）。一般来说，视觉传感器的分辨率越高，所获取的特征点就越多，视觉分析结果就越好。

在工业机器人领域，视觉传感器能够帮助机器人实时了解工作环境的变化，也可以用于工业产品的检测，比如尺寸误差、瑕疵等问题；在移动机器人领域，视觉传感器则承担了更大的责任，就像人在公路上开车需要眼睛一样，视觉传感器帮助机器人识别前方是否有障碍物，识别可以走的范围，以及信号灯的状态等。

（2）技术及产业现状

视觉传感器如今以 CMOS 传感器为主。视觉传感器判断数据量准确与否主要取决于像素点的多少，即分辨率的大小。机器人通过视觉传感器获取信息后，经过算法处理比对得到需要的信息，进而实现和环境的交互。目前，视觉传感器已经达到千万量级像素。

目前，3D 视觉传感技术日渐成熟，作为视觉传感器的代表性产品，3D 视觉传感器已经被广泛使用。3D 视觉传感技术在 3D 视觉引导上下料、机械臂

视觉抓取、3D 视觉引导无序分拣、移动机器人自主导航、3D 视觉引导拆垛、3D 视觉引导动态分拣、3D 视觉引导自动轨迹规划等方面均有应用需求。

2. 力传感器

（1）力传感器定义及功能

力传感器随着工业机器人的运用范围扩大而逐渐成熟，其本质为触觉传感器。精密零部件需要精密装配、在曲面上进行厚度不定的打磨，此时，可以通过力传感器控制最大力矩，以有效避免机械臂受力过大或工件受力过大，也可避免机械臂或工件的损坏，从而降低成本、提高效率。目前，工业上使用较多的是单轴力传感器、三轴力传感器，其中协作机器人使用的是关节扭矩传感器，六轴力传感器则适合于大部分机器人。

（2）技术及产业发展现状

单轴力传感器和单轴扭矩传感器技术已经相对成熟，但是面对机械臂的产品并不是特别成熟。三维力传感器、六维力传感器由于技术难度较高，目前国内技术还是不够成熟。力觉维度越高，其技术研发难度越高，对应的使用要求也更加严格。六维力传感器是工业机器人、智能装备等使用的重要传感器设备之一，由于其测力信息丰富、测量精度高等特点，在各种科研设备中有广泛的应用。"十四五"规划明确提出，"研制三维视觉传感器、六维力传感器"，以突破国外"卡脖子"的现状。

3. 激光雷达传感器

（1）激光雷达传感器定义及功能

激光雷达传感器是一种利用激光技术测量距离的传感器。它通过发射一束激光，检测反射回来的光束，并计算反射光的时间延迟，估算出物体与传感器的距离。激光雷达传感器具有高精度、快速、长距离测量能力。激光雷达传感器在许多领域有所应用，包括工业自动化、机器人、交通管理等，机器人领域常用的激光雷达传感器包括 2D 和 3D 激光雷达传感器。

（2）技术及产业发展现状

随着激光技术的不断发展，激光雷达传感器的性能也在不断提高，精度、量程、速度等指标均有了很大的提升。激光雷达传感器在工业、农业、

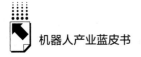

医疗、汽车、机器人等多个领域有广泛的应用。随着人工智能、自动驾驶等技术的不断发展，激光雷达传感器的需求也在不断增加。

在产业发展方面，激光雷达传感器的生产厂家不断增多，中国、美国等国家涌现一批具有实力的生产厂家。随着技术水平的不断提高，产品的价格在逐渐下降，更多的用户能够享受到激光雷达传感器带来的便利。激光雷达传感器技术及产业具有很大的潜力和发展前景，在未来将有更加广泛的应用。

（五）软件：国产软件核心竞争力逐渐增强

机器人操作系统是管理硬件与软件资源，实现物理—信息映射，主管并控制机器人底层操作和运动的核心软件程序，对机器人的发展至关重要。按照功能架构不同，机器人操作系统可分为分时操作系统、实时操作系统和混合操作系统。按系统架构分类，机器人操作系统分为上层功能组件和底层基础操作系统。

最具代表性的分时操作系统是美国开源组织基于 Linux 开发的 Robot Operating System（ROS）和美国微软基于 Windows 开发的 Microsoft Robotics Studio（MRS）。分时操作系统采用时间片轮转的方式，同时为几个、几十个甚至几百个进程/线程服务。ROS 具有环境感知、运动控制、智能决策等多种工具组件，并行节点可达 1000 个，可实现多线程、多进程交互。国外还有 URBI、OpenRTM 以及 YARP 等分时操作系统。国内分时操作系统主要有基于 Linux 的图灵 Turing OS、优必选 ROSA 等。

国外最具代表性的实时操作系统是基于美国风河 VxWorks 开发的 Codesys 和比利时 Pickit 公司基于 RT-Linux 开发的 Open Robot Control Software（ORCOS）。KUKA、ABB、发那科、安川等采用美国风河公司 VxWorks 定制化版本作为底层操作系统，应用层则自主开发。少数国内工业机器人厂家采用基于 RT-Linux 的 CodeSys 进行开发。多数国内工业机器人厂家购买国外的成熟控制器产品（例如 KEBA）进行二次开发。

机器人混合操作系统采用多核异构等技术在宿主操作系统上抽象出多个虚拟系统，因天然的混合关键架构优势，能够通过实时内核和分时内核并行，分别解决实时性、安全性和开放性、兼容性问题，并为智能算法运行提供充分的架构保障，是机器人操作系统底层架构的最佳选择。ACRN 是由美国英特尔（Intel）开发的轻量级开源混合操作系统软件，可用于工业机器人和汽车等产品开发，具备实时性和安全性。加拿大 QSSL 公司基于 QNX 实时操作系统，推出了混合操作系统 Hypervisor，可在工业控制和汽车领域应用。VxWin 是 KUKA 机器人操作系统，其利用 Windows XP Embedded 扩充了美国风河的 VxWorks 功能，允许混合操作系统同时驻留在单一的 Intel Pentium CPU 中运行（见表1）。我国合肥市智能机器人研究院基于自主混合操作系统技术，开发了哈工轩辕智能—实时机器人操作系统 Sunshine OS。北京东土科技的 Intewell 混合操作系统目前主要应用于国内军工领域，北京翼辉的 Sylix OS 也支持混合操作系统（见表2）。

表1　外国操作系统发展现状

序号	国家及机构名称	研究内容	研究成果
1	美国 Open Robotics	基于分时操作系统的机器人中间件软件	机器人中间件软件 ROS（基于 Linux）
2	比利时 Pickit	基于实时操作系统的机器人中间件软件	机器人中间件软件 ORCOS（基于 Linux）
3	日本 Mujin	基于分时操作系统的机器人中间件软件	机器人中间件软件 Openrave（基于实时 Linux）
4	德国 KUKA	基于混合操作系统的机器人操作系统	机器人系统软件 Sunrise. OS（基于 Vxworks 和 Windows）
5	德国 德国人工智能研究中心（DFKI）	基于实时操作系统的机器人中间件软件	机器人中间件软件 The Robot Construction Kit（基于实时 Linux）

资料来源：根据公开资料整理。

表2　中国操作系统发展现状

序号	机构名称	研究内容	研究成果
1	合肥市智能机器人研究院	基于混合操作系统的机器人中间件软件	Sunshine OS 机器人操作系统（基于鸿蒙和 Linux）
2	思灵	基于实时操作系统的机器人中间件软件	AgileCore OS 机器人操作系统（基于实时 Linux）

续表

序号	机构名称	研究内容	研究成果
3	优必选	基于分时操作系统的机器人中间件软件	ROSA 机器人操作系统（基于 Linux）
4	库伯特	基于实时操作系统的机器人操作系统	COBOTSYS 机器人操作系统（基于实时 Linux）
5	翼辉	基于实时操作系统的机器人中间件软件	ROSC 机器人系统（基于 Sylix OS）

资料来源：根据公开资料整理。

机器人仿真软件在离线编程方面被广泛应用，国外机器人“四大家族”均有自己独立的仿真软件，但只适用自家机器人，无法应用于其他品牌机器人。目前，国际通用的仿真及离线编程软件主要有 Gazebo、CoppeliaSim、RobotMaster、Delfoi、Robotworks、ROBCAD、DELMIA、Robomove 等。

近年来，自动化设备与计算机辅助系统在越来越多的大中型企业得到广泛应用，为计算机编程技术的发展提供了基础，带来了离线编程技术快速发展的有利环境。与国外相比，国内仿真及离线编程技术起步晚，但近年来随着智能制造的发展，离线编程技术受到企业的重视，投入力度越来越大，因此得到了快速发展。合肥市智能机器人研究院的 SimReal 仿真平台与北京华航唯实推出的 PQArt 离线编程软件是目前国内机器人仿真与离线编程软件领域的代表性产品。

二 中国机器人核心零部件市场分析

（一）减速器：市场进入短暂爆发期，国内入局者增多

随着工业机器人行业的需求大幅增长，存量替换需求同步提升，带动减速器的需求增长明显，减速器市场在 2021 年迎来高速增长。2021 年，中国工业机器人减速器总需求量为 93.11 万台，同比增长 78.06%（见图 1）。其

中，增量需求 82.41 万台，同比增长 95.05%；存量替换需求 10.70 万台，同比增长 6.57%（见图 2）。

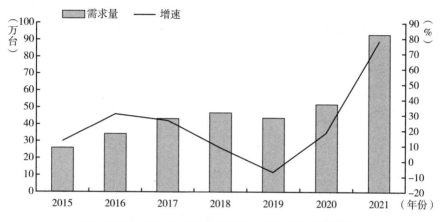

图 1　2015~2021 年中国工业机器人减速器需求量及增速

资料来源：根据《2022—2028 年中国减速器产业发展态势及市场发展策略报告》、高工机器人产业研究所（GGII）、智研咨询数据整理。

图 2　2015~2021 年中国工业机器人减速器需求情况

资料来源：《2022—2028 年中国减速器产业发展态势及市场发展策略报告》。

长期以来，机器人用精密减速器技术由美国、德国、日本、捷克等国家掌控。但近年来，中国国产减速器厂商进步明显，业务布局企业越来越多，据不完全统计，目前中国市场超 100 家本土企业涉足精密减速

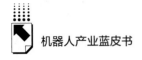

器的生产，其中，RV 减速器企业近 50 家，谐波减速器企业超 50 家。①

随着数字化的加快推进，全球工业机器人行业保持快速发展，作为重要基础的减速器行业发展异常迅猛。预计未来几年，中国减速器市场规模增长的确定性将进一步增强，到 2026 年市场总需求量有望达到 270.00 万台（见图 3）。②

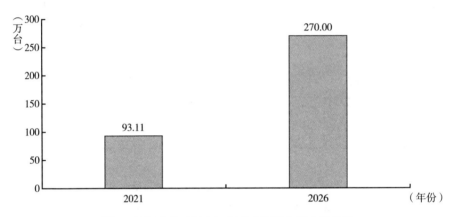

图 3　2021 年和 2026 年中国减速器市场总需求量

资料来源：《2022—2028 年中国减速器产业发展态势及市场发展策略报告》。

（二）控制器：市场需求增量不减，低端市场容量较大

国产控制器厂商通过布局中低端机器人市场，业绩增长迅速。中商情报网（ASKCI）《2023 年中国工业机器人产业链上中下游市场分析》显示，工业机器人用控制器市场规模由 2017 年的 10.5 亿元大幅扩张至 2021 年的 14.7 亿元，复合年均增长率达 8.78%，预计 2023 年市场规模将达 17.1 亿元。当前，独立第三方控制器厂商偏少，以外资的 KEBA、倍福与本土的卡诺普、纳博特、宝元、华成工控等为主要代表。目前，中国工业机器人市场仍处于增量阶段，真正具备自主研发能力的厂商仍是少数，国产本体厂商从最开始的外购控制器进行二次开发，逐渐转变为自主研发控制器系统。在控

---

① 智研咨询：《2022—2028 年中国减速器产业发展态势及市场发展策略报告》。
② 智研咨询：《2022—2028 年中国减速器产业发展态势及市场发展策略报告》。

制器领域，国产厂商和外资厂商相比技术差距依然较为明显，少数本体厂商具备完全自主研发的控制器技术，大部分厂商还采用自主研发和采购相结合的策略，因此第三方控制器厂商仍然有较大的市场空间。控制器作为工业机器人的核心零部件，其成本占机器人总成本的12%（见图4）。

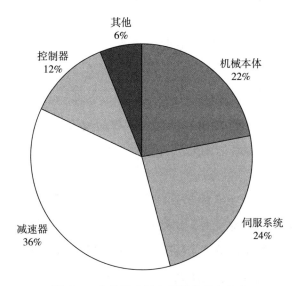

图4　工业机器人核心零部件成本分布

资料来源：根据中研普华整理资料绘制。

目前，我国机器人控制器市场成为国内外各大控制器厂商的重点布局方向。国产机器人控制器市场份额由2014年的12.54%增加到2021年的33.56%（见图5），国产厂商市场份额明显增加，归功于国产控制器技术水平的不断提升，为本土品牌供应商带来生机。

（三）伺服系统：外资占据高端市场，汇川技术打破垄断

伺服系统作为机器人的心脏，是一种以机械位置或角度为控制对象的自动控制系统，通常由伺服驱动器和伺服电机组成。中国工业机器人行业上市企业主要有机器人、汇川技术、埃夫特等，为加强在工业机器人领域的布局及市场竞争力，工业机器人企业纷纷向产业链上游延伸，自主研发伺服系统

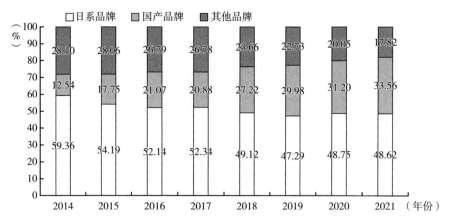

图5 2014~2021年中国工业机器人控制器市场份额

资料来源：根据 GGII 整理资料绘制。

等核心零部件。此外，也有部分企业以核心零部件为基础，向工业机器人整机制造领域布局，代表企业有汇川技术等。

伺服系统产业链层次清晰，稀土磁材是必备原材料。伺服系统产业链涉及稀土磁材、电子元器件、伺服系统制造、机器人等。伺服系统产业链的上游主要是稀土磁材和电子零部件等材料产业，稀土磁材是伺服电机制造过程中必需的重要原材料。从中游看，除伺服电机制造以外，还包括伺服驱动器制造以及数控系统研发等环节。从下游看，伺服系统可以广泛应用在医疗器械、机器人、汽车和工业装备等领域产品中，具备广阔的应用前景（见图6）。

图6 伺服系统产业链

资料来源：《【国盛证券】人形机器人行业报告六：伺服电机再探讨》，前瞻产业研究院、国盛证券研究所整理。

我国伺服系统市场规模稳步增长，2017~2021年，伺服系统整体市场规模由141.2亿元增长至233.3亿元，复合年均增长率为13.4%。据MIR睿工业及智研咨询预测，2025年我国工业机器人伺服系统市场规模有望达到280.9亿元（见图7）。2021年，中国工业机器人伺服系统（主要是交流伺服电机）外资品牌占比约65%，汇川技术打破外资垄断，引领国产替代浪潮（见图8）。外资品牌中以日系和欧美品牌为主导，国产品牌发展起步较晚，在伺服电机领域一直处于追赶位置，2017~2021年市场规模复合年均增长率约为10%（见图9）。受到下游工业机器人、医疗器械、工业装备制造等产业扩张的影响，伺服电机在新兴产业应用规模也不断扩大。从竞争格局看，汇川技术已占领国内龙头地位，根据MIR DATABANK的数据，2021年上半年，国产品牌中，汇川技术国内市场份额首次排名第1，市占率达15.9%。此外，排名靠前的电机厂商包括日本安川（11.9%）、中国台湾台达（8.9%）、日本松下（8.8%）和日本三菱（8.3%）（见图10），行业集中度为53.8%，集中度较高。但从国内其他厂商竞争力角度看，在汇川技术引领下，众多国内电机企业开始奋起直追，包括禾川科技、江苏雷利、鸣志电器在内的众多国产品牌都推出自己成熟的伺服电机产品，并逐渐在市场上崭露头角。

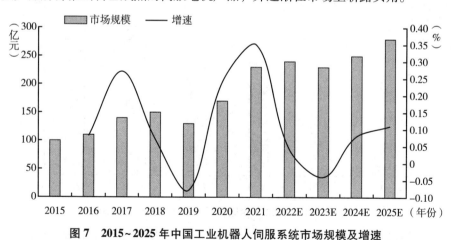

图7　2015~2025年中国工业机器人伺服系统市场规模及增速

资料来源：《【国金证券】禾川科技公司（688320）深度研究：工控新锐趋势而上，技术驱动打开成长空间》，MIR睿工业、智研咨询、国金证券研究所整理。

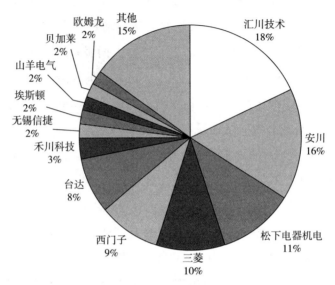

图8 2021年中国工业机器人伺服系统市场竞争格局

资料来源:《【国金证券】禾川科技（688320）公司深度研究：工控新锐趁势而上，技术驱动打开成长空间》，MIR睿工业、国金证券研究所整理。

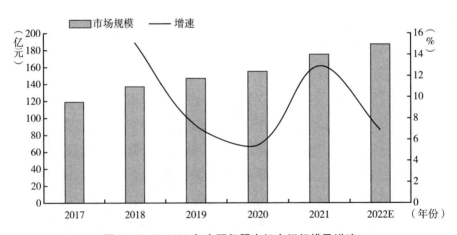

图9 2017~2022年中国伺服电机市场规模及增速

资料来源:《【国盛证券】人形机器人行业报告六：伺服电机再探讨》，工控网、国盛证券研究所整理。

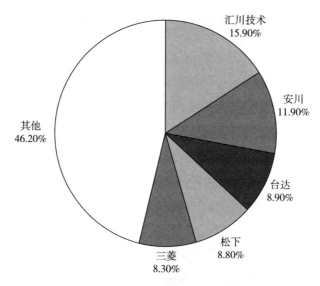

图 10　2021 年中国伺服电机市场竞争格局

资料来源：《【国盛证券】人形机器人行业报告六：伺服电机再探讨》，MIR DATABANK、国盛证券研究所整理。

编码器分辨率决定了伺服电机旋转的角位移，编码器分辨率越高，控制精度也越高。编码器成本占电机成本的 30%，目前安川 Σ-7 系列伺服电机与台达 ASDA 系列伺服电机所配备的编码器的分辨率最高，为 24bit，汇川技术的编码器分辨率已经达到 23bit，与国际领先水平差距较小。在过载能力方面，松下、安川、禾川、汇川技术与西门子的主流产品均已经拥有 3.5 倍的过载能力，国内企业已达到国际领先水平。国内企业在产品使用稳定性及耐用性方面依然与国外领先企业存在差距。例如，安川的 Σ-7 系列产品耐环境性能表现出众，能够在更严苛的环境下运行，最高使用海拔达 2000 米，适用最高环境温度为 60℃，而国内伺服电机产品一般适用温度为 55℃，且需要在大幅降低负载功率的条件下运行。

我国伺服系统市场发展前景良好，伺服驱动器作为伺服系统不可或缺的重要组成部分，市场规模随之不断扩大，行业发展前景广阔。在我国市场中，伺服驱动器生产商主要有伟创电气、汇川技术、埃斯顿、英威腾等。

驱控一体化产品作为伺服系统发展的必然趋势,具备集成度高、成本相对较低、应用相对简单、安装调试更加简单方便、维护检修更加便捷、响应速度更快等优势,驱控一体化产品的应用场景正持续扩大,广泛分布于注塑机械手、SCARA 机器人、小六轴机器人、插件机、绕线机等领域(见图 11)。

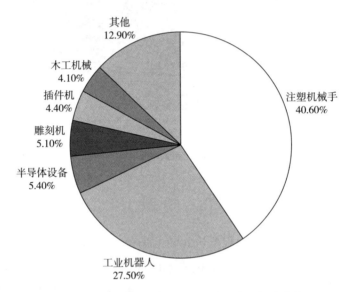

图 11 2021 年中国驱控一体化产品应用领域分布

资料来源:《驱控一体控制系统"全景扫描"》,高工机器人网站,2022 年 3 月 4 日,https://gg-robot.com/art-72404-yj.html。

根据 GGII 的统计数据,2020 年中国驱控一体化产品出货量为 4.5 万套左右,同比增长超 110%,2021 年上半年出货量为 5 万套左右,2021 年出货量有望突破 8 万套,预计到 2025 年中国驱控一体化产品出货量有望达到 50 万套(见图 12)。[①]

① 《驱控一体控制系统"全景扫描"》,高工机器人网站,2022 年 3 月 4 日,https://gg-robot.com/art-72404-yj.html。

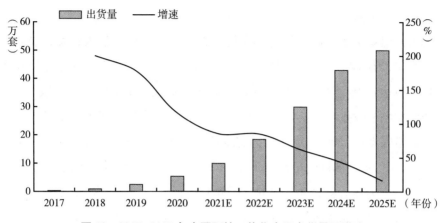

图12　2017~2025年中国驱控一体化产品出货量及增速

资料来源：根据GGII统计资料绘制。

（四）传感器：工业机器人产业持续火爆，传感器迎来旺季

传感器是机器人感知世界的工具，就像人类的五官一样，它们使机器人具有灵活的移动能力、敏锐的感知能力和全自动操控能力。机器人通过多种传感器，如视觉传感器、力传感器、速度传感器、温度传感器等，感知周围的环境。

1. 视觉传感器

随着人工智能技术的不断发展和学界对深度学习算法研究的热情增加，以及全球工业4.0和图像技术的快速发展，视觉传感器市场规模正在不断扩大。市场研究公司Research and Markets发布的《视觉传感器全球市场报告》指出，视觉传感器市场规模有望从2018年的约25亿美元增长到2023年的约45亿美元，复合年均增长率为12.2%。[①] 由于受到电子和电气行业、汽车行业、制造公司注重节约成本和时间的驱动，全球视觉传感器市场规模不断增长。

---

① https://www.marketsandmarkets.com/Market-Reports/vision-sensor-market-1234238 90.html.

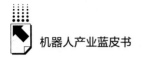

2. 力传感器

力传感器主要应用领域为协作机器人，伴随协作机器人市场的持续火热，《2022 协作机器人产业发展蓝皮书》预计，到 2026 年，中国协作机器人销量将达到 10 万台，市场规模将接近 127 亿元。考虑到生产厂家，力传感器的类型、数量和质量等因素不同，力传感器的成本占整体机器人成本的比重通常在 5%～20%，市场规模有望达到 6.3 亿～25.4 亿元。市场研究公司 Research and Markets 最新发布的《2019—2024 年全球力传感器市场报告》提出，力传感器最大规模的应用领域是制造领域，该领域包括半导体、汽车、航空航天和国防等制造和加工行业。作为世界制造业强国，中国有望对力传感器市场规模的增长做出重要贡献。

3. 激光雷达传感器

随着激光雷达传感器在智能制造、汽车、医疗、安防等领域的广泛应用，激光雷达传感器市场规模正在快速增长。据麦肯锡未来出行研究中心预测，中国将是全球最大的自动驾驶市场。根据全球著名增长咨询公司弗若斯特沙利文（Frost & Sullivan）发布的《全球激光雷达行业独立市场研究报告》，到 2025 年，中国激光雷达市场规模将达 240.7 亿元，2019～2025 年市场规模的复合年均增长率为 63.1%，中国车载领域的激光雷达市场规模将由 2019 年的 3.8 亿元增长至 2025 年的 144.3 亿元，复合年均增长率达 83.3%。

（五）软件：市场需求持续增长，有望延续高景气度

QY Research 调研显示，受新冠疫情等影响，2021 年全球机器人操作系统（ROS）市场规模大约为 29 亿元（人民币），预计 2028 年将达到 64 亿元（人民币），2022～2028 年市场规模的复合年均增长率为 11.97%。

未来几年，该行业具有很大不确定性，本报告的 2022～2028 年预测数据是基于过去几年的历史发展、行业专家观点，以及本报告分析师观点，综合得出的。

微软是全球机器人操作系统行业的龙头企业，占全球市场份额的 30%

以上。在应用方面，工厂机器人操作系统市场份额占总市场份额的 60%
以上。①

中国机器人市场持续蓬勃发展，成为后疫情时代机器人产业发展的重要
推动力。根据 IFR 统计数据，2021 年中国机器人市场规模达到 142 亿美元，
预计 2022 年将达到 174 亿美元，2017~2022 年的复合年均增长率达到 22%。
其中，2022 年工业机器人市场规模有望达到 87 亿美元，服务机器人市场规
模有望达 65 亿美元，特种机器人市场规模有望达 22 亿美元。②

2021 年第四季度，随着工信部振作工业经济政策措施的实施，工业
经济增速逐步回升。GGII 数据显示，2021 年中国工业机器人销量超过
26.13 万台，同比增速超过 53%，在全球销量中占比超过 50%，我国连续
9 年成为全球最大工业机器人消费国，全球最大工业机器人市场地位进一
步稳固。③

三　中国机器人核心零部件产业的现存问题
及对策建议

（一）减速器：严重依赖进口，关键技术亟待攻克

1. 现存问题

现阶段国内减速器技术与国外相比仍有相当的差距，主要的问题如下。

第一，精度和精度保持能力差，失效机理及规律、高性能材料优选等研
究缺乏。

第二，生产设备落后，产品种类少，尤其是用于精密齿轮加工的高端数
控机床基本进口自日本和欧洲国家。

第三，研发投入不足，基础研究不足，尚未完全掌握正向主动设计技术

---

① QY Research, *Global Robot Operating System（ROS）Market Insights, Forecast to 2028.*
② International Federation of Robotics, *World Robotics 2021 report .*
③ High Industry and Commerce Institute（GGII）, *China sales share of global sales in 2016-2022 .*

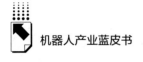

与集成设计分析软件。

第四，检测能力不足，缺乏高端检测设备，对质量管理体系中的检验、质检及生产各环节重视程度不够。

2. 对策建议

第一，减速器企业应加强理论技术研究，并发展能够达到最优技术指标的制造工艺。

第二，相关企业展开减速器动力学研究，找到国产精密减速器精度保持性差等问题的原因及优化措施。

第三，企业加大制造设备投入力度，增强加工制造能力。精密减速器的零部件精度直接影响整机的精度及各方面性能，如精度保持能力、温升、噪声、承载能力等。

第四，加强检测能力建设，政府建立机器人精密减速器检测中心，按照国家标准，对各类关键零部件实施全面的性能检测和产品认证。

（二）控制器：我国发展水平有所提高，与国际差距在缩小

1. 现存问题

（1）工业场景应用稳定性相对欠缺

控制器的需求主要来自工业应用，工业环境对于稳定性的要求十分严格。目前，部分控制器产品在工业生产中应用时配置和调试过程较为复杂，在众多机器人指令的频繁穿插交互和使用过程中容易出现功能失效等异常情况，这些情况也常见于国内头部机器人本体厂家和控制器企业。另外，操作机器人需要特定的培训和专业知识，相关人员的使用成本高昂，加之调试周期长和产品稳定性的需求，导致厂家在选用控制器产品时最重要的标准是稳定性。同时，不同厂商的软件和界面互不相同，使用人员需要掌握不同的编程语言和开发环境，而国产机器人控制器在这方面表现不佳，对开发周期的要求较高。

（2）控制器兼容性差

控制器与机器人本体不兼容，不同生产商的控制器不能适用于不同型号的机器人本体，且不同厂家的编程语言和开发环境不同，导致不同控制器控

制不同型号的机器人变得非常困难。另外，由于控制器和示教器之间的通信接口无实际有效标准，因此存在控制器和示教器之间互换性差、软件复用性差等问题。与此同时，受到软件架构和整体逻辑体系的影响，用户无法进行交互系统的个性化定制，通常只能通过网络接口进行指令级控制，无法进行更深入的定制或互换。

（3）国内外工艺积累存在较大差距

机器人控制器除了具有基本的运动控制功能，还对运动控制上层的相关工艺提出较高要求，目前国内控制器厂商在焊接、码垛、打磨和搬运等基本应用领域有对应的应对方案，但是基本处于初步积累阶段，相较国外控制器产品，工艺积累差距较大。

2.对策建议

（1）提升控制器整体系统的智能性和易用性

控制器的操作过程都是人为参与互动解决的，根据不同场景适配不同厂家的工艺软件包实现具体任务，同时协作机器人提供了人机协作的操作方式，大大提升了智能性。另外，机器人的感知能力和预判能力较差，智能化性能弱，软件和硬件处理能力也不够强。要提升机器人的智能化水平，就需要利用传感器，比如加强视觉传感器和力传感器功能，以提高机器人的感知能力和决策能力。

（2）完善机器人控制器对应的行业标准

传统机器人大多由多轴数控机床发展而来，是在一定空间内执行封闭程序的，相对于现在市场上的增量属性，需要在当前阶段完成行业标准的建立，才能在后续的行业发展中抢占先机。目前，国内领军企业占据优势，建立标准后对行业的发展可以起到积极推进作用。

（3）加强控制器在各自行业内的工艺积累

每家控制器厂家都需要有自己的拿手绝活，针对具体行业有不同的工艺软件包。目前由于国内工业产业链比较健全，国内厂家能够很方便地获取第一手工艺参数和经验，在后续的市场推广中具备较大优势，也能逐渐建立自己的"杀手锏"工艺流程。

（三）伺服系统：核心技术国际领先，产品性能精雕细琢

国内伺服电机制造商主要有台达、士林、汇川技术、英威腾等。台达、士林产品使用简单，性能接近日系品牌，但价格相比日系品牌更低，因此在中低端市场发展迅速。

1. 现存问题

（1）大功率产品缺乏

我国伺服电机行业早期模仿日本产品，因此以中小功率为主，功率集中在 3kW 以内，缺乏 5.5~15kW 的中大功率伺服电机。

（2）小型化不足

小功率产品往往追求精细化，目前松下与安川的伺服电机短小精致，而国内伺服电机普遍偏长，小型化不足。

（3）信号插件不稳定

国产信号插件不够稳定，随着插件向小型化、高密度化发展，未来需要不断提高插件的稳定性。

（4）高精度编码器缺乏

工业机器人需要多圈的绝对值编码器，目前该类产品严重依赖进口，成为制约我国高档伺服系统发展的重要瓶颈。

2. 对策建议

（1）智能控制

以伺服驱动器智能数字控制技术取代传统模拟控制电路，利用人机交互的现代数字化模式进行控制模式切换、故障自诊断、工作参数自整定等，逐步将伺服控制转变为软件控制，全面提升伺服系统的整体性能。

（2）高精高效

采用更高精度的编码器，提高系统的采样精度，同时提高伺服驱动器的产品性能，根据用户情况，将产品的伺服性能予以强化，实现专而精，并将不使用的一些功能予以精简，形成简易模块化编程操作系统，使客户使用简便快捷。

（3）总线型伺服

构建网络型、总线型伺服系统。总线型伺服系统可靠性更高，抗干扰能力更强，可以实现远距离控制，在生产线很长或伺服系统数量较多时十分方便且安装成本低。构建总线型伺服系统是实现工业物联网应用的必要途径之一。

（四）传感器：完整产业链尚未形成，各环节问题凸显

1. 现存问题

由于我国传感器产业起步较晚，目前在技术方面仍然和发达国家存在一定的差距。以工业相机为例，目前国内高分辨率、高速高端工业相机生产技术不够成熟，因此大多数工业相机仍然需要进口，大部分利润被外国企业瓜分，技术上仍然被"卡脖子"，具体表现如下。

第一，高端人才储备较少。传感器行业是技术密集型行业，因此需要大量的高端人才，需要大量有丰富经验的技术型人才，但是现状为此类人才太少，行业缺口过大。

第二，产业链闭环程度较低。由于起步较晚，传感器产业没有一个完整的产业链，因此整个行业的短板很明显，即使企业在某一方面有了技术突破，其他领域还是依赖进口，比如数据处理接口技术较差，如果需要制作高端产品，就必须进口数据处理接口。

第三，市场被进口产品占据。由于起步较晚，高端市场已经被进口产品占据，因此市场对国产高端产品的需求不高。高昂的研究成本与被占据的市场，使国内企业望而却步。

2. 对策建议

第一，提高行业工资水平，吸引人才向此方向发展，增加人才储备。加强人才研究，对紧缺型人才出台专项激励政策，努力培养能够解决"卡脖子"问题的关键核心人才。同步创新人才发展的生态体系，完善人才激励机制，科学制定人才评价标准，建立完善用人机制。

第二，完善产业链，引进高端加工生产设备，以完成国产替代。聚焦新型

工业产业链，发扬产业链精神，加快补足产业链短板，建强产业链薄弱环节，以产业链打造为核心实现产业集群化、企业集团化、园区特色化、产品高端化发展。

第三，加大对国产产品的支持力度，增加研发经费的支出。提高国产高新技术产品的政府采购比例，完善重大自主创新产品财政补贴制度，重视对中小企业创新的支持，扩大创新税收优惠政策的惠及面。

（五）软件：机器人核心软件国产化进程需加速

国家"十四五"规划提出，深入实施智能制造和绿色制造工程，推动机器人等产业创新发展。《"十四五"机器人产业发展规划》也明确将机器人操作系统列入"机器人核心技术攻关行动"。作为机器人核心技术之一，机器人操作系统迎来了重要发展机遇。

目前，国产机器人操作系统在开放性、兼容性、智能性、实时性和易用性等综合性能方面存在明显短板，研发高性能通用机器人操作系统具有较大的市场意义。为此，从以下四个方面提出建议。

一是增强核心技术研发实力。企业和研究机构须牢牢抓住当前发展机遇，把握当前计算机前沿技术的发展趋势，结合机器人行业的特点，统筹政产学研等多方面资源，加快国产机器人操作系统关键技术研发，全面提升操作系统开放性、兼容性、智能性、实时性和易用性等综合性能，加快产品迭代升级，提升自主可控能力和核心竞争力。

二是有效拓宽应用场景。针对机器人重要类型，如汽车、电子、机械等行业的工业机器人，医疗保健、新零售、教育培训等行业的服务机器人，以及国防军工、煤矿、公安消防等领域的特种机器人，结合实际场景，开展操作系统的适配应用，加速推进产品优化迭代和市场化。

三是加强产品生态建设。机器人操作系统属于软件产品，须配套机器人硬件应用。通过与行业龙头企业开展战略合作、进行示范应用、撰写行业标准规范、组建产业联盟等方式，加强操作系统产品生态建设，对提升产品的市场渗透率、丰富产品内涵、提高用户生产效率、降低生产成本具有重要意义。

四是加大政策扶持力度。机器人操作系统研发是机器人产业重要的战略发展方向，我国仍处于起步阶段，从国家到地方需要加大政策扶持力度，为研发团队营造较好的创新发展环境。

四　中国机器人核心零部件的发展趋势及市场机会

（一）减速器：人形机器人发展迅速，国产减速器厂商有望受益

特斯拉人形机器人"擎天柱"概念发布，引爆减速器市场，如若量产，则减速器市场规模将迅速扩大。在人形机器人用减速器市场，行星减速器、谐波减速器以及RV减速器有望率先受益，以特斯拉人形机器人为例，根据各关节自由度情况，假设单台机器人关节处所用行星减速器、谐波减速器、RV减速器数量分别为25个、20个和3个左右，则在乐观假设下，100万台特斯拉人形机器人有望推动减速器市场实现275亿元市场规模。

精密减速器产业作为技术密集型产业，在材料、加工工艺、加工设备等方面存在较高技术壁垒，先入局者具备先发优势。因此，当下精密减速器市场仍由德日品牌主导。其中，以哈默纳科为主导的谐波减速器市场有望进一步向轻量化、电机一体化方向发展；以纳博特斯克为主导的RV减速器市场国产替代趋势正在加速。

（二）控制器：柔性智能化水平高，新兴行业需求大

机器人控制器行业未来前景广阔，随着国家产业化战略的推进和机器人普及，机器人的应用将会更加广泛，从而导致控制器需求的增长。同时，机器人控制器的标准不断提高，客户的使用体验也会得到提升，在人工智能背景下，机器人需要具备更高的柔性和智能化水平，以适应不同的应用场景。随着机器人应用领域的扩展，机器人控制器行业竞争也将越来越激烈，同时，客户对控制器通用性的要求也将越来越高，一体化与智能化控制器将会

是新的发展方向，新兴行业的机器人控制器也将具有一定的市场空间。机器人控制器的发展趋势是标准化加强、柔性智能化水平提高，市场机会在应用广泛的行业以及需求多样化的新兴行业。具体的市场机会如下。

（1）智能控制器市场前景广阔。机器人控制器的智能化发展趋势表现为多样化的应用场景和快速部署，具有一体化运动控制和决策能力，通过多种传感器实现更高效的操作。例如，合肥市智能机器人研究院开发的视觉控制一体化控制系统，依托一体化控制器，可以实现机器人运动控制并运用3D图像识别算法实现不同工况和场景下的机器人智能免示教焊接工艺。同时，服务机器人等智能控制器市场潜力巨大，传统控制器生产商也在加紧开发相关技术，结合外部传感器解决机器人智能性问题的市场机会很大。

（2）工艺突破填补存量空间。机器人控制器最终要解决用户的需求，主要是利用机器劳动替代人的劳动，目前产线上能够由机器人替换人的岗位基本已经完成替换，部分岗位由于技术和成本因素制约无法实现机器换人。技术因素主要指特定行业用于完成具体工作的一系列人为定位的操作规程，这些规程集成了人的经验和灵活性，体现在控制器上就是工艺流程。如果某些无法实现机器换人的岗位实现了机器换人，则随着时间的推移，替换成本也会随之降低。

（三）伺服系统：前景广阔，国产品牌深耕研发

国家"十四五"规划明确提出，要重点研制分散式控制系统、可编程逻辑控制器、数据采集和视频监控系统等工业控制装备，突破先进控制器、高精度伺服驱动系统、高性能减速器等智能机器人关键技术。2022年，工信部、教育部、公安部等17个部门印发《"机器人+"应用行动实施方案》，强调落实《"十四五"机器人产业发展规划》重点任务，加快推进机器人应用拓展，决定开展"机器人+"应用行动。预计未来我国伺服系统行业将快速发展，主要发展趋势如下。

一是高性能化。高动态响应能力、快速精准定位能力是伺服系统的核心

竞争力。随着芯片运算能力和集成度的提升、编码器技术的升级，电机控制算法、自适应算法均不断优化，伺服系统的性能也在稳步提升。

二是驱控一体化。驱控一体化是指将伺服系统中的驱动器与上位机控制器集成在一起，实现缩小体积、减轻重量和提高性能的目的。驱控一体化可在有效提高伺服系统灵活性、可靠性的同时降低成本，使伺服系统在更短的时间内完成复杂的控制运算，通过共享内存即时传输更多的控制、动态信息，提高内部通信速度。

三是高速高功率密度伺服国产化。越精密的工业机器人产品，内置伺服电机数量越多，配置高速高功率密度国产化伺服驱动器将逐渐成为市场的主流。考虑到当前国际环境及供应链安全问题，关键核心领域的国产替代是未来研发的重点，开发国产化、高端化伺服驱动产品，突破机器人产业核心技术瓶颈，摆脱核心技术依赖进口的现状。

四是智能模块化。"5G+智能制造"链接工业全系统、全产业链、全价值链，促进工业化和信息化融合，带动工业全流程、全环节竞争力的整体提升，实现工业数字化转型进入全面互联化阶段再到自主智能阶段的不断跨越。随着国内对大规模分布式控制系统的需求上升，智能模块化伺服系统的开发已经成为当务之急。

（四）传感器：降成本已成趋势，新应用场景有待拓展

视觉传感器产业经过长时间的发展已经基本形成成熟的生态系统和供应链，目前工业领域使用的视觉传感器普遍较贵，在考虑成本的情况下，降低成本的同时能够提供相对有竞争力的产品将成为视觉传感器市场实现突破发展的机会。

目前，国内力传感器企业以中小型企业为主，研发和创新能力有限，缺少有长期投入并深度研发的企业。另外，协作机器人中力传感器的应用有限，急需拓展新的应用场景，扩展力传感器的市场空间。

激光雷达传感器正在经历快速的发展。近年来，随着自动驾驶技术的不断发展，激光雷达传感器的需求增加。激光雷达传感器可以提供准确的环境

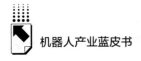

数据，为自动驾驶提供实时的周围场景信息。此外，激光雷达传感器还在工业、建筑、农业等领域得到了广泛应用。未来，随着激光雷达传感器的技术水平不断提高，以及相关领域的需求增加，激光雷达传感器的市场前景非常广阔。

另外，随着传感器硬件技术的发展，以及相关数据处理技术的进步，多传感器融合成为一个热门的研究方向。目前，多传感器融合主要应用于移动机器人领域，在工业机器人中应用有限，基于视觉传感器和力传感器的多传感器融合应用也是一个不错的市场机会。

（五）软件：操作系统向分布式发展

当前，机器人正朝着智能化、通用化、标准化、模块化、网络化的方向发展。机器人操作系统在功能组件上逐渐从集中式系统向分布式系统发展，而系统层则向分时—实时混合方向发展，上层采用分布式架构，底层采用混合式系统是机器人操作系统的未来发展趋势。

五 中国典型核心零部件企业分析

（一）减速器企业

1. 苏州绿的谐波传动科技股份有限公司

苏州绿的谐波传动科技股份有限公司（以下简称"绿的谐波"）作为国内较早开发精密传动装置的龙头企业，产品主要包括谐波减速器、机电一体化执行器及精密零部件，产品广泛应用于工业机器人、服务机器人、数控机床、医疗器械、半导体生产设备、新能源装备等高端制造领域。

绿的谐波技术优势提高减速器产品竞争优势。在国内谐波减速器领域，绿的谐波打破哈默那科的技术封锁，初步实现国产替代，其设计的"P"形齿可承受较大扭矩、减少断裂失效风险、提高寿命，提高减速器的性能和可靠性；同时，绿的谐波在基础工艺件设计方面具有较深厚积累，其前身恒加金属从事精密机械加工 20 余年，包括热处理、锻造等，为减速器大规模量产奠定技术基础。当前，绿的谐波在国内谐波减速器市场市占率已上升至 25% 左右。

2. 浙江双环传动机械股份有限公司

浙江双环传动机械股份有限公司（以下简称"双环传动"）为齿轮传动部件龙头企业，精密齿轮及减速器业务贡献其主要营收。双环传动借助高精度齿轮优势，持续迭代 RV 减速器系列产品。2012 年，双环传动开始布局工业机器人 RV 减速器业务，对标全球龙头纳博特斯克，不断提升国内市场份额，当前双环传动 RV 减速器已初步实现国产替代，市占率达 14%，排名仅次于纳博特斯克。2020 年双环传动设立子公司环动科技，并将机器人减速器业务划归环动科技运营，目前该公司已逐步实现 6~1000kg 工业机器人所需精密减速器产品全覆盖。

（二）控制器企业

传统工业机器人控制器企业相对较多，在易用性和智能性方面有较大提升，本部分重点分析易用性、智能性等技术水平较高的企业。

1. 深圳智流形机器人技术有限公司

深圳智流形机器人技术有限公司（以下简称"智流形"）位于深圳宝安区的华丰国际机器人产业园，研发人员均毕业于顶尖高校，核心团队来自哈工大和港科大。50% 的团队成员拥有博士学位，拥有十年以上的行业经验以及强大的技术研发实力。部分团队成员参与过国家"863 项目"和国家级、省级重点项目，并参与了机器人国家标准的制定。2019 年，智流形在华东、苏南地区设立研究院，致力于推动自动化改造和智能制造。智流形利用独特的技术优势，整合算法、工艺、软硬件和整体方案，开展行业合作，打造技术先进、服务优秀的智能制造研发基地。

2. 合肥哈工图南智控机器人有限公司

合肥哈工图南智控机器人有限公司（以下简称"哈工图南"）是严格集团面向机器人核心零部件研发的生态圈企业，哈工图南秉承"让机器人开发更简单"的愿景,围绕机器人智能控制器、机器人智能控制算法、机器人定制化工艺开发等方向开展研发与服务。哈工图南主营机器人智能控制器,打造了智能一体化硬件平台 IRC-E,突破了 EtherCAT 高速总线技术,积累了机械臂自主规划算法、移动机器人避障算法、视觉跟随算法等,实现了机器人智能控制和实时控制的结合,产品已广泛应用于工业机器人、移动机器人、教育机器人等诸多领域,并将结合 5G 技术为移动作业机器人提供智能控制方案,致力于让机器人开发更简单。

(三)伺服系统企业

国产通用伺服系统企业主要有:台达、禾川科技、埃斯顿、汇川技术、星辰伺服、步进科技等。国产数控伺服系统企业主要有华中数控、广州数控、大森数控、凯奇数控等。

1. 深圳市汇川技术股份有限公司

深圳市汇川技术股份有限公司(以下简称"汇川技术")近年发展迅速,伺服控制器、驱动器、电机、编码器都是自主研发,掌握核心技术,是目前国内伺服系统市场领跑者。

汇川技术增长表现亮眼,根据 MIR 睿工业数据,2021 年前三季度汇川技术伺服产品市场份额为 15.8%,超过安川、松下,居国内第 1 位。[①] 无论是行业 β 属性,还是公司市场份额提升的 α 属性,汇川技术伺服系统的增长曲线较变频器更为陡峭,根据汇川技术伺服业务 2021 年营收翻倍以上的表现,2022 年其有望继续维持同比高增(见图 13)。

2. 浙江禾川科技股份有限公司

浙江禾川科技股份有限公司(以下简称"禾川科技")成立于 2011 年 11 月,是一家专注于工业自动化产品研发、制造、销售及应用集成,致力于为智慧工厂提供核心部件和系统集成解决方案的企业,产品广泛应用于光

---

① 《禾川科技(688320)公司深度研究:工控新锐趁势而上,技术驱动打开成长空间》,洞见研报,2022 年 10 月 16 日,https://www.djyanbao.com/report/detail? id = 3331646&from = search_ list。

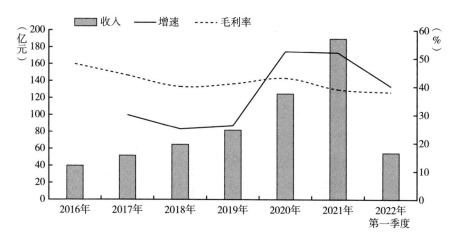

图 13　2016 年至 2022 年第一季度汇川技术营收与利润核心数据

资料来源：Wind 数据库、东吴证券研究所。

伏、3C 电子、锂电、机器人、包装、纺织、物流、激光、CNC 等领域。

禾川科技核心产品 Y7 系列高性能伺服系统，采用全新的控制算法平台，具有更高的动态响应、定位精度和可靠性等七大核心性能，全面助力客户产业升级，提升机床的价值和效率。2022 年，禾川科技 Y7 系列产品获得了德国红点设计奖。

禾川科技为国内领先工业自动化企业，是国内伺服系统市场第二大本土厂商（2021 年市占率 3%）。禾川科技主要产品为伺服系统，2022 年上半年伺服系统收入占总收入的 88%，禾川科技同时完善 PLC 产品矩阵，业务全面覆盖控制层、驱动层和执行传感层。预计 2022~2024 年禾川科技伺服系统营收增速分别为 30.17%、29.53%、26.42%。毛利率方面，2022 年下半年禾川科技陆续推出高端产品以及下游光伏、锂电等客户订单持续放量，同时 2022 年上半年提价协同原材料价格趋稳，伺服系统整体毛利率有望回升，2022~2024 年伺服系统毛利率分别为 36%、37%、38%（见图 14）。

3. 南京埃斯顿自动化股份有限公司

南京埃斯顿自动化股份有限公司（以下简称"埃斯顿"）成立于 1993 年，2013 年推出工业机器人，用 20 年时间接连突破了数控系统、伺服系统

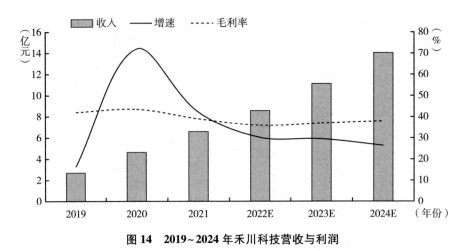

图14　2019~2024年禾川科技营收与利润

资料来源：依据禾川科技年报整理。

等工业机器人核心技术，最终跨入机器人领域。

埃斯顿核心产品ED3L双轴伺服驱动器支持多模式切换，以及基于用户使用习惯的端口设计，动力线缆、编码器线缆和单轴保持高度一致，便于电气工程师快速布局和调试设备。埃斯顿伺服电机覆盖功率为50W~22kW，多为中小惯量伺服电机，有适用于机床的EMG和EML系列，也有通用型伺服电机EMG和EMB系列。

埃斯顿作为我国工业机器人龙头企业，机器人产品矩阵丰富，涉及3C电子、新能源、汽车等下游行业。2015年上市以来，一直领先业内，2021年实现营收30.2亿元（见图15），2016~2021年复合年均增长率高达34.8%，2022年第一季度实现营收8.05亿元，同比增长26.59%。[①]埃斯顿核心零部件以及机器人运动控制两大主营业务，收入增长表现良好，2021年分别同比增长20.14%和20.42%。

4. 深圳市华成工业控制股份有限公司

深圳市华成工业控制股份有限公司（以下简称"华成工控"）成立于

---

① 《埃斯顿（002747）：持续夯实竞争实力，国产机器人龙头崛起》，洞见研报，2022年5月25日，https：//www.djyanbao.com/report/detail？id=3078741&from=searc。

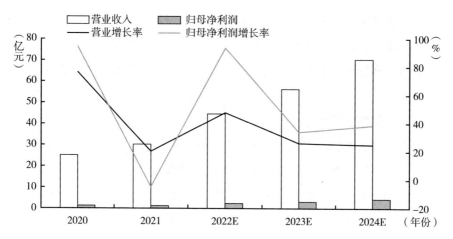

图15 2020~2024年埃斯顿公司营收与利润预测

资料来源：埃斯顿公司年报、国金证券研究所。

2005年，是以运动控制为核心的工业自动化解决方案核心供应商。华成工控研发团队始终以助力提升国产自动化水平为己任，在多个细分领域达到国内先进水平，业务聚焦运动控制、驱控一体化、机器视觉、高低压通用总线伺服等领域，致力于以优良产品和细致的服务与合作伙伴共同实现产业升级和智能制造。

华成工控低压伺服驱动器具有稳定可靠、高效、超强过载、控制多样和体积小巧等特点，适用于对位置、速度、转矩控制精度要求比较高，以及人体直接接触对安全有要求的场景，在AGV、纺织机械、服务机器人、物流自动化、新能源、医疗设备、包装印刷机械、通道闸门控制等行业广泛应用。

（四）传感器企业

1. 梅卡曼德（北京）机器人科技有限公司

梅卡曼德（北京）机器人科技有限公司（以下简称"梅卡曼德"）在光/机/电核心器件、成像算法、视觉识别算法、人工智能算法、机器人算法、工业软件等核心技术上积累深厚，已形成包括自研高性能工业级3D相机及系列平台软件在内的完整智能机器人基础设施产品栈。

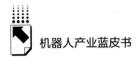

梅卡曼德由清华海归团队于 2016 年创办,致力于推动智能机器人无所不在的存在。总部位于北京和上海,在深圳、长沙、青岛、杭州、广州、济南、郑州、慕尼黑、东京等地均有布局,员工超过 700 人,硕博学历员工超过 200 人。

2. 宇立仪器有限公司

宇立仪器有限公司(SRI)创立于 2007 年 1 月,主营多轴力传感器和机器人智能力控打磨设备,是一家集生产、研发于一体的技术密集型企业,与 ABB、KUKA、安川等国际领先的机器人企业合作,积累了大量机器人力控应用经验,并成功推出了机器人力控产品 iGrinder 智能浮动磨头,产品应用于大部分汽车公司、机器人公司,并通过 ISO9001 质量管理体系认证。SRI 在多轴力传感器设计领域积累了近 20 年经验,具备扎实的产品研发及制造能力,拥有员工 80 余人。

3. 深圳速腾聚创科技有限公司

深圳速腾聚创科技有限公司(以下简称"速腾聚创")是全球领先的智能激光雷达系统科技企业。速腾聚创通过激光雷达硬件、感知软件与芯片三大核心技术闭环,为市场提供具有信息理解能力的智能激光雷达系统,颠覆传统激光雷达硬件纯信息收集的定义,赋予机器人和车辆超越人类眼睛的感知能力,守护智能驾驶的安全。

速腾聚创总部位于深圳,员工超过 1200 人,拥有来自全球顶尖企业和科研机构的人才团队,为企业提供源源不断的创新能力。截至 2022 年底,速腾聚创在全球布局激光雷达相关专利超过 1000 项。速腾聚创产品技术的领先建立在多学科、多层级的技术积累之上。速腾聚创以市场为导向,为客户提供多种智能激光雷达系统解决方案,产品技术包括微机电系统(MEMS)与机械式激光雷达硬件技术、硬件融合技术、感知软件技术等。

(五)软件企业

1. 思灵机器人

2018 年,思灵机器人创立,在德国慕尼黑、中国北京设立双总部。

2020 年，宣布完成由 C 资本领投数千万美元的"A 轮"融资。2020 年总融资额超 1.3 亿美元，成为 2020 年全球智能机器人领域的独角兽企业。[①]

2021 年 9 月，思灵机器人宣布完成 2.2 亿美元"C 轮"融资，软银愿景基金 2 期领投，跟投的财务投资人包括奇美拉（Chimera）、高瓴创投、红杉中国、线性资本等，产业投资人包括小米集团、工业富联、满得投资等。"C 轮"融资后，思灵机器人估值已突破 10 亿美元，跻身独角兽行列。

2022 年 9 月，思灵机器人发布"Agile Core & Diana"系列产品，该产品突破了单一的硬件或软件技术，从思灵机器人专注的领域出发，采取软硬一体的整套解决方案，从而实现机器人智能水平的全面提升。其中，思灵机器人自主研发的操作系统 Agile Core，实现了对底层硬件、中间件、内核、API、接口和驱动程序的一站式控制，完成了智能机器人手脑眼的融合。

思灵机器人产品包括 Agile Core、智能柔性操作平台、高精度力控 7 轴机械臂、仿人五指灵巧手等，能为汽车、电子、医疗等行业提供完整解决方案。2019 年，思灵机器人实现营收 50 万欧元，2020 年实现营收 300 万欧元，计划 2024 年进行 IPO。[②]

思灵机器人的核心研发团队中，来自德宇航、哈工大等国内外知名机构及院校的人数占比超过 90%，截至目前，思灵机器人团队规模近 800 人，研发人员占比超 70%。

2. 北京华航唯实机器人科技股份有限公司

北京华航唯实机器人科技股份有限公司（以下简称"华航唯实"）成立于 2013 年，坚持自主创新、产教融合，立足智能制造领域，不断积累沉淀核心技术，持续研发工业软件及智能制造系统集成系列产品。现已形成北京—技术研发中心、嘉兴—生产及实践基地的布局，并在全国各地设有办事处。

---

① 《36 氪首发 | 10 个月内完成超 1.3 亿美元融资，AGILE ROBOTS 思灵机器人宣布完成 B 轮融资》，36 氪，2021 年 1 月 27 日，https：//36kr.com/p/1059956625412736。

② 《思灵机器人 C 轮融资 2.2 亿美元，可用于精密装配、手术等》，澎湃新闻，2021 年 9 月 10 日，https：//www.thepaper.cn/newsDetail_ forward_ 14450163。

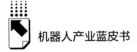

在工业上，华航唯实自主研发的工业机器人离线编程软件 PQArt，是较早在国内实现商业化应用、发展较为成熟的工业机器人离线编程仿真软件之一，打破了国外产品在该领域的技术封锁与垄断，实现了机器人计算机辅助制造（CAM）领域的工业软件国产替代，在工业市场应用广泛，已成为航空航天制造、新能源、汽车、船舶制造等高端行业优质应用软件。同时，华航唯实积极拓展数字孪生、智慧物流、人工智能、工业互联网等新兴技术方向，开发智能产线设计与虚拟调试软件、制造执行系统软件、仓储管理系统软件等新产品。

在教育上，凭借多年的技术积淀与行业经验，华航唯实瞄准技术变革和产业转型升级方向，赋能复合型技术技能人才培养，与院校在人才培养模式创新、专业建设质量提升、校企合作课程开发、实习实训基地打造、教师教学团队建设、产学研服务平台搭建、技能认证、技能大赛、人才服务等方面展开合作，构建了人才培养、人才评价、人才服务的全价值链生态体系，为产业高质量发展提供人才支撑。近年来，华航唯实在智能控制与数字孪生、智能物流、人工智能、服务机器人以及工业互联网等专业方向均有布局，服务院校超 1000 所。

B.6
中国工业机器人系统集成发展报告（2022~2023）[*]

姜文博[**]

摘　要： 2020~2021 年，复杂的国际环境给中国制造业市场带来了诸多挑战。但与设想不同的是，目前看来新冠疫情一定程度促进了制造企业产能建设及自动化升级的进程。在复工复产红利、海外订单回流、"十四五"智能制造发展规划等诸多正向因素刺激下，我国制造业系统集成市场恢复活力，实现高速增长。虽然 2022 年市场增速出现较为明显的钝化，但今后随着人口红利减弱、产业结构升级深化、政策不断出台，工业机器人或将迎来新的需求增长动力。系统集成企业宜更多关注周期较短的下游行业、中高端应用领域等潜在增长点，强化对各行业需求及痛点的理解，同时抓住可以摆脱盈利能力弱、难以规模化的困境的机会。

关键词： 工业机器人　柔性制造　智能制造　机器人系统集成

---

[*] 如无特殊说明，本报告所有图表均根据 MIR DATEBANK 相关资料整理绘制。

[**] 姜文博，日本北海道大学学士，北京铂睿德佳信息服务有限公司 MIR 睿工业高级项目经理、行业分析师，主要研究方向为自动化、泛机器人产业、汽车制造业。

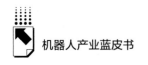

一 工业机器人系统集成发展概况

（一）定义及应用

1. 工业机器人系统集成定义

工业机器人系统集成，是指以工业机器人［含水平多关节机器人、垂直多关节机器人、协作机器人（Cobot）、并联机器人（Delta）等］和自动化生产单元为基础，根据各个行业各类客户的实际情况、工艺要求、生产流程和技术参数，利用机械、电子电气、控制、工业软件、人工智能、传感器、总线通信等技术，将机器人与气动装置、夹具夹爪、焊枪焊机、变位装置、移动装置、电气装置、安全装置等集成为能够实现搬运、上下料、焊接、机械加工、喷涂、装配、分拣、码垛等各类功能的自动化生产线。[①] 通常情况下，与工业机器人系统集成业务相关的角色有以下4种。

一是本体厂商，负责研发、生产、制造、销售各类工业机器人本体产品。一些工业机器人厂商除直接销售机器人本体以外，也能够提供系统集成服务。

二是经销商，是除机器人本体厂商之外的，以销售工业机器人本体产品为主要业务的贸易型企业。但随着经销商的发展和壮大，其会逐渐具备集成能力，在经销机器人的同时提供系统集成服务以追求更高的利润空间和客户黏度。

三是系统集成商，具备承接产线工程项目、提供生产技术方案的技术实力，专门围绕工业机器人做周边配套集成自动化服务。

四是终端用户，是最终在产品生产过程中使用工业机器人进行生产加工的企业，如电子制造/代工厂商、汽车主机厂、汽车零部件厂商等。同时，一些终端用户组建自动化团队，能够自己完成一定程度的机器人系统集成。

2. 工业机器人系统集成下游应用行业

根据企业特征、应用场景、使用需求等因素，本报告将工业机器人系统集成的下游应用行业划分为14个（见表1）。

---

① 参见瑞松科技 2021 年年报。

表1　工业机器人系统集成下游应用行业及说明

行业	说明
汽车整车	乘用车、新能源汽车、商用车、专用车
汽车零部件	汽车零部件（除汽车电子和动力电池外）
电子	3C电子及其零部件、电子元器件
金属加工	金属制品、机械加工，工程机械、集装箱、农业机械、航天航空、建筑机械、轨道交通、船舶等
汽车电子	汽车电气相关产品
家用电器	白色家电、黑色家电、小家电
医疗用品	医疗器械、医疗耗材、医疗药品
锂电池	消费电池、动力电池、储能电池
食品饮料	食品、酒水、饮料、粮油
化学工业	橡胶、塑料、化妆品、日化品、玩具、化肥、农药、涂料、化纤
光伏	光伏电池片和组件
半导体	集成电路、分立器件、LED
仓储物流	工厂内部物流和电商物流
教育	职业培训、职业教育、科研

3. 工业机器人系统集成主要应用场景

根据机器人产品的使用情景、工艺要求，本报告将工业机器人系统集成主要应用场景划分为5类及其他（见表2）。

表2　工业机器人系统集成主要应用场景

类型	主要应用场景
搬运系统集成	用于金属铸造的搬运与上下料
	用于塑料成型的搬运与上下料
	用于冲压、锻造、钣金搬运与上下料
	机床加工中的搬运与上下料
	用于检测、检验、测试的搬运与上下料
	用于码垛的搬运与上下料
	用于包装、拾放的搬运与上下料
	材料的搬运与上下料
	物料的抓取
	洁净室搬运

续表

类型	主要应用场景
焊接系统集成	弧焊
	点焊
	激光焊
	超声波焊接
	锡焊
喷涂系统集成	喷漆、喷釉
	喷涂
物料加工系统集成	激光切割、水刀切割、机械切割
	磨削、去毛刺、抛光
装配系统集成	装配、安装、嵌入
	电子组装
其他	3D打印

（二）工业机器人系统集成产业链分析

工业机器人系统集成是基于机器人本体产品，根据实际使用情景对机器人进行二次应用开发，为各行业的下游终端用户提供非标准化的成套产线或工作站，是智能制造装备产业的重要组成部分（见图1）。

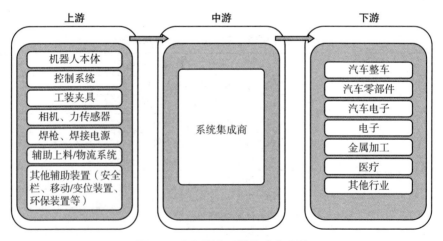

图1　工业机器人系统集成产业链

如果说机器人本体是工业机器人产业发展的基石，那么系统集成则是工业机器人应用方案规模化的关键。与工业机器人系统集成产业链上游的各环节、角色相比，系统集成市场具备规模较大、利润较高、难度相对较低的特点。中国本土系统集成企业凭借价格优势及本土化服务优势等，在系统集成领域参与度较高，竞争力更大。

（三）工业机器人系统集成业务流程分析

多数情况下，完整的工业机器人系统集成业务流程见图2。

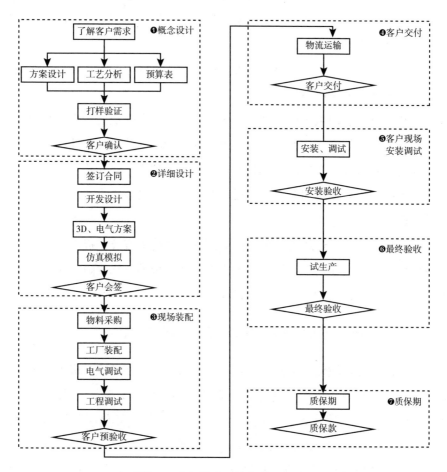

图2　工业机器人系统集成业务流程

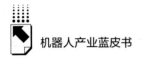

概念设计阶段。在该阶段，系统集成公司与客户充分沟通、明确需求，根据客户具体需求进行详细工艺分析与评估，初步制定项目技术方案、预算表。

详细设计阶段。在签订合同并收到终端用户预付款后，系统集成公司将启动项目。此阶段，服务商在详细设计过程中及时跟进并优化整体设计方案，详细设计方案经内部评审后将提请客户确认。

现场装配阶段。在完成上一阶段的详细方案设计并经客户确认后，系统集成公司将开始下单采购机器人本体产品及各类周边设备（部分案例中由终端用户自行购买机器人本体产品交由系统集成公司提供后续服务），并在公司内进行相关设备的初步安装与调试。随后根据客户需要进行试运转及检验，并由客户出具预验收文件。

客户交付阶段。系统集成公司拆解通过预验收的生产线及设备，并通过物流运送至客户的生产现场。

客户现场安装调试阶段。系统集成公司在客户生产现场对生产线及设备进行安装、调试。客户在确认验收后出具安装验收确认相关文件。

最终验收阶段。在生产线安装调试结束后终端用户将开始生产。生产线在规定的时间内，或达到客户要求后，客户将进行最终验收并出具相关的最终验收确认文件。

质保期。在完成最终验收后一段时间内，系统集成公司提供产线陪产服务，以应对投产初期由于产线不稳定而有可能出现的产线故障问题。通常情况下，在质保期结束时，客户将支付项目尾款。

（四）工业机器人系统集成市场发展现状与展望

复杂的国际环境使各类商品的核心原材料及零部件供应、市场需求不确定性提高。虽然现阶段的市场环境充满了挑战，但也充满了机遇。在"复工复产红利"、"机器换人"提速、制造业产业升级、订单回流等诸多正向因素影响下，中国工业机器人系统集成市场展现较强生机，2020~2021 年市场规模增长实现了较高增速。2022 年开始，市场需求逐渐恢复冷静，市场规模增速重新趋稳。

长期来看，智能制造相关国家政策的逐渐深化、产业结构的持续优化升级、生产工艺技术的不断创新成熟以及人口红利的逐步消失等诸多因素将促进制造业自动化程度持续提升，作为智能制造装备产业重要组成部分的工业机器人系统集成市场发展前景广阔。

智能制造相关国家政策的逐渐深化为系统集成发展创造了良好机遇。《"十四五"智能制造发展规划》再次明确了"智能制造"在构建国家竞争力以及新竞争格局中的重要性，同时提出到2025年70%的规模以上制造企业基本实现数字化网络化，建成500个以上引领行业发展的智能制造示范工厂，智能制造装备市场满足率超过70%，培养150家以上专业水平高、服务能力强的智能制造系统解决方案供应商等目标。国家相关政策的逐渐深化将长期利好机器人系统集成市场的发展。

产业结构优化升级加速制造业自动化导入进程。制造业转型升级背景下，高端装备产业以及技术密集型产业的占比将加大。日益激烈的市场竞争将促使企业加速自动化导入进程，能够快速实现转型的企业将获得更多市场机会，而低效率、高能耗、高污染的企业将加快被市场淘汰。企业通过运用智能化、自动化的装备来提高生产效率，同时提升产品的一致性，进而提高市场竞争力。攀升的人力成本加速制造业自动化导入进程。随着人口老龄化问题的日益突出以及年轻一代观念意识的转变，今后我国人力成本持续攀升的趋势将愈加明显。与之相应的利用人口红利、廉价劳动力进行竞争的模式将逐渐成为过去时。在此背景下，制造业企业对工业机器人系统集成的需求将得到进一步释放。

此外，边缘计算技术、大数据技术、5G技术、人工智能技术等的商用也将促使工业机器人的应用难度降低，系统集成在各行业的渗透将逐年加快。

二 中国工业机器人系统集成市场分析

（一）中国工业机器人系统集成市场规模

2019年，汽车、3C电子等主要行业投资下滑，系统集成市场增速大幅放缓。2020 年短暂受到世界范围的新冠疫情影响，而中国率先复工复产，海外订单回流中国，出口订单暴增，同时企业开始加速产线自动化改造与"机器换人"。2020 年下半年至 2021 年，系统集成市场规模出现超高增长，而高速增长一定程度上透支了今后数年的增长潜力。MIR 预计，2022 年之后，由于智能制造政策及需求环境仍在，系统集成市场规模增长将恢复稳定（见图 3）。

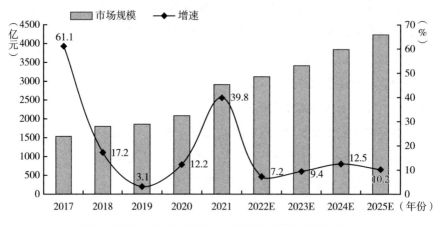

图 3　2017~2025 年中国工业机器人系统集成市场规模

（二）中国工业机器人系统集成市场内外资份额

1. 从行业定位角度看

2022 年，汽车整车行业仍旧由外资系统集成企业主导，但本土系统集成企业正逐步缩小差距。相较于 2021 年，2022 年仓储物流行业已经逐步转变为由本土系统集成企业主导市场。目前，汽车电子、汽车零部件、金属加工、电子等行业由本土系统集成企业主导市场，且优势仍在逐渐扩大（见图 4）。其他行业如光伏、医疗、锂电池和家电等系统集成市场规模较小、门槛不高，同时竞争激烈，外资系统集成企业较少涉足，由本土系统集成企业主导。国内用户成本压力不断上升，同时对产线交付周期的要求不断提高，导致近年来在各主要下游行业本土系统集成企业渗透率不断提升。在汽

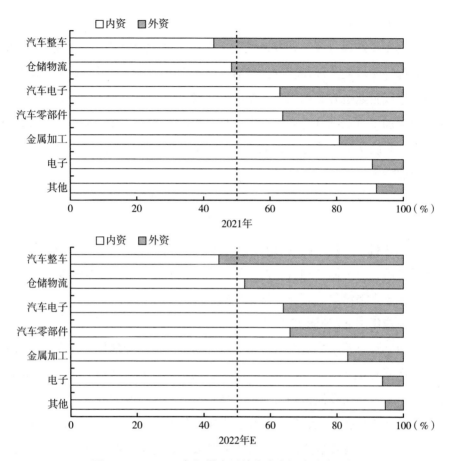

图4 2021~2022年机器人系统集成市场内外资份额

车整车行业，外资系统集成企业在整车制造四大工艺（冲压、焊装、涂装、总装）业务中占据主导地位，而本土系统集成企业基于本土化服务优势和低价策略，从焊装环节突破并逐渐形成规模。

在仓储物流行业，早期市场对于仓储物流的需求主要来自超大型企业集团中的行业，如汽车、石油化工及冷链等。欧美、日本厂商凭借技术优势长期占据高端市场，同时本土系统集成企业正在不断从中低端市场向上渗透。

在汽车电子行业，目前以中低端集成应用为主，高端应用相对较少。中高端市场主要被欧美系统集成企业占据，本土系统集成企业则集中于低端市

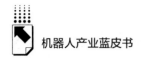

场，但逐渐向中高端渗透。

在汽车零部件行业，外资系统集成企业早期主要集中于汽车整车领域，汽车零部件领域业务涉及较少。目前，市场以本土系统集成企业为主，但外资系统集成企业也开始向汽车零部件市场发力。

金属加工行业细分行业非常多，且多数涉及国家基础设施建设。市场目前以本土系统集成企业为主，但高难度的中厚板焊接等应用场景以外资系统集成企业为主。

在电子行业，本土系统集成企业凭借本土优势与外资系统集成企业同台竞争，目前市场份额远高于外资系统集成企业。

食品饮料、医疗用品等行业项目规模不及汽车等主流行业，同时项目定制化程度高、可复制性相对较低，外资系统集成企业难以全面顾及，因此在这些领域本土系统集成企业占据主导地位。

2. 从应用工艺定位角度看

目前，本土系统集成企业在中低端应用中占据主导地位，并逐渐向高端市场渗透（见图5）。由于多数本土系统集成企业起步较晚同时规模尚小，核心技术及自主研发能力相对薄弱且项目经验不足，其业务往往侧重于外购机器人等装备进行组线，以实现简单工序动作的自动化。一些关键且复杂的生产工艺环节系统集成难度大、技术要求较高，外资系统集成企业凭借技术优势与先发优势占据领先地位，但目前部分本土系统集成企业已经开始涉足高端集成应用领域，逐步实现进口替代，甚至抢占国际市场。

搬运码垛等系统集成领域技术门槛相对较低，竞争较为激烈。在该领域，本土系统集成企业占据绝对主导地位，外资系统集成企业很少涉及。

焊接、检测等工艺的系统集成对系统集成企业的技术能力有一定要求，越来越多本土系统集成企业不断转型，从低附加值应用领域向该领域渗透并占据优势。

喷涂、装配等高端工艺应用进入门槛较高，目前仍然由外资系统集成企业主导，本土系统集成企业也在针对这一领域进行突破并取得一定成效。

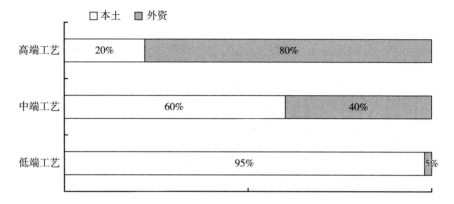

图5　本土和外资系统集成企业在不同等级工艺的分布

（三）中国工业机器人系统集成细分行业市场分析

1. 电子行业系统集成市场分析

近年来，电子行业创新乏力、用户需求日趋饱和、中美贸易摩擦等负面因素影响巨大，设备集成市场增速钝化明显。2020年、2021年行业用户的生产活动受到疫情影响，远程学习、办公带来居民对移动电子产品需求的增长，以及海外订单回流中国等正向因素驱动该行业生产设备集成市场出现显著回暖。电子行业目前仍旧面临诸多挑战，在经历为期两年左右的逆势高速增长后，生产设备导入透支的后果逐渐显现，集成市场于2022年发生大幅回调（见图6）。但中长期来看，消费电子行业的技术变革仍旧值得期待，同时越来越多的企业开始加大导入自动化设备的力度，旨在降低停产风险，减轻疫情对生产负面影响，设备集成市场逐步恢复稳定增长的可能性较高。中国电子行业系统集成市场发展现状如下。

第一，中国电子行业系统集成市场集中度低，系统集成企业众多但多数规模较小。系统集成市场龙头企业与终端用户绑定并逐渐形成"苹果系""小米系""VIVO/OPPO系""华为/荣耀系"格局，同时近年来本土中小型系统集成企业得到终端用户扶持开始崭露头角，且项目占比逐年提高。

第二，电子行业由于产品技术、生产技术更新换代快，对产线的性价

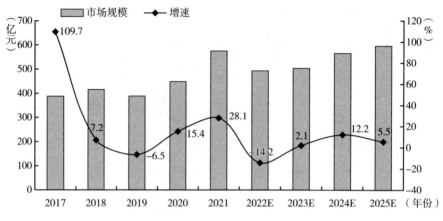

图 6　2017~2025 年中国电子行业系统集成市场规模及增速

比、柔性化程度要求高，同时生产工艺更加精细复杂，对系统集成企业的方案设计能力、交付周期、响应速度要求较高。目前，电子行业整体特别是后段组装环节自动化率仍旧偏低，改造需求空间大。

第三，电子行业终端用户规模普遍较大，对设备导入具有较高的主导权和议价权，系统集成企业成本压力大，利润空间被压缩。

未来，中国电子行业系统集成发展方向如下。

第一，电子行业产品迭代节奏快，同时新类别电子产品不断涌现。虽然目前电子行业整体逐步进入存量时代，但随着无线耳机、无线充电、智能音箱、智能穿戴、5G 基站、AR/VR 等新兴产品发展，未来电子行业系统集成市场仍存在巨大发展空间。

第二，以小批量、多品种为特征的柔性化生产渐成趋势。在国民消费升级的背景下，消费者对定制化程度高的"小众"电子产品的需求将会出现明显增长，而这要求相关制造工艺设计及系统集成企业的服务更加灵活。

第三，本土系统集成企业潜力巨大。在国际社会贸易摩擦不断及人口红利逐渐消失的背景下，我国部分外资电子企业代工业务外迁东南亚等地的趋势明显。同时华为、荣耀、OPPO、VIVO、小米等国内优秀电子企业加速崛起，这些企业也在不断加大对本土系统集成企业的扶持力度。本土系统集成企业有望抓住这一发展机遇，赢得更多市场份额，跟随这些企业实现出海。

2. 汽车整车行业系统集成市场分析

近年来，我国汽车需求增速放缓，同时在中美贸易摩擦、俄乌冲突等复杂国际环境下，芯片等汽车核心零部件供应出现短缺，供需两端问题叠加，2019~2020年国内汽车整车系统集成市场出现负增长（见图7）。2021年后，新能源汽车销量逆势增长，以新能源车型为业务中心的比亚迪及众多新势力车企加速产能建设，传统燃油车企相继推出新能源车型，虽然传统燃油车型产线建设节奏减缓，但整车制造行业整体将维持稳定增长。汽车整车行业系统集成发展现状如下。

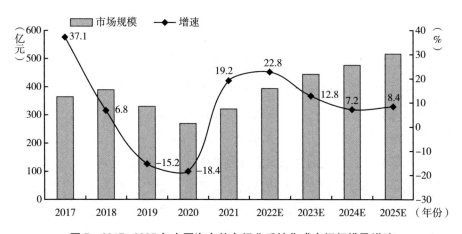

图7　2017~2025年中国汽车整车行业系统集成市场规模及增速

第一，汽车整车行业系统集成项目数量相比其他行业较少，但通常单个项目金额更大。

第二，汽车整车制造的四大工艺（冲压、焊装、涂装、总装）在汽车整车行业机器人系统集成市场份额中的结构为25∶40∶30∶5。汽车整车行业系统集成市场由外资主导，在柔性冲压、高端涂装、车身整体制造装配等领域具备绝对技术优势；本土系统集成企业从焊装相关业务开始突破并取得成效，目前占据焊装工艺集成市场大部分份额。此外，随着比亚迪等本土车企在新能源化及国产替代大趋势下影响力持续攀升，本土系统集成企业的市

场份额在今后将会显著提升。

第三，冲压、涂装工艺尚存技术难点，项目门槛较高。涂装工艺系统集成市场表现为外资企业杜尔一家独大，份额占涂装市场的约70%，未来几年市场格局出现较大变革的可能性较小。

第四，焊装工艺基本已无明显技术瓶颈，价格竞争相对激烈而行业利润较低，导致垫资风险较大。同时，车身结构的"一体化压铸"技术渗透率将逐渐提升，今后或将成为中高端车型的主要制造工艺。在此趋势下，整车焊接集成企业业务或将受到一定影响。

第五，总装工艺仍旧以人工为主，自动化程度在四大工艺中最低，而工艺的自动化升级将是系统集成企业需要长期研究的课题。

中国汽车整车系统集成未来发展方向如下。

第一，智能化、柔性化生产需求增加。车型更新换代的频率不断提高，为满足多品种、少批量混线生产的需求，柔性化、智能化的生产方式将成为汽车制造重要的发展方向。柔性化、智能化生产能实现不同种类、型号汽车生产的快速切换，既可以应对大批量自动化生产的需求，也可以满足多车型、小批量的个性化定制需求。柔性制造需求将促进系统集成业务的发展，不仅要求系统集成企业开展生产计划排程系统、柔性工装夹具、柔性控制及测量系统等研发工作，同时要求系统集成企业具备将方案标准化、模块化的技术能力。

第二，轻量化材质的需求增长带来新的技术课题。近年来，汽车车身轻量化需求显著，新材料（铝合金及超高强度钢等）连接技术已成为系统集成新的研究课题。此类新材料的普及对整车制造工艺提出全新要求，热熔自攻丝连接技术（FDS）、激光拼焊、焊装线上锁铆连接技术（SPR）、摩擦搅拌焊等新技术的应用或将增加。同时，焊枪周边设备、涂胶工位的防磁化需求也会大幅增加，为系统集成带来新的挑战。

3. 金属加工行业系统集成市场分析

2020年，"十三五"政策期接近尾声，基建行业维持较高行情，与基建相关的行业，如桥梁、钢结构等细分领域市场景气度较高。同时，一般工业主要细分行业之一的工程机械行业在"大基建"相关政策、智能制造系列政策的多重刺激下，龙头企业纷纷加快产能建设节奏，提升生产工艺自动化程度。2021 年，家具、健身器材、二/三轮车、厨具等诸多一般工业产品订单回流中国，相关板块企业积极扩大产能。但 2022 年开始，工程机械行业进入周期性低迷，自动化产品导入需求大幅下降。虽然在俄乌冲突引发的一系列欧洲能源问题刺激下，矿山机械行业市场景气度上行，但金属制造行业整体受原材料价格上涨等负面因素影响，导入生产设备意愿下滑，集成市场出现负增长（见图 8）。

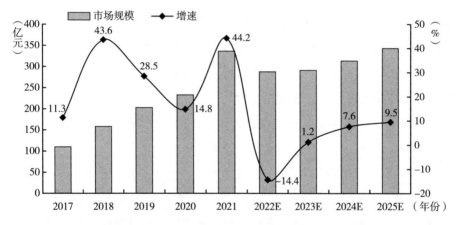

图 8　2017~2025 年中国金属加工行业系统集成市场规模及增速

中长期来看，虽然工程机械行业在"十四五"政策期持续处于周期性低迷可能性较高，但在智能制造政策环境下，中小型用户开始有意识地进行物料标准化及产线集成化，金属加工行业的集成市场或将出现明显回暖。中国金属加工行业系统集成发展现状如下。

第一，金属加工行业所涉及细分行业众多，其中工程机械行业占比最大，其次为机械加工、轨道交通、船舶等行业。金属加工行业系统集成的应用场景主要包括机床上下料、打磨、弧焊、喷漆等，其中弧焊以中厚板焊接为主。

第二，系统集成企业以本土为主，通常公司规模较小，市场集中度很

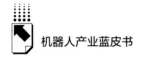
低。多数系统集成企业面临焊接技术人才断层的压力，存在无法解决偏焊的问题。加之很多机加工客户对金属焊接精度要求不断提高，系统集成企业需要尝试导入机器视觉等技术以提高系统精度。

第三，大型终端用户经过长期对自动化产品的使用与学习，目前不少企业已培养出自己的自动化团队承接集团工作单站业务，如三一机器人（三一重工）、海力克斯（龙工机械）等。由于中小型集成企业以承接工作站集成业务为主，其生存空间被不断压缩。

未来，中国金属加工行业系统集成发展趋势如下。

特种材料焊接、中厚板焊接需求将持续增加。伴随近年来工程机械行业快速发展，产品逐渐向规模化、标准化及高质量要求的生产模式转变，且随着国家对轨道交通、航空航天、船舶等高端交通装备制造业的支持力度不断加大，未来特种材料及中厚板焊接市场将持续升温。

4. 仓储物流行业系统集成市场分析

2020年、2021年，在新冠疫情背景下，居民网购需求攀升，电商、仓储行业迎来增长高峰。仓储物流行业经历多年的高速增长后，2022~2025年系统集成市场将出现增长钝化（见图9）。但中长期来看，四向车立库、AGV、AMR等新型物流设备的成熟与普及意味着高度集成化方案的需求也将随之变多。同时，地方物流仓储的自动化改造将持续深化，整个物流仓储行业集成市场规模增长稳定。我国仓储物流行业系统集成发展现状如下。

第一，早期欧美、日本企业拥有世界最先进的物流系统与装备，在物流系统集成行业凭借技术优势与先发优势牢牢占据高端市场且集中度较高。但国内系统集成企业经过多年的技术积累与历练，目前在许多领域攻克技术难关，在中高端市场凭借高性价比、高服务质量占据主导地位。

第二，仓储物流根据使用场景可主要分为电商仓储物流、企业内部仓储物流以及其他。仓储物流行业系统集成早期需求主要来自超大型企业，如汽车、烟草及石油化工等。随着电商行业的兴起，京东、菜鸟等电商仓储物流体系的自动化程度得到普遍提高。目前烟草、石油化工、汽车、医疗制药、食品饮料等行业，已有众多用户在来料、产线物流、成品仓储等全环节率先

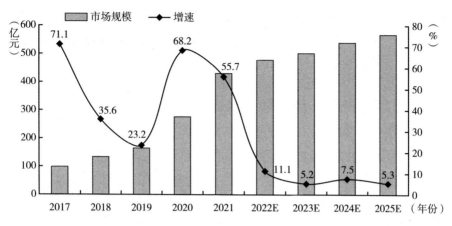

图9　2017~2025年中国仓储物流行业系统集成市场规模及增速

实现高度自动化仓储物流系统的应用。同时，其他领域用户也在积极尝试导入自动化解决方案。

第三，仓储物流系统集成市场的又一特征是项目规模及金额大、定制化程度高，通常前期投资大。

中国仓储物流行业系统集成发展趋势如下。

第一，目前，电商仓储物流市场经历多年的超高增长后逐渐趋于饱和，未来制造业企业内部对智能仓储物流的需求将成为主要带动仓储物流行业发展的增长点。

第二，仓储物流系统集成企业有两条演进路线：物流装备及配套专业软件系统。伴随5G技术、大数据技术、WCS系统技术等在该领域的进一步普及，仓储物流行业逐步走向智能化、一体化。在智能柔性制造需求高速增长的大背景下，制造业企业内的物流布局规划也将更加具备挑战性。生产柔性要求的增高容易引发物流混乱等问题，这要求专业系统集成企业在设计前期进行严格的物流仿真，目前行业内企业都在积极布局仿真软件。

5. 汽车零部件行业系统集成市场分析

2020年，新冠疫情带来的消极影响很快在新能源汽车行情上行以及海外订单回流等正向因素驱动下得以缓解，并从2021年开始汽车零部件行业系统集成市场重回高速增长（见图 10）。中长期来看，2023 年之后新能源汽车相关零部件产品供应链走向成熟，系统集成市场将保持较为稳定的增长态势。国内汽车零部件行业系统集成发展现状如下。

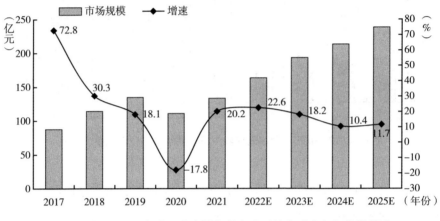

图 10　2017~2025 年中国汽车零部件行业系统集成市场规模及增速

第一，市场早期，外资系统集成企业关注的重点是整车市场，对汽车零部件领域关注度普遍偏低。相比之下，本土系统集成企业对该领域重视度更高，在技术、渠道、成本及工艺理解、售后服务、响应速度等方面占据优势。而近年来，我国汽车工业发展迅速，外资零部件供应企业加强在华产能建设，同时市场中涌现众多具备国际影响力的本土零部件供应企业，与此同时，外资系统集成企业开始加快在汽车零部件行业的布局。

第二，由于该领域涉及细分行业多，且下游客户群体与工艺需求等差异较大，该领域系统集成企业数量众多且市场集中度较低。此外，汽车零部件行业系统集成企业分布具有明显的区域性特征，多数企业集聚在华东和华南地区。

第三，汽车零部件行业焊接应用场景较多，有着相对较高的技术壁垒。同时，由于该行业主要服务整车用户，对系统集成企业技术能力、资质及项目经验的要求较高。

中国汽车零部件行业系统集成发展趋势如下。

在轻量化发展趋势下，特别是车身件等将更多使用铝合金和超高强度钢等新材料。防撞梁、副车架、地板通道、A/B/C 柱、电池盒、仪表盘支架、座椅骨架等部位轻型零部件所占比例将会越来越高。新材料的拼接工艺如焊接、铆接等技术为系统集成企业带来诸多新的挑战。

6. 锂电池行业系统集成市场分析

2021 年，伴随新能源汽车市场火爆以及储能市场的放量，锂电池行业系统集成市场快速扩张（见图 11）。预计到 2025 年新能源汽车市场规模增长进入平台期，此前锂电市场将保持较稳定增长态势，后续增长需要关注储能电池市场发展。国内锂电池行业系统集成发展现状如下。

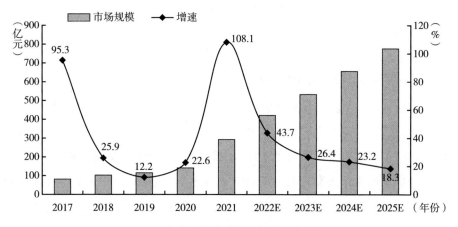

图 11　2017~2025 年中国锂电池行业系统集成市场规模及增速

第一，锂电池行业"前—中—后"段工艺环节的系统集成企业竞争格局存在差异。前段设备核心技术自主化程度尚低，目前以外资为主；中后段已基本实现国产化，且市场集中度较高。与此同时，模切、卷绕、化成分容、焊接设备等核心厂家发展迅速，通过并购等掌握整段系统集成能力。

第二，出于对电池能量密度及安全性的考虑，以及对产线生产效率的要求，后段的自动化组装及检测工艺系统集成市场仍有较大发展空间。

第三，锂电池企业降本诉求加剧，系统集成企业利润空间被动压缩，本土企业目前出现被动陷入价格竞争的局面。

中国锂电池行业系统集成发展趋势如下。

第一，降本增效诉求日益加剧的行业环境下，系统集成模式逐渐由单机向一体化整线集成、整段集成方向发展，行业系统集成企业横向整合加速。

第二，刀片电池技术、CTP组装方式为锂电池行业系统集成带来机遇与挑战。在材料能量密度提升瓶颈期，为提高单个电芯容量和电池包能量密度而诞生的刀片电池、CTP/CTC电池包等新结构技术目前处于快速发展阶段。新技术的出现推动电芯制造工艺难度的提升，宽幅涂布机、高速多工位卷绕/叠片设备、高速高精度分切机等设备需求增加。随着新技术的成熟与普及，未来动力电池产业链将再次发生变革，自动化改造市场空间较大。

第三，3~5年内市场整体投资仍将集中在动力电池市场。同时，储能电池受风能、光能、5G基站等行业带动，以及国家能源短缺问题造成的需求上涨驱动，市场增量空间可观。

7. 光伏行业系统集成市场分析

虽然近年来社会环境复杂多变，但光伏市场规模在"双碳"目标、海外光伏需求高景气度等诸多正向因素驱动下维持较高增长。2022年开始，经历多年的产能建设，预计光伏行业系统集成市场规模增速将出现钝化（见图12）。但由于现阶段环保等相关政策稳定实施，同时行业技术革新仍在深化，技术的革新将给生产设备投资带来持续动力，该领域系统集成市场规模增长确定性较高。国内光伏行业系统集成现状如下。

第一，光伏行业系统集成业务主要集中于组件市场，由本土系统集成企业主导，且市场集中程度较高。但本土系统集成企业在高效光伏工艺设备、方案及信息化方面与外资系统集成企业相比尚存较大差距。

第二，组件段客户对工艺速度及稳定性（宕机零容忍度）要求越来越高，这对系统集成企业的技术能力提出更高要求。同时，该领域终端用户降本诉求高、议价能力强，系统集成企业之间价格竞争激烈。此种行业环境倒逼组件段系统集成企业不断提升自我技术实力与服务能力，推进制造成本优化。

第三，为改善整体利润情况，原本主要服务组件段用户（产业下游）

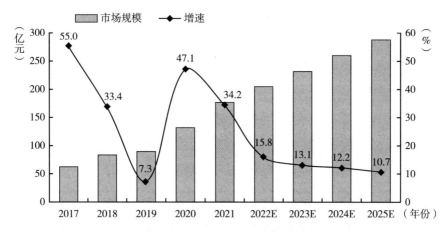

图12　2017~2025年中国光伏行业系统集成市场规模及增速

的系统集成企业逐渐向上渗透，进入电池片系统集成领域寻求发展。而电池片领域客户对自动化程度要求也在不断提升，诸如镀膜、扩散、搬花篮、插片、制绒、磷扩散等领域系统集成业务在光伏行业的占比不断提升。

第四，目前，系统集成企业回款困难，光伏行业的回款周期相对较长，通常在半年以上。

光伏行业系统集成发展趋势为：随着拼片、双面、半片、串焊、叠瓦等高效密排技术的发展，未来光伏行业用户对高速叠片、快速串焊等技术方案的需求会持续增加。

8.汽车电子行业系统集成市场分析

近年来，在汽车行业电动化、智能化、网联化趋势推动下，汽车电子产品需求维持稳定增长。特别是2021年开始，新能源汽车市场景气度高，而相比传统汽车，与新能源汽车结合更加紧密的汽车电子行业系统集成市场更是迎来了新的增长机遇（见图13）。长期来看，汽车电子行业仍旧处于快速变革时期，产品品类将愈加丰富多样，该行业系统集成市场或将持续向好。汽车电子行业系统集成现状如下。

第一，汽车电子系统集成业务具有较高的附加值，发展速度相比于其他传统汽车零部件行业更高，同时系统集成利润也相对较高。

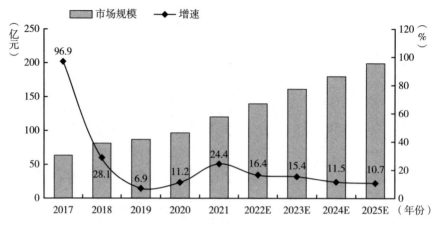

图13 2017~2025年中国汽车电子行业系统集成市场规模及增速

第二，多数产品对可靠性、安全性要求较高，导致汽车电子行业用户对生产工艺具有严格的要求与标准，系统集成企业进入门槛较高且项目周期较长。

第三，汽车电子行业有产品品类多、系统集成市场集中度低的特点。外资汽车电子厂商在市场中影响力较大，欧美系统集成企业先发优势明显且占据大部分中高端市场。本土系统集成企业目前主要面向中低端市场，同时向上渗透。

汽车电子行业系统集成发展趋势如下。

第一，在汽车行业整体"电动化"与"智能网联化"的趋势下，汽车电子行业将迎来高速发展的机会。汽车电子产品种类及产品的单车搭载量快速增加，汽车电子行业的高景气度为该行业系统集成企业带来了发展机遇。

第二，汽车市场结构性变动本身也带来了汽车电子产品需求增加。相比于传统燃油车，新能源汽车的主流消费群体具有更加年轻化的特点。为迎合年轻消费者的喜好与诉求，同时在激烈的市场竞争中避免"同质化"，主机厂开始主动尝试各类汽车电子产品的搭载。在这一行业背景下，汽车电子行业系统集成市场需求也将持续增长。同时，相比于传统车用品，围绕新能源汽车的电子产品多数具有更快的更新换代节奏，这对产线柔性、交付周期等提出了更高要求。

第三，智能驾驶、自动驾驶技术带来汽车电子行业成长新助力。随着智能驾驶技术的发展，越来越多的汽车开始搭载 4G/5G 无线通信模块、各类智能传感器等汽车电子产品。利用网联技术，实现人、车、基础设施、互联网互联互通的车联网技术（V2X）及 ADAS 技术、自动驾驶技术，将为汽车电子行业系统集成带来新的发展机遇。

第四，汽车电子产品的自动化、柔性化制造需求增加，驱动该领域系统集成技术发展。新车研发周期缩短、换代节拍加快、功能升级速度提升，同时个性化需求增多背景下汽车电子产品品类越来越多，汽车电子厂商加快新产品及工艺的投放，实施平台化、模块化、小批量、多品种的柔性生产。随着产品设计的复杂度与精密度提升，行业用户对系统集成服务的要求也将越来越高。

9. 化工行业系统集成市场分析

2020~2021 年复工复产红利下，化工行业系统集成市场规模整体迎来较高增长。近年来，内需市场和出口市场同时出现下滑，但中长期来看，化工行业系统集成市场规模将逐渐恢复增长态势（见图 14）。同时在工业 4.0 转型及 5G 等技术普及的大环境背景下，化工行业正在尝试导入各类互联技术，推进设备智能化以及智能工厂的建设，预计景气度恢复后的化工行业系统集成市场将恢复稳定增长。化工行业系统集成现状如下。

第一，化工行业的众多细分领域中石化领域系统集成规模最大。石化领域整体具备较高的自动化程度，同时系统集成服务的利润相对较高，系统集成市场相对成熟，行业集中度较高。

第二，日化品、日用品以及玩具行业的工艺后段，即包装环节，由于产品种类多，说明书、辅料、赠品入盒等作业内容较为复杂，且柔性要求高，自动化程度相对较低、人工相对密集，但近年来自动化程度在持续提升。

第三，化工行业的系统集成业务以包装、搬运、码垛以及简单的装配为主，目前由本土系统集成企业主导，并无明显技术痛点。

第四，虽然化工行业系统集成业务整体的技术门槛相对较低，但由于石

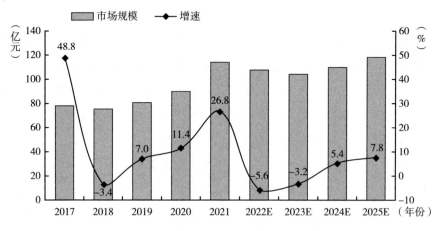

图14 2017～2025年中国化工行业系统集成市场规模及增速

化行业客户以央企、国企为主，商务门槛相对较高，系统集成市场格局相对稳定，行业整体利润水平较高。

10.家用电器行业系统集成市场分析

到目前为止，作为家电市场规模增长主要驱动力的白色家电细分市场逐渐饱和，智能家电并未如期出现大规模的已有产品替换创造新的增量市场，仅在存量市场中逐渐扩大份额。加之2021年众多厂商为应对回流的外贸订单，积极扩产，导致2022年行业出现消化不良，系统集成市场规模出现明显负增长（见图15）。但近年来，社会上出现的"单身经济""懒人经济""养生文化"等年轻化概念刺激对各类新型家电产品一波又一波的消费。同时，"疫情对策电器""宅文化（居家生活、办公、娱乐）"也刺激了相关小家电的需求攀升。此阶段有众多新兴小家电厂商入局并取得一定成绩，如小熊、奥克斯、美菱、米家、凯迪仕等。目前，多数产品仍旧处于前期推广阶段，随着渗透率提升、市场规模变大，该领域产线系统集成市场或将实现高速增长。家用电器行业系统集成现状如下。

第一，目前，我国家电行业系统集成企业可分为两大类。一类是家电厂商集团内部公司，如美的、格力、海尔和长虹等集团内皆设立智能装备集成公司；一类是专注于家电领域的系统集成企业。家电厂商由于成本把控及降

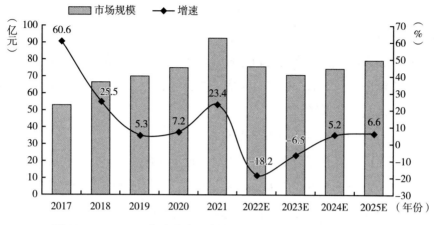

图 15 2017~2025 年中国家用电器行业系统集成市场规模及增速

本需求，通常集团内部系统集成团队业务占比较大且定位明确，以承接整个工厂的整套系统集成项目，再将一部分业务分包给专门系统集成企业的形式为主。

第二，家电市场用户以大型集团为主，集中度高，系统集成业务进入壁垒较高。

第三，家电行业整体利润率较低，成本压力较大，单个系统集成项目通常涉及金额较小，系统集成企业营收规模难以放量。同时，终端用户的话语权及议价能力较强，系统集成企业处境相对被动。

第四，家电行业生产工艺相对简单，系统集成内容以注塑件上下料、涂胶、锁螺丝、搬运码垛等为主。前端冲压、焊接、注塑等原材料加工环节专业设备技术成熟，自动化水平相对较高，但由于该行业产品种类多、来料均一性差等，目前中后段工艺环节的自动化程度尚低。

家用电器行业系统集成发展趋势如下。

第一，虽然目前家电市场中传统白家电、黑家电增长乏力，但健康类除菌抗菌小家电、厨用小家电、美容健身类小家电等新型小家电需求日益增多，今后这一部分系统集成市场空间较为广阔。

第二，随着家电设计个性化需求增多，同时小家电市场体量增长，未来家电行业系统集成业务中复杂工艺将会明显增多，如曲面涂胶、FPC柔性插拔测试等。

第三，家电的智能化发展趋势将驱动其生产制造向定制化方向发展，用户可以定制个性化产品，这将对制造工艺提出更高的要求，柔性化智能制造成为今后的趋势及课题。

11. 食品饮料行业系统集成市场分析

在用人成本上升等诸多影响因素下，近年来食品饮料行业在持续进行自动化改造。但受限于生产成本和技术水平等，目前该领域系统集成市场规模较小（见图16）。行业内主体客户的体量大、集中度高，生产自动化程度较高，自动化生产设备导入较为规律。"网红经济"带动的新兴品牌受市场风向影响较大，多数选择代工委托方式进行生产，对兴建工厂导入生产设备相对比较保守。近年来，自热饭等各类新型方便食品的需求激增，生产设备系统集成市场将在近年重新迎来高速增长。国内食品饮料行业系统集成现状如下。

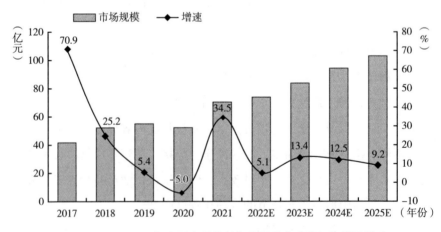

图16　2017~2025年中国食品饮料行业系统集成市场规模及增速

第一，该行业大客户与龙头集成企业关系绑定紧密，市场集中度较高，成规模的系统集成企业相对较少。

第二，现阶段，该行业系统集成业务需求主要集中在包装环节，应用较为简单，以分拣、搬运、码垛为主。而包装入盒环节由于包装材料种类丰富、形状尺寸多样、包装顺序不定，对柔性化程度要求较高，尚难导入机器人系统集成方案。近年来，随着3D视觉等技术的成熟，越来越多企业获得提供相应服务的能力。由于现阶段3D视觉技术集成方案的技术壁垒仍较高，方案提供者以机器人本体企业或大型系统集成企业为主，如ABB、阿童木机器人、勃肯特机器人、翼菲自动化等。

12.医疗用品行业系统集成市场分析

新冠疫情背景下，2020年、2021年社会对口罩、疫苗、核酸检测试剂等相关用品的需求量激增，众多企业跨界进入该行业缓解相关产品供应压力，医疗用品行业系统集成市场规模也相应迎来了连续两年的高速增长（见图17）。后疫情时代，经过为期两年的产能建设，医疗用品行业系统集成市场增速将出现大幅回调。中长期来看，医疗用品的生产及配送环节、药品试剂检测等分析相关环节均将加速无人化进程，同时药房自动化、实验室自动化技术方案走向成熟，未来几年医疗用品行业系统集成市场将保持较高增速。医疗用品行业系统集成现状如下。

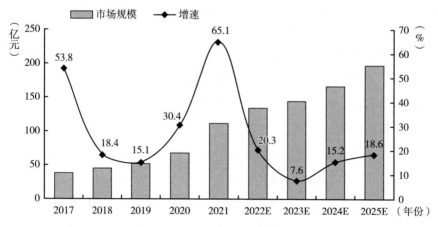

图17　2017~2025年中国医疗用品行业系统集成市场规模及增速

第一，医疗用品行业中，医疗药品领域自动化程度最高，而医疗器械、医疗耗材的自动化程度尚且较低，生产过程以单站设备、人工手动和连线机

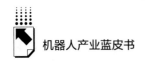

为主。同时，行业内出现医院药房自动化、实验室自动化等创新型医疗自动化场景。

第二，医疗药品行业对生产环境，特别是无菌化要求极高。目前，该领域系统集成业务主要集中在生产流程后段，如包装、搬运、码垛等环节。该领域系统集成市场被本土系统集成龙头企业所垄断，市场集中度高。

医疗用品行业系统集成发展趋势如下。

第一，医疗用品行业整体市场空间较大，但机器人系统集成尚处于较为初步的阶段。未来，系统集成应用将会逐渐向理料、填料、组装、检测等更多环节扩展。

第二，经历新冠疫情后，居民对传染病的日常防护意识有所加强，各类医疗器械尤其是医疗电子器械（耳温枪、电子体温计、电子血压计等）和医疗耗材（口罩、一次性手套、防护服等）的需求将长期维持在相对较高水准，预计该领域机器人自动化需求将持续增多。

第三，药房自动化、实验室自动化等创新型业务国内市场目前尚处于初期概念阶段，缺乏专业系统集成企业，服务通常直接由机器人厂商提供。而随着技术普及、方案成熟，将会涌现更多专业的系统集成企业。

13. 教育行业系统集成市场分析

近年来，与机器人相关的教育培训需求增长迅速，中长期来看，我国社会各行各业"机器换人"程度将会不断深化，对机器人及各类自动化设备的教培需求持续性较好，预计今后将维持相对稳定的增长（见图18）。教育行业系统集成发展现状如下。

第一，本土系统集成企业在该领域占绝对优势。教育行业项目的开拓高度依靠与高校、科研院所等机构的商务关系，外资系统集成企业较难进入。此外，工业机器人相关赛事也成为该领域系统集成企业业务的新增长点。

第二，由于该行业系统集成项目并非真正用于产品制造，工艺技术难度相对较低。比起硬件参数和价格，教育行业用户对系统集成企业编写教程及提供课程设计的能力要求更高。

第三，受科研项目审批特殊性的影响，招标流程复杂，通常会涉及多次

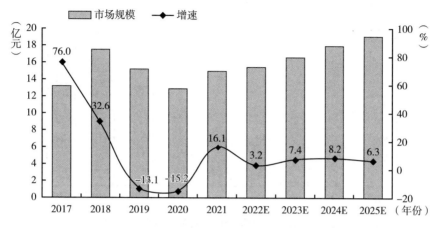

图18　2017~2025年中国教育行业系统集成市场规模及增速

选拔，项目周期一般会比较长。

教育行业系统集成发展趋势为：制造业企业对智能制造人才的需求日益增长，从中央到地方政府，均在不断加大对机器人相关职业教育的投入与支持力度，教育行业系统集成市场发展空间较大。

14.半导体行业系统集成市场分析

2021年，全球芯片供应短缺，中美等国纷纷出台相关政策提振本国半导体产业。2021年，中国半导体行业已披露融资额项目总计融资超450亿元，产能迅速扩张，带动系统集成市场高速增长。

2022年，美国陆续出台多项针对中国大陆地区半导体产业链的制裁措施，在政策和市场的共同促进下，半导体行业国产化进程加速，国内晶圆制造、封装测试产能快速释放，系统集成迎来更大的市场空间。同时，国内涌现一批从事半导体自动化的企业，半导体行业系统集成市场将走向低成本、高服务质量的快速增长时期（见图19）。

展望未来，一方面，以5G、汽车电子、物联网、人工智能、高性能运算、数据中心、工业机器人、智能穿戴等为驱动因素的新一轮硅含量提升周期到来，半导体行业体量将继续扩大；另一方面，由于先进制程对于工艺、生产良率的高要求以及人工成本上升，半导体行业终端用户的自动化诉求越

221

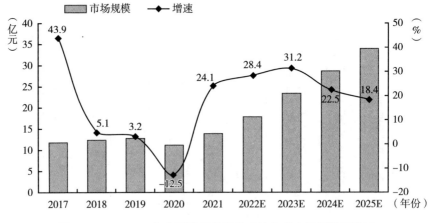

图19　2017~2025年中国半导体行业系统集成市场规模及增速

发强烈，系统集成市场规模增速将维持在较高水平。半导体行业系统集成发展现状如下。

第一，半导体行业系统集成市场集中度低，集成企业规模较小，目前生产设备自动化领域仍为外资企业主导，物料转运自动化领域本土企业已占据近一半市场份额。

第二，由于半导体硅片加工制造环节来料标准化程度低，自动化水平也相对较低，大多数制程设备仍依赖人工上下料，现阶段系统集成方案主要是使用一些制程设备导入机器人代替人工上下料。

第三，晶圆生产环节来料和物料转运标准化程度都非常高，自动化水平也很高，基本上所有制程设备都能够实现自动化生产，先进制程产线的物料转运也都能够实现完全自动化。现阶段，系统集成方案主要是成熟制程产线导入机器人代替人工进行物料转运和成品包装等。

第四，封装测试环节生产设备数量众多，且来料和物料转运标准化程度都相对较低，大多数制程设备仍依赖人工上下料，且人工用量大。现阶段，系统集成方案主要是导入机器人代替人工进行上下料及物料转运。

半导体行业系统集成发展趋势如下。

第一，随着封装测试厂不断提高生产设备及产线的自动化、智能化水平，半导体行业系统集成市场规模将迎来高速增长。

第二，半导体行业实现全自动化生产是必然趋势，在人工成本上升、工业 4.0 以及 5G、大数据等技术普及的背景下，国内硅片生产企业和封装测试企业将会加大自动化投入力度，未来该行业系统集成市场成长性较为乐观。

（四）中国工业机器人系统集成细分应用领域市场规模

2021 年，工业机器人应用场景以工艺相对简单的搬运为主，占全场景的 55.1%；其次是焊接与装配，分别占比 23.3% 和 13.0%；而物料加工、喷涂等工艺要求相对较高的应用场景占比较少。2021 年，与居民日常生活及出口订单相关的板块，如电子、金属加工、仓储物流、食品饮料、医疗用品等行业均实现更高增速。而与这些行业息息相关的应用，如搬运、装配等相比于焊接、喷涂展现出更高增长。2020~2021 年这些行业产能建设出现过剩，同时 2022 年电子行业市场景气度下跌苗头明显，预计 2022 年后搬运、装配等相关应用增速放缓。相比之下，2021 年汽车相关板块，如整车、汽车零部件、锂电池、汽车电子等细分行业受新能源汽车行情上行影响，相关产线新建、产线改造需求增多，系统集成市场开始逐渐恢复活力。虽然 2021 年焊接、喷涂等相关应用场景规模增速相对较低（见图 20），但随着新能源汽车板块持续爆发，MIR 预计 2022 年焊接、喷涂等系统集成应用场景将实现高增长。

1. 搬运上下料系统集成应用市场份额增加，应用领域进一步拓宽

第一，2021 年，电子、汽车整车、锂电池、汽车零部件、金属加工等传统行业整体增速较高，上下料应用领域拓宽。

第二，与疫情相关的板块如食品饮料、仓储物流、医疗用品等实现爆发式增长，此类行业应用以简单搬运、上下料、分拣为主。

第三，目前测试、检测上下料集成应用企业，主要针对产品长宽尺寸、厚度、高度等可量化检测提供自动化方案。同时，针对孔洞、划痕、脏污、色差、漏装错装等不可量化缺陷的自动化检测方案技术成熟度提升，相关集

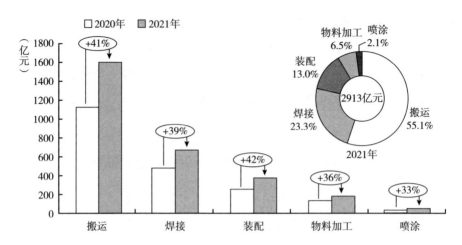

图20　2020~2021年中国不同应用场景系统集成市场对比分析

成应用需求或将快速增长。

第四，机器人智能识别分拣技术成为众多公司研发重点。利用机器视觉技术对不规则来料进行大小尺寸、颜色、形状、摆放角度等参数的识别，并通过自主学习实现自主路径规划，无需提前进行转盘、理料和多次示教，也无需频繁切换工装夹具。该技术适用于种类多、生产周期短、柔性化要求高的产品生产，目前已在汽车冲压件自动整理排列、日化溶剂瓶自动分选上线、异型电子元件插件、电商货品自动分拣等领域得到应用。随着智能识别分拣技术走向成熟，自动化搬运上下料集成应用将向更多场景渗透，尤其是可以为有柔性制造、智能制造需求的企业提供更高效的集成技术方案。

第五，一些特殊应用场景对搬运上下料方案具有更高的要求，如物料斜面取放方案、光伏/锂电池行业高速上下料、传送带跟踪+飞拍方案等。待此类搬运方案技术进一步成熟后，机器人搬运上下料集成市场也将实现进一步增长。

2. 焊接系统集成应用市场维持稳定增长

第一，2021年，传统燃油车市场萎缩趋势明显，新能源车型市场表现出色，与之相关的焊装产线建设积极，但汽车行业整体产线导入意向颇显低迷。2022年，新能源车型市场景气度进一步提升，同时传统车企开始重点布局新能源车型，整体市场焊接应用相关产线建设开始逐步恢复活力。

第二，新能源汽车及汽车零部件轻量化需求促进铝合金材料替换部分碳钢材料结构件趋势明显。铝合金材料加工以压铸（如特斯拉一体化压铸技术）为核心，致使汽车板块焊接系统集成细分市场面临挑战。但由于铝合金材料价格昂贵，难以实现完全替换碳钢材料，仅能作为碳钢材料的补充，中长期来看，焊接系统集成细分市场规模增长确定性仍较高。同时，铝合金材料零部件的普及带动薄板高速焊接需求增长，未来激光焊应用需求或将迎来增长。

第三，弧焊系统集成应用市场份额上升，广泛应用在五金加工、基建建材、煤机矿机、工程机械等行业。目前，弧焊机器人加快向下游普及，国产厂商正在推动弧焊机器人向中小企业、主要布局在三四线城市的企业推广，2021年众多机器人本体企业均推出弧焊新品，未来弧焊系统集成应用市场仍有不小增长空间。

第四，锡焊相关应用市场行情受电子行业整体景气度下行影响出现明显下滑，未来5G技术发展有望带动各类设备用通信模组、天线、基站等产品的锡焊应用市场重回增长趋势。

第五，轨交、航天、船舶、农机等高端装备制造业发展将带动高强钢、超高强钢、复合材料等特种材料焊接应用需求的增加。这些行业进行大型结构件焊接时，通常需要考虑新型材质、特殊结构、复杂焊缝以及行业高安全性要求等因素，相关系统集成企业往往面临更大技术挑战，被要求提供更稳定的焊接质量及焊接效率。

3. 装配系统集成应用市场增速高于行业平均水平，市场份额微增

电子、汽车板块市场景气度出现恢复势头，装配集成市场份额微增。装配应用是现阶段各类机器人系统集成应用中技术难度较高的应用之一。到目前为止，装配系统集成应用主要集中在一些相对简单的场景中，如螺丝锁付、点胶/涂胶、卡扣、插拔、嵌套、贴标等。未来依托视觉传感器、力传感器等多种先进传感技术的发展，以机器人为核心的装配系统集成势必扩展到更多的高端应用场景，如精密零部件压装、高精度螺丝锁付、柔性密封圈嵌套、FPC-FFC插拔组装与测试、异型插件、动态点胶等高柔性高精度装配应用场景。

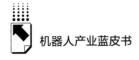

4. 喷涂与物料加工系统集成应用市场增长不及预期，份额持续下滑

喷涂、物料加工系统集成的技术难度通常较大，而且目前仍旧以外资系统集成企业为主导。现阶段，喷涂、抛光打磨应用机器人系统集成市场规模尚小，随着相关技术方案的日趋成熟，以及服务成本的下降，金属加工、轨道交通、船舶飞机、陶瓷卫浴等市场需求得以释放，喷涂、物料加工相关系统集成应用市场具备较大潜力。今后，消费电子产品如智能手表、无线耳机的曲面涂胶及表面涂层喷涂，手机玻璃后盖抛光打磨及搪瓷喷釉等场景；汽车电子产品如中控曲面屏注胶、异形内外饰件抛光等场景将为喷涂、物料加工系统集成应用市场带来更多增长点。

三 中国工业机器人系统集成现存问题及对策建议

（一）中国工业机器人系统集成存在的问题

1. 系统集成企业营收规模普遍偏小，同时市场集中度较低

目前，国内系统集成企业数量众多，但普遍体量偏小。据 MIR 统计，现阶段我国营收规模在 1 亿元以下的系统集成企业仍旧占据多数，以本土企业为主，数量超过 3000 家；营收规模超 3 亿元的企业主要集中于汽车和电子领域；企业年营收超 10 亿元的企业仅有约 50 家，以外资为主。本土系统集成企业难以实现规模化的主要原因是：在为数众多的中小型系统集成企业中，半数以上是近几年才成立的，技术水平参差不齐。系统集成服务非标属性强，复制难度大，要求系统集成企业具备较强的专业知识、较深的行业理解以及丰富的行业经验，跨行业壁垒较高。同时，ABB、KUKA、FFT、柯马（Comau）等国际巨头早已将汽车等部分高利润率系统集成市场瓜分完毕，占据明显优势。

2. 本土系统集成企业盈利能力偏弱

除少数头部企业外，目前多数系统集成企业盈利能力较弱，特别是一些本土系统集成企业，普遍深陷事多利薄且难回款的窘境。主要原因有以下几点：一是相比于上游工控产品供应商及下游制造业用户，多数系统集成企业议价能

力较弱，不少客户验收期较长且付款情况较差，出现系统集成企业不得不垫资的情况；二是系统集成领域进入门槛相对较低，多数企业缺乏自主产品及技术，导致行业竞争激烈，价格战使系统集成企业陷入发展的泥淖，形成恶性循环；三是项目普遍定制化属性较强，系统集成企业需要投入大量人力、时间甚至资金等资源，同时项目可复制性较差，业务很难通过复制放量来实现降本。

3. 对细分行业工艺理解较浅，难以提供具备竞争力的方案

通常情况下，除通用的电气、机械等技术以外，系统集成企业需要对所服务行业的工艺流程及生产中的痛点有深入理解，以提供有针对性的解决方案。但目前来看，众多系统集成企业对所服务行业的专门知识理解浅，缺乏对底层技术、基础工艺的积累，仅能满足某个单一行业工艺的需求。同时，完整解决方案的设计、提供能力普遍偏弱，仅能实现一些围绕简单工艺的中低端集成应用，如上下料、物料搬运码垛等，很难满足日益增长的需要多机器人和多工序进行整合的复杂项目需求。特别是面对这些工艺精细、复杂、高柔性要求的需求时，此类系统集成企业缺乏核心竞争力，很难提交令用户满意的方案，在横向延伸和拓展上更是连连受挫。

（二）中国工业机器人系统集成问题改进对策建议

1. 系统集成企业应主动向短生命周期行业拓展

系统集成下游行业可按照产品生命周期长短进行划分。第一类行业产品生命周期最长，通常以"年"计量，如汽车整车、动力电池、汽车零部件、钢铁等；第二类行业产品生命周期适中，通常以"季"计量，如消费电池、小家电等；第三类行业具备产品生命周期短、产线更新快的特点，通常以"月"计量，如服装行业等；第四类行业产品生命周期极短，通常以"周"计量，此类行业自动化程度低，主要依靠人工生产，如中小规模金属加工等。[①] 其中，第一类行业的绝大多数以及第二类行业的一部分用户是目前系

---

① 《协作机器人与柔性制造下短生命周期市场的共生——专访节卡机器人联合创始人王家鹏》，极客网，2018 年 9 月 19 日，https://www.fromgeek.com/latest/194142.html。

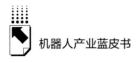

统集成企业的主要服务对象,此类用户的自动化程度普遍较高,相应的升级改造空间在逐渐缩小。由于产品生产的特点是多批次、小批量、产线换型频繁,部分第二类及第三、第四类行业自动化生产设备及产线系统集成方案的设计难度较大。同时,目前这些行业普遍自动化程度尚低,产线改造升级的空间巨大,可以认为是蓝海市场。系统集成企业可考虑主动向第二、第三、第四类行业这些产品生命周期短的市场拓展,加强与终端用户的合作、互动。以一些细分行业为突破口,深耕行业的工艺并聚焦行业生产痛点,精准把握用户的刚性需求,有针对性地推出可复制性高的行业解决方案,以寻求业务的新增长点。

2. 专注中高端工艺,提炼出可批量化应用的核心产品

系统集成企业可将更多资源投入中高端应用工艺或具备代表性及可复制性高的方案的开发,由原本竞争激烈且利润较低的低端应用领域,逐渐向打磨、喷涂等中高端领域渗透,并针对一些潜力较大的重点行业提炼可批量复制、具备高通用性优势的方案及产品,以提高交付效率并降低项目成本、加强核心竞争力。

3. 避免过度依赖头部企业客户,应主动关注中小企业需求

头部企业客户具备需求规模化、订单稳定的优点,是多数系统集成企业的主要盈利点。但头部企业用户对系统集成企业的规模、资质、项目经验、团队规模等要求较为严格,在项目议价及付款方式等商务方面较为强势。同时,中小企业需求灵活多样、柔性化要求高,项目难度往往更大。系统集成企业可考虑联合中小企业主动探索柔性制造工艺领域,积累更多项目经验,强化自身竞争力的同时逐步培育用户共同成长。

4. 系统集成企业应通过多种资本运作方式提升融资能力

系统集成企业普遍面临业务量较大,但回款周期偏长、现金流吃紧等困难,可考虑通过多种资本途径,如融资、贷款、上市等,尽快打开局面占领市场,避免财务能力不足成为制约企业良性发展的枷锁。

四 中国工业机器人系统集成发展趋势及市场机会

（一）系统集成下游行业将会更加细分化

当下面对电子行业由增量市场慢慢转为存量市场，以及电子行业技术更新迭代快、竞争激烈、利润率较低、成本压力大等属性，今后系统集成业务将会由电子领域加快向一般工业领域渗透，各类细分行业会是新的增量市场。由于系统集成企业的下游行业众多，且不同行业之间技术壁垒较高，尤其是在各行产品更新迭代节奏加快、生产工艺精细化程度提高等背景下，系统集成企业需要不断加强对下游行业的理解，才能有效应对市场及客户需求的变化。因此，深度布局某个或某几个行业，培养差异化竞争力，将会是系统集成企业特别是中小规模企业的最优解。此外，那些选择深耕细分行业的系统集成企业更易具备将集成方案标准化、模块化的能力，进而实现业务的规模化复制并提升盈利能力，形成核心竞争优势。

（二）智慧工厂建设将加速机器人系统集成发展

智慧工厂通过仿真、分析、控制、集成等手段，为制造业工厂的生产全流程提供可实现全面管控的整体解决方案，实现生产线上自动控制系统、工业机器人、生产装备等整个生产线流程的无间断集成，助力工厂生产的信息化、自动化、无人化、柔性化、智能化。智慧工厂的建设将加速机器人系统集成在制造业领域的应用与推广。

（三）系统集成的标准化程度将持续提高

系统集成服务的定制化属性强，设备很难进行标准化，同时项目批量化复制的难度大。为满足客户的个性化、差异化需求，系统集成企业设计、生产、交付、调试、售后等各个环节流程长，需要占用大量人力、物力、时间、资金资源，系统集成企业难以兼顾新技术与方案的研发。目前，除机器人本

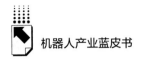

体较为标准外，整个系统集成行业项目标准化程度普遍较低，而提高标准化程度有利于系统集成企业扩大规模。目前，已有部分系统集成企业在积极推动机器人本体及各类工艺的标准化，如针对某一行业或应用场景打造标准化工作站、联合本体企业开发工艺软件包、加快推进特定行业通用单元（如焊枪等）的标准化等。未来，各个细分板块的标准化程度将有较为明显的提高。

（四）3D机器视觉技术赋能系统集成服务

近年来，电子、汽车、锂电池等主流行业对生产制造的各环节智能化率、自动化率及生产良率提出了更高要求。3D机器视觉技术也应运而生，且逐渐被制造业广大用户所熟知。目前，3D机器视觉技术方案本身及其需求市场尚处于起步阶段，系统集成企业对3D机器视觉技术的经验积累尚浅，许多涉及3D机器视觉技术的系统集成服务由3D视觉方案产品提供商、机器人厂商主导。随着3D机器视觉技术、方案及市场走向成熟，3D机器视觉技术将与传统系统集成服务紧密结合，为终端用户提供柔性化程度更高，同时自动化率与生产良率更加有保障的解决方案。

五 中国工业机器人系统集成典型企业分析

本土系统集成企业可分为以下几类，第一类是以新松、埃斯顿为代表的国内机器人龙头企业，其本身具备较强系统集成能力；第二类主要为专注并深耕各个细分领域且专业性较强的系统集成企业，如利元亨、瑞松科技、博众精工、智云股份、克来机电等；第三类则是通过产业并购等方式后进入市场并处于孵化期的小微企业。本报告重点分析并介绍第二类系统集成企业。

（一）利元亨

1. 企业简介

广东利元亨智能装备股份有限公司（以下简称"利元亨"）的主营业务为锂电池、汽车零部件制造设备及系统集成服务。其中，锂电池板块业务覆盖锂电池全产业链，特别是在电芯检测环节处于行业领先地位。此外，利元亨在近年积极开拓电芯装配、电芯制造、电池组装、锂电池仓储物流环节业务。除锂电池及汽车零部件业务外，目前利元亨在积极布局光伏、氢能源等行业。

2021 年，利元亨实现营业收入 23.31 亿元，同比增长 63.04%；净利润 2.12 亿元，同比增长 51.18%。其中，锂电池行业相关制造设备及系统集成业务营收为 21.37 亿元，占总营收的 91.68%。[①]

2. 企业优势分析

（1）核心技术优势

利元亨深耕锂电池细分领域，积累了一批核心技术经验，筑造了较高的技术壁垒。同时，不停加大研发投入力度，2021 年研发投入达到 2.73 亿元，约占当年营收的 11.70%，投入额同比增长 66.16%。仅 2021 年一年，利元亨便获得授权专利 371 项。对锂电池行业的长期深度布局以及研发投入使利元亨掌握了诸多行业前沿技术，如一体化控制、成像检测、柔性组装、智能决策、激光加工、数字孪生等。这也推动利元亨在为宁德时代、比亚迪、蜂巢能源、国轩高科、欣旺达等行业龙头客户服务中形成了较强的客户黏性。[②]

（2）大规模交付优势

利元亨在长期深耕行业过程中构建了较为完善的研发管理体系、设备制造过程管理体系、供应链管理体系、质量控制体系，引入了 SAP 系统、Windchill 系统、MES 系统、ERP 系统等信息化管理系统，并积累扎实全流程、全周期管理经验。同时，利元亨储备众多相关技术人才，形成同时开展多产品不同阶段项目、集中大规模交付的能力。这种优势在当下锂电池行业景气度不断上行的情况下成为其业务重要的"护城河"。

（二）瑞松科技

1. 企业简介

广州瑞松智能科技股份有限公司（以下简称"瑞松科技"）产品主要

---

① 参见利元亨 2021 年年度报告。
② 参见利元亨 2021 年年度报告。

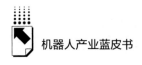

包括机器人自动化生产线、机器人工作站等，主要应用于汽车行业，同时扩展到汽车零部件、3C 电子、机械、电梯、摩托车、船舶等行业。

2021 年，在新能源市场景气度高涨的背景下，瑞松科技实现营收 9.56 亿元，同比增长 19.65%。同时，在工程机械行业头部客户处取得突破，营收同比增长 972.50%。其中，机器人自动化生产线业务营收 7.14 亿元，机器人工作站业务营收 1.66 亿元，系统集成业务营收约占全部营收的 92.10%。

2. 企业优势分析

（1）核心技术优势

瑞松科技在汽车行业积累了大量先进工艺技术和应用案例，核心技术包括自动化系统集成控制技术、白车身柔性高速智能化总拼技术、多轴伺服白车身定位技术、白车身高速输送系统技术、钣金件机器人自动装配技术、在线视觉智能引导定位与监测技术、柔性高速滚边技术等。[①]

（2）提供整体技术解决方案优势

瑞松科技深耕汽车行业，能够为客户提供涵盖产线设计、系统集成、制造、安装调试及交付的整体技术解决方案，满足客户的全方位需求，提供"交钥匙"服务。

（三）博众精工

1. 企业简介

博众精工科技股份有限公司（以下简称"博众精工"）是一家专注于消费电子领域，以提供系统集成服务为主营业务的公司，也是该领域龙头企业之一。同时，博众精工在积极拓展汽车板块业务。目前，博众精工业务分为自动化设备（产线）、治具及零配件、核心零部件等。

2021 年，博众精工实现营收 38.27 亿元，同比增长 47.37%。其中，自动化设备（产线）业务实现营收 31.12 亿元，同比增长 47.38%，占总营收的 81.32%。从行业来看，2021 年博众精工在主营板块消费电子领域实现营

---

① 参见瑞松科技 2021 年年度报告。

收 32.45 亿元，同比增长 57.61%，占总营收的 84.79%；目前重点拓展的新能源领域实现营收 3.61 亿元，同比增长 29.32%，收获订单价值 7.69 亿元，同比增长达 283.00%。

2. 企业优势分析

（1）研发和技术优势

博众精工是一家专注于研发和创新的技术驱动型企业，2021 年，公司研发投入 46180.25 万元，研发投入占当年营业收入的 12.07%。博众精工在消费电子行业长期耕耘、稳定成长，积累了行业内有竞争力的产品研发设计和定制化生产、响应能力，形成较为重要的"护城河"。

（2）全产业链整合能力

博众精工除了多年积累而成的整体解决方案提供能力，还在积极布局工业机器人、直线电机、运动控制器、伺服驱动器、工业镜头、工业光源等自动化核心技术产品。目前，已经通过部分客户评估及检验，并已经在自家产品及服务中批量应用。相比其他同类厂商，博众精工在一定程度上取得了先发优势，具备了多维度提供服务的能力。

（四）今天国际

1. 企业简介

深圳市今天国际物流技术股份有限公司（以下简称"今天国际"）主要从事智慧物流和智能制造系统综合解决方案开发业务，为生产制造、流通配送企业提供自动化生产线，以及物流系统规划设计、设备定制、软件开发、电控系统开发、系统集成、现场安装调试、客户培训和售后服务等一体化业务，使客户实现物料出入库、产品生产、搬运输送、存储、分拣与拣选、配送等过程的自动化、数字化和智能化。

2021 年今天国际实现营收 15.98 亿元，同比增长 71.87%。其中，系统综合解决方案业务营收 11.97 亿元，同比增长 72.40%。2021 年，实现净利润 0.92 亿元，同比增长 51.52%。今天国际的业务主要集中在新能源行业、烟草行业、综超行业，上述行业业务营收占公司总营收的 86.58%。其中，

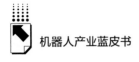
新能源行业业务营收 7.61 亿元，占比 47.61%；烟草行业业务营收 3.10 亿元，占比 19.40%；综超行业业务营收 3.13 亿元，占比 19.57%。

2. 企业优势分析

（1）技术优势

今天国际组建了以智能研究院、技术中心、软件子公司、机器人子公司为主体的既分工又协作的研发机构体系，实现系统解决方案、软件系统、关键设备和模块等多层面的技术成果积累，在工业互联网和数字一体化平台等方面的技术研发取得不小的突破。同时，自主研发一系列信息管理系统、电气控制系统的产品、工业机器人及设备，能够快速根据客户需求及特性提供软硬件系统集成服务。

（2）经验丰富，交付能力可靠

今天国际成立以来完成近 30 个行业数百个大型智慧物流项目和智能制造项目，积累了丰富的各行业大型项目经验。经过长期的积累，今天国际对各行业的工艺流程、物流和生产特点、管理和运作模式等具有很深的理解，形成规划设计、系统集成、供应链管理、软件开发、项目工程管理等多方面的技术优势，并积淀丰富的实践经验，形成可靠的交付能力。

专题篇
Special Topicals

B.7
中国机器人产业资本市场发展报告
（2022~2023）

孙虹 申靓 沙鑫*

摘　要： 本报告建立机器人上市企业样本监测池，聚焦投融资、收并购等事件，研究分析机器人产业资本市场发展现状、现存问题及发展趋势，并提出对策建议。2021年，国内外经济环境复杂，但机器人主板上市企业营收稳步增长，创业板、科创板上市企业经营活力较强，北京证券交易所助力机器人中小企业发展；大型企业通过收并购实现业务多元化升级，行业内公开披露投融资金额创新高。同时，企业出海收并购未能识别关键风险点、投资回报期长项目无投资机构青睐等问题的解决，仍需政府、风投机构、企业等市场主体的共同努力。此外，机器人产业链"专精特新"发展成为趋势，国内机器人企业将更加注重

---

* 孙虹，严格集团市场分析师，主要研究方向为机器人产业；申靓，北京市西城经济科学大学教师，曾任职于严格集团，拥有近10年市场调研、品牌宣传经验；沙鑫，严格集团高级市场分析师，主要研究方向为人工智能、智能制造、物联网等。

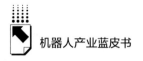

盈利能力建设。

关键词： 机器人产业　资本市场　北京证券交易所

一　中国机器人产业资本市场发展现状

（一）机器人产业链主板上市企业营收稳步增长，研发费用率较为稳定

本报告在主板上市企业智能机器板块中选择与机器人产业链相关度较高（机器人业务营收占比超 30%）的 13 家企业作为分析样本（见表 1），其中，样本企业大部分为工业机器人企业。

表 1　2021 年中国机器人产业链主板上市企业样本

单位：亿元

序号	公司名称	2021 年市值	2021 年营收	2021 年毛利额
1	科沃斯	863.47	130.86	67.28
2	诺力股份	51.83	58.87	11.45
3	新时达	55.16	42.64	8.40
4	天奇股份	91.64	37.79	7.45
5	埃斯顿	225.41	30.2	9.83
6	赛腾股份	53.49	23.19	9.07
7	博实股份	133.34	21.13	8.09
8	哈工智能	46.11	17.22	2.02
9	亿嘉和	155.29	12.85	7.70
10	中大力德	24.88	9.53	2.50
11	快克股份	70.38	7.81	4.03
12	克来机电	94.93	5.61	1.42
13	天永智能	23.79	5.04	1.11

注：依据 2021 年营收排序。

资料来源：根据严格集团样本库数据统计结果整理。

1. 主板上市企业抓住绿色经济等市场机遇，2021年营收增速为近4年最高水平

根据 HRG 样本库数据统计结果，2020 年、2021 年，样本池机器人产业链主板上市企业整体营业收入分别为 304.19 亿元和 402.74 亿元，同比分别增长 26.52% 和 32.40%（见图 1）。经济水平、消费水平提升带动个人/家用服务机器人销量增长；在绿色低碳经济导向下，国内新能源汽车等生产需求旺盛，宁德时代、亿纬锂能、比亚迪等头部电池企业扩产，锂电生产设备、自动化物流等项目招标金额超百亿元，促进国内机器人及系统集成企业业务快速发展；机器人企业不断进行技术突破，加快产品国产化替代。根据 HRG 样本库数据统计结果，2021 年营业收入排名前 3 的机器人产业链主板上市企业依次是科沃斯、诺力股份和新时达，营业收入同比分别增长 80.90%、44.40% 和 7.76%。

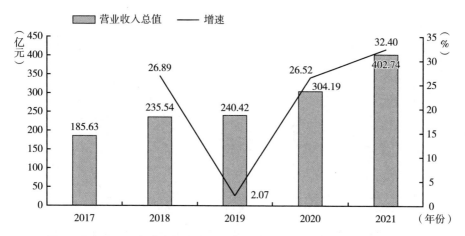

图 1 2017~2021 年中国机器人产业链主板上市企业营业收入总值及增速

资料来源：根据 HRG 样本库数据统计结果整理。

2021 年，科沃斯实现营业收入 130.86 亿元，同比增长 80.90%，原因是其深化"科沃斯+添可"的双轮驱动战略，注重技术高端化发展，提高产品技术含量及附加值。

2021 年，诺力股份实现营业收入 58.87 亿元，同比增长 44.40%。企业

抓住新能源、电商等行业自动化物流市场需求，业务订单快速增长，不断优化产能布局，产值增速超过45%。

2021年，新时达实现营业收入42.64亿元，同比增长7.76%。企业制定面向细分市场进行差异化竞争的战略，业务层级由产品提升到解决方案，在橡胶轮胎、电力铁塔、电动车、金属加工等行业取得预期发展。

2. 主板上市企业重点布局高端市场，毛利额增速约50%

根据HRG样本库数据统计结果，2020年、2021年，样本池机器人产业链主板上市企业整体毛利额分别为95.69亿元和140.34亿元，同比分别增长29.75%和46.67%（见图2），主要由于机器人产业下游需求旺盛，企业逐步转型布局高端市场，提升产品技术水平及附加值。2021年，毛利额排名前3的机器人产业链主板上市企业分别是科沃斯、诺力股份和埃斯顿，毛利额同比分别增长116.98%、21.63%和14.71%。

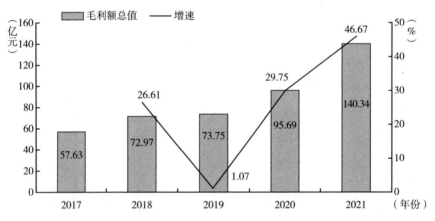

图2　2017~2021年中国机器人产业链主板上市企业毛利额总值及增速

资料来源：根据HRG样本库数据统计结果整理。

2021年，科沃斯毛利额为67.28亿元，同比增长116.98%，主要原因是其不断推出高技术含量及高附加值新品，其中，科沃斯品牌扫地机器人中以全局规划类产品为代表的高端产品收入占比达91.0%，毛利率上移，添可品牌自设立之初即定位为高端智能生活电器，产品销售均价处于市场领先水平，产品毛利率较 2020 年增加 2.49 个百分点。

2021 年，诺力股份毛利额为 11.45 亿元，同比增长 21.63%，原因在于智慧物流集成业务市场需求旺盛，企业优化产能布局、增加研发投入，提升毛利额。

2021 年，埃斯顿毛利额为 9.83 亿元，同比增长 14.71%。企业继续推行精益化管理、降费增效，通过提价、推动电子元器件国产替代等手段消除成本对毛利率的影响。

3. 主板上市企业平均毛利率稳步上升，头部企业毛利率超50%

根据 HRG 样本库数据统计结果，2020 年、2021 年，样本池机器人产业链主板上市企业平均毛利率分别为 31.46% 和 34.85%（见图 3），企业毛利率较为稳定。2021 年，毛利率排名前 3 的机器人产业链主板上市企业分别是亿嘉和、快克股份和科沃斯，毛利率分别为 59.92%、51.64% 和 51.41%。

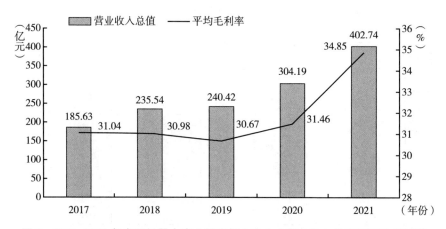

图 3　2017~2021 年中国机器人产业链主板上市企业营业收入总值及平均毛利率

资料来源：根据 HRG 样本库数据统计结果整理。

2021 年，亿嘉和毛利率为 59.92%，同比减少 0.65 个百分点。企业深耕电网系统，推动巡检类机器人、操作类机器人、消防机器人等产品的应用，在江苏等地拥有与下游电网企业持续合作机会，市占率较高，产品毛利高，但受生产成本提高等因素影响，毛利率略有下滑。

2021 年，快克股份毛利率为 51.64%，同比减少 1.52 个百分点。企业致力于为精密电子组装半导体封装检测领域提供智能装备解决方案，已在精密点胶、涂覆等工艺领域建立一定技术门槛。

2021年，科沃斯毛利率为51.41%，同比增加8.55个百分点。原因在于，企业布局高端扫地机器人领域，以技术优势赋予产品全新功能和价值，提升产品毛利率。

4.主板上市企业研发费用率较为稳定，2021年平均研发费用率为5.62%

根据HRG样本库数据统计结果，2020年、2021年，样本池机器人产业链主板上市企业整体研发费用分别为16.49亿元和22.64亿元，分别占当期营业收入的5.42%和5.62%，与2019年研发费用率5.55%较为相近（见图4）。保持较高的研发费用率，可帮助企业突破核心技术，提升开发、生产、竞争能力。2021年，研发费用率排名前3的机器人产业链主板上市企业分别是亿嘉和、天永智能和赛腾股份，研发费用率均超10%。

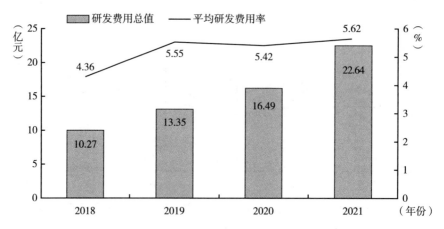

图4 2018~2021年中国机器人产业链主板上市企业研发费用总值及平均研发费用率

资料来源：根据HRG样本库数据统计结果整理。

5.约40%主板上市企业总资产收益率提升，科沃斯资产周转率明显高于其他样本企业

2021年，受原材料价格上涨、市场竞争加剧、企业经营管理难度提升等影响，样本池13家企业中，8家企业总资产收益率（ROA）下降，占样

本池企业总数的 61.54%。2021 年，样本池机器人产业链主板上市企业 ROA 上升较大的为科沃斯、快克股份和新时达，同比分别增加 11.58 个、3.75 个和 1.21 个百分点。

2021 年，因增强销售能力、加快资金周转速度、提升资产投资效益，样本池 13 家企业中 8 家企业资产周转率提升，占样本池企业总数的 61.54%，其中，增长较为明显的是科沃斯、诺力股份和快克股份，同比分别增加 17.17 个、12.42 个和 9.04 个百分点。2021 年，样本池 13 家企业资产周转率平均数为 63.32%，科沃斯资产周转率为 155.03%，明显高于其他样本企业（见表 2）。

表 2　2020~2021 年中国机器人产业链主板上市企业总资产收益率、资产周转率情况

单位：%

序号	公司名称	总资产收益率		资产周转率	
		2020 年	2021 年	2020 年	2021 年
1	科沃斯	12.27	23.85	137.86	155.03
2	亿嘉和	18.95	18.05	56.81	47.96
3	快克股份	13.75	17.50	41.88	50.92
4	博实股份	10.90	10.97	42.42	44.58
5	中大力德	6.71	6.35	72.46	74.38
6	赛腾股份	6.79	5.41	74.89	65.68
7	诺力股份	4.48	4.42	76.11	88.53
8	克来机电	11.52	4.22	62.01	45.78
9	新时达	1.49	2.70	63.71	68.11
10	埃斯顿	3.20	2.48	53.00	47.66
11	天奇股份	1.47	2.30	60.94	62.22
12	天永智能	0.97	0.28	40.47	37.26
13	哈工智能	0.20	-12.30	33.88	35.07

注：依据 2021 年总资产收益率降序排列。
资料来源：根据 HRG 样本库数据统计结果整理。

（二）机器人产业链创业板、科创板上市企业经营活力强，研发费用率增幅明显高于主板上市企业

本报告在创业板、科创板上市企业中挑选与机器人产业链相关度较高的

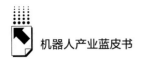

23家企业进入样本池（见表3），所选样本覆盖了核心零部件、工业机器人、服务机器人、系统集成等产业链各个环节。

表3　中国机器人产业链创业板、科创板上市企业样本池

单位：亿元

序号	公司名称	2021年市值	上市时间	板块	主营业务介绍
1	汇川技术	1807.6	2010年9月28日	创业板	提供工业自动化、工业机器人、新能源汽车、轨道交通多产品组合解决方案或行业定制化专机解决方案
2	石头科技	543.14	2020年2月21日	科创板	智能清洁机器人等智能硬件的设计、研发、生产（以委托加工生产方式实现）和销售
3	绿的谐波	210.2	2020年8月28日	科创板	精密传动装置研发、设计、生产和销售
4	博众精工	187.81	2021年5月12日	科创板	自动化设备、自动化柔性生产线、自动化关键零部件以及工装夹(治)具等产品的研发、设计、生产、销售及技术服务
5	机器人	174.28	2009年10月30日	创业板	工业机器人、特种机器人、医疗服务机器人等系列产品及系统集成的研发、生产、销售
6	天智航	110.21	2020年7月7日	科创板	骨科手术导航定位机器人的研发、生产、销售和服务
7	科大智能	92.15	2011年5月25日	创业板	提供智能机器人、智能装备、智能电网终端设备、工业机器人系统化集成等产品及涵盖产品全生命周期的服务体系
8	先惠技术	86.63	2020年8月11日	科创板	各类智能制造装备的研发、生产和销售
9	拓斯达	68.23	2017年2月9日	创业板	以工业机器人、数控机床、注塑机为核心，为制造企业提供智能工厂整体解决方案
10	三丰智能	62.14	2011年11月15日	创业板	从事智能物流输送成套装备的研发、设计、生产制造、安装调试与技术服务
11	申昊科技	60.98	2020年7月24日	创业板	开发智能机器人及智能监测控制设备产品

续表

序号	公司名称	2021 年市值	上市时间	板块	主营业务介绍
12	华中数控	59.89	2011 年 1 月 13 日	创业板	数控系统、机器人、智能生产线等产品的开发、研制、生产、技术服务
13	埃夫特	57.5	2020 年 7 月 15 日	科创板	工业机器人核心零部件、整机、系统集成的研发、生产、销售
14	华昌达	56.86	2011 年 12 月 16 日	创业板	智能自动化装备系统的研发、设计、制造及安装调试
15	迈赫股份	46.87	2021 年 12 月 7 日	创业板	从事基于机器人和物联网技术的高端智能装备系统研发、制造、销售和智慧运维等服务
16	东杰智能	46.5	2015 年 6 月 30 日	创业板	提供智能制造系统总承包服务及个性化定制解决方案和智慧停车解决方案
17	豪森股份	39.16	2020 年 11 月 9 日	科创板	智能生产线的规划、研发、设计、装配、调试集成、销售、服务和交钥匙工程等
18	今天国际	33.79	2016 年 8 月 18 日	创业板	提供生产物流解决方案、配送中心解决方案、智能工厂解决方案、供应链信息化解决方案
19	凯尔达	31.49	2021 年 10 月 25 日	科创板	为客户提供焊接机器人及工业焊接设备
20	赛为智能	25.57	2010 年 1 月 20 日	创业板	提供工业级无人机、巡检机器人、轨道交通和智慧城市等软硬件产品及解决方案
21	瑞松科技	21.45	2020 年 2 月 17 日	科创板	专注于机器人与智能制造领域的研发、设计、制造、应用、销售和服务
22	兰剑智能	19.98	2020 年 12 月 2 日	科创板	智能仓储物流自动化系统的研发、设计、生产、销售及服务
23	江苏北人	17.75	2019 年 12 月 11 日	科创板	提供工业机器人自动化、智能化系统集成整体解决方案，主要涉及柔性自动化、智能化工作站和生产线的研发、设计、生产、装配及销售

注：依据 2021 年市值降序排列。

资料来源：根据 HRG 样本库数据统计结果整理。

1. 创业板、科创板上市企业营收毛利均增长，绿的谐波增速突破100%

根据 HRG 样本库数据统计结果，2021 年，机器人产业链创业板、科创板上市企业整体营业收入为 545.43 亿元，较 2020 年增长 32.68%；整体毛利额为 163.50 亿元，同比增长 14.34%（见图 5）。主要增长动力是自动化发展趋势和持续的技术创新，3C 电子、汽车等传统工业机器人优势市场需求加速释放，以及仓储物流、家用清洁、医疗健康等新兴市场正在快速崛起。2021 年，营业收入、毛利额前 3 名的机器人产业链创业板、科创板上市企业均为汇川技术、石头科技和博众精工。

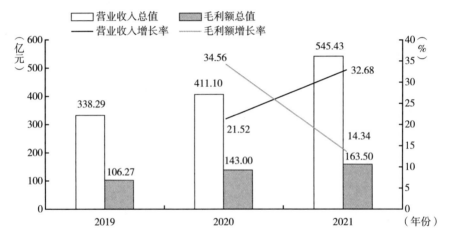

图 5　2019~2021 年中国机器人产业链创业板、科创板上市企业整体营收情况

资料来源：根据 HRG 样本库数据统计结果整理。

2021 年，汇川技术实现营业收入 179.43 亿元，同比增长 55.88%；毛利额为 64.27 亿元，同比增长 43.30%。原因在于企业以"强攻击抓机会、保供保交付"的经营策略应对全球缺芯、大宗材料价格持续上涨的局面，积极识别结构性市场机会，抓住新能源行业等市场机会，实现订单快速增长，同时，在变频器、工业机器人等领域重点突破堡垒客户及大终端客户，提升业务盈利能力。

2021 年，石头科技实现营业收入 58.37 亿元，同比增长 28.85%；毛利额为 28.08 亿元，同比增长 20.77%。这主要得益于其始终重视并不断加大研发投入和技术创新力度，积极拓展产品种类，推出具有多附加功能的家用智能扫地机器人产品，不断丰富产品线类型，凭借优质的设计、独特的创新、前沿的技术赢得广泛的市场认可。

2021 年，博众精工营业收入为 38.27 亿元，同比增长 47.36%；毛利额为 12.86 亿元，同比增长 15.44%（见表 4）。博众精工通过技术创新、市场开拓，在消费电子应用领域保持领先地位，同时积极布局新能源等应用领域，各项业务发展顺利，业务规模创历史新高，但由于新业务布局前期投入大等因素，毛利额增速有所放缓。

表 4　2021 年中国机器人产业链创业板、科创板上市企业营业收入前十

单位：亿元

序号	公司名称	营业收入		毛利额	
		2020 年	2021 年	2020 年	2021 年
1	汇川技术	115.11	179.43	44.85	64.27
2	石头科技	45.30	58.37	23.25	28.08
3	博众精工	25.97	38.27	11.14	12.86
4	机器人	26.60	32.98	5.12	2.50
5	拓斯达	27.55	32.93	13.59	8.08
6	科大智能	27.38	28.89	6.68	5.88
7	华昌达	16.00	21.55	2.11	2.09
8	华中数控	13.22	16.34	5.20	5.14
9	今天国际	9.30	15.98	2.74	3.88
10	三丰智能	11.68	14.27	2.30	2.86

资料来源：根据 HRG 样本库数据统计结果整理。

2.创业板、科创板上市企业平均毛利率下降，约60%企业资产周转率提升

根据 HRG 样本库数据统计结果，2021 年，机器人产业链创业板、科创

板上市企业平均毛利率为 29.98%，较 2020 年有所回落（见图 6），主要是由于受全球新冠疫情反复发酵、国内外经济增速放缓、原材料价格上涨等短期不利因素的冲击。

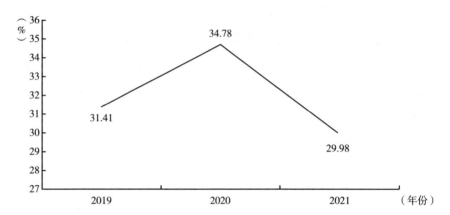

图 6　2019～2021 年中国机器人产业链创业板、科创板上市企业平均毛利率

资料来源：根据 HRG 样本库数据统计结果整理。

2021 年，绝大部分机器人产业链创业板、科创板上市企业 ROA 同比有所下滑，但有 2 家企业 ROA 同比增加超 20 个百分点，分别为三丰智能（30.32%）和华昌达（21.78%）。2021 年，在 23 家样本企业中，ROA 在 10% 以上的企业有 3 家，ROA 在 5%～10% 的企业有 3 家，ROA 在 0～5% 的企业有 12 家，ROA 低于 0 的企业有 5 家。这主要是由于大部分创业板、科创板上市企业尚处于扩张期，总资产规模不断变大，相应的创收能力还未得到充分释放。

在资产周转率方面，2021 年有 13 家样本企业实现提升，其中华昌达、今天国际、先惠技术、三丰智能均提升超 10 个百分点。2021 年，在 23 家样本企业中，资产周转率在 50% 以上的企业有 10 家，资产周转率为 20%～50% 的企业有 12 家，资产周转率低于 20% 的企业为 1 家，大部分企业的资产流转速度处于健康水平，营运能力良好（见表 5）。

表5 2020~2021年中国机器人产业链创业板、科创板
部分上市企业总资产收益率、资产周转率情况

单位：%

序号	公司名称	总资产收益率		资产周转率	
		2020年	2021年	2020年	2021年
1	汇川技术	13.01	16.02	68.66	78.10
2	石头科技	27.91	15.89	92.35	66.12
3	申昊科技	14.69	10.99	55.41	46.96
4	绿的谐波	6.43	9.79	17.14	22.83
5	凯尔达	22.83	7.54	183.21	68.30
6	兰剑智能	9.89	6.42	53.34	48.13
7	先惠技术	5.96	4.07	49.05	63.20
8	博众精工	6.87	3.92	73.98	76.78
9	今天国际	3.12	3.71	47.9	64.75
10	迈赫股份	7.09	3.39	53.00	38.14

注：依据2021年总资产收益率降序排列。
资料来源：根据HRG样本库数据统计结果整理。

3. 创业板、科创板上市企业平均研发投入强度超8%

根据HRG样本库数据统计结果，2021年，机器人产业链创业板、科创板上市企业整体研发费用为44.86亿元，同比增长26.90%，整体研发费用率为8.22%，同比减少0.38个百分点（见图7）。2021年，在23家样本企业中，

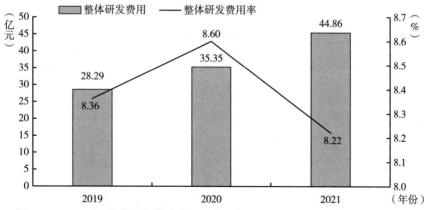

图7 2019~2021年中国机器人产业链创业板、科创板上市企业研发投入情况

资料来源：根据HRG样本库数据统计结果整理。

研发费用超3亿元的企业达到4家，分别为汇川技术（16.85亿元）、博众精工（4.62亿元）、石头科技（4.41亿元）及机器人（3.07亿元）（见表6）。2021年，研发费用率超10%的企业达到5家，分别为天智航（70.37%）、华中数控（12.67%）、博众精工（12.07%）、申昊科技（11.18%）及兰剑智能（10.22%）。

表6　2021年中国机器人产业链创业板、科创板上市企业研发投入前十

单位：亿元，%

序号	公司名称	研发费用			研发费用率		
		2019年	2020年	2021年	2019年	2020年	2021年
1	汇川技术	8.56	10.23	16.85	11.58	8.89	9.39
2	博众精工	2.83	3.71	4.62	13.43	14.29	12.07
3	石头科技	1.93	2.63	4.41	4.59	5.80	7.55
4	机器人	1.55	4.49	3.07	5.65	16.88	9.31
5	科大智能	2.34	1.93	2.22	10.12	7.05	7.68
6	华中数控	2.52	2.21	2.07	27.81	16.72	12.67
7	拓斯达	0.7	1.61	1.42	4.22	5.84	4.31
8	埃夫特	0.75	0.77	1.11	5.94	6.82	9.69
9	天智航	0.98	0.74	1.1	33.55	54.53	70.37
10	先惠技术	0.47	0.54	0.99	12.88	10.65	8.94

资料来源：根据HRG样本库数据统计结果整理。

（三）北京证券交易所助力机器人中小企业"专精特新"发展，"新三板"创新层挂牌企业毛利率逐年下滑，研发费用率回升至2019年水平

1. 北京证券交易所设立推动"新三板"质变，或将成为机器人中小企业发展沃土

全国中小企业股份转让系统（俗称"新三板"）是经国务院批准，依据《证券法》设立的继上海证券交易所（以下简称"上交所"）、深圳证券交易所（以下简称"深交所"）之后第三家全国性证券交易场所，也是我国第一家公司制运营的证券交易场所，于2013年正式揭牌运营。作为服

务全国中小企业的资本市场主阵地，"新三板"曾经历多次重要改革，如引入做市商制度、实施分层管理等。

2021年9月2日，"新三板"改革迎来重大里程碑事件，国家重磅宣布深化"新三板"改革，设立北京证券交易所（以下简称"北交所"），同年11月15日北交所正式开市，历时仅74天，远短于科创板和创业板的筹备时间。与科创板和创业板相比，北交所服务对象的发展阶段更早、规模更小、成立更晚，在上市审核、发行门槛、再融资等方面充分尊重创新型中小企业成长规律。

北交所的设立，将形成"'新三板'基础层和创新层—北交所—沪深交易所"的多层次资本市场（见图8），"新三板"基础层和创新层将为北交所储备上市公司资源，同时北交所上市公司在挂牌满12个月后可寻求转板至创业板和科创板。

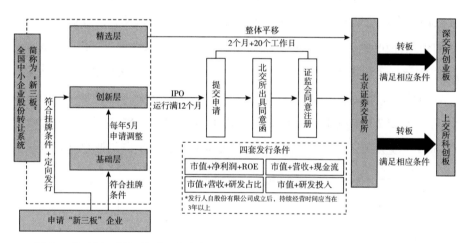

图8　"'新三板'基础层和创新层—北交所—沪深交易所"多层次资本市场
资料来源：根据公开资料整理。

综合来看，上交所和深交所的主板主要面向大型企业的融资需求；科创板主要面向科技创新型企业，聚焦"硬科技"，面向世界科技前沿与国家重大需求；创业板主要面向成长型创新创业企业，定位为"三创""四新"，即企业符合"创新、创造、创意"的大趋势，或者是传统产业与"新技术、新产业、新业态、新模式"深度融合；北交所面向创新型中小企业，聚焦"专精特新"中小企业;"新三板"的创新层、基础层继续面向中小微型企业。

北交所网站资料显示,截至 2022 年 6 月 28 日,北交所上市公司数量达到 100 家,总市值 2177.45 亿元,累计公开融资额突破 200 亿元,市场合格投资者已超 500 万人,社保基金、合格境外机构投资者(QFII)均已进场,参与北交所投资的公募基金累计超过 500 只,持仓市值稳步增加。虽然目前北交所暂无机器人领域的大型企业,但大部分初创企业契合"专精特新"发展标准,北交所和"新三板"或将成为机器人中小企业发展的沃土,有望培育出一批优质龙头企业,带领整个机器人产业走向壮大。

2. "新三板"创新层企业营收稳步增长但盈利能力较弱,毛利率连续3年走低

北交所网站资料显示,截至 2022 年 6 月底,尚无与机器人产业链相关度较高的企业登陆北交所,"新三板"挂牌企业中与机器人产业链相关度较高的企业有 69 家,其中,创新层企业 17 家、基础层企业 52 家。本报告将17 家创新层企业作为分析样本,这些企业大部分为系统集成企业。

2021 年,机器人产业链"新三板"创新层企业整体营业收入为 56.98亿元,较 2020 年增长 25.48%;整体毛利额为 13.56 亿元,同比增长17.50%(见图9)。这主要得益于机器人技术发展及生产行业自动化升级需

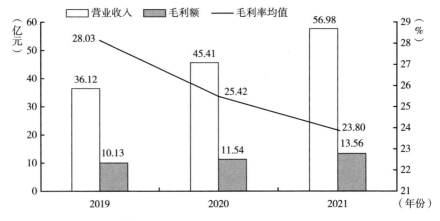

图 9 2019~2021 年中国机器人产业链"新三板"创新层企业营收、毛利相关情况

资料来源:根据 HRG 样本库数据统计结果整理。

求放量。2021年，机器人产业链"新三板"创新层企业平均毛利率为23.80%，较上年下降1.62个百分点，原因在于样本企业多为系统集成企业，业务多为定制化项目，成本、周期管控难度高，加之新冠疫情期间，运输及原材料采购成本增加，压缩企业利润空间。

2021年，机器人产业链"新三板"创新层企业营业收入排名前3分别是万久科技、华恒股份和凯德股份，营业收入分别为9.35亿元、8.94亿元和5.68亿元，同比分别增长48.79%、26.28%和17.41%。

3. "新三板"创新层企业研发费用率整体回升至2019年水平，约三成企业研发投入强度超10%

根据HRG样本库数据统计结果，2021年，机器人产业链"新三板"创新层企业整体研发费用为3.15亿元，同比增长32.91%；整体研发费用率为5.53%，同比增加0.32个百分点（见图10）。2021年，在17家样本企业中，研发费用超0.5亿元的企业为2家，分别为华恒股份（0.76亿元）和领信股份（0.51亿元）（见表7）。2021年，在17家样本企业中，研发费用率超5%的企业为10家，其中超10%的企业达到5家，分别为领信股份（17.99%）、乐创技术（16.56%）、和氏技术（12.09%）、三向股份（11.14%）及通锦精密（10.81%）。

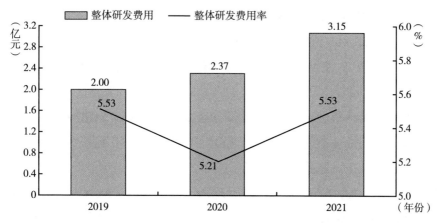

图10　2019~2021年中国机器人产业链"新三板"创新层挂牌企业研发投入情况

资料来源：根据HRG样本库数据统计结果整理。

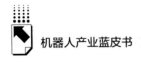

表7　2021年中国机器人产业链"新三板"创新层挂牌企业研发投入前十

单位：亿元，%

序号	公司名称	研发费用			研发费用率		
		2019 年	2020 年	2021 年	2019 年	2020 年	2021 年
1	华恒股份	0.58	0.57	0.76	9.24	8.00	8.53
2	领信股份	0.24	0.29	0.51	10.00	10.31	17.99
3	思尔特	0.13	0.20	0.25	5.55	6.84	6.38
4	机科股份	0.19	0.20	0.24	6.65	5.66	5.92
5	澳冠智能	0.13	0.12	0.17	5.08	4.13	3.69
6	乐创技术	0.11	0.12	0.17	18.20	16.89	16.56
7	和氏技术	—	0.14	0.16	—	10.98	12.09
8	通锦精密	0.10	0.11	0.13	9.14	7.19	10.81
9	三向股份	0.06	0.08	0.13	5.30	7.90	11.14
10	万久科技	0.07	0.12	0.11	2.64	1.88	1.21

资料来源：根据 HRG 样本库数据统计结果整理。

（四）机器人企业收并购情况

1. 大型集团收购上游企业以巩固龙头地位，部分企业借收购实现多元化升级和竞逐新市场

2020～2021 年，机器人相关收并购活动持续活跃，大型巨头集团通过收购产业链上游零部件供应商及技术型初创企业，提升产品创新能力、规模经济效应、市场权力效应。比如，家电巨头 JS 环球生活收购机器视觉供应商速感科技以提升产品创新能力，美的集团收购伺服企业东菱技术以完善自身运动控制产品线和满足机器人等领域零部件配套需求，百度收购小鱼在家继续加码服务机器人市场。部分企业通过收并购进行优势互补，完成新兴市场拓展及产品多元化升级，如音飞储存收购罗伯泰克以切入半导体洁净室等高端产业市场，中威电子通过华夏天信现有的客户资源进入煤矿细分领域，哈工智能拟收购江机民科进入军用产品领域，拓斯达收购埃弗米数控完善自身产品线，金大控股并购嘉利信息以促进产品多元化发展，海兰信收购欧特海洋以实现全方位海洋业务布局（见表8）。

表8　2020~2021 年中国机器人企业收并购情况统计

序号	投资方	被投方	被投方简介	事件简介	投资方目的
1	音飞储存	罗伯泰克	智能仓储物流存取设备制造商和整体解决方案提供商，其优势产品是堆垛机、有轨制导车辆（RGV）及控制软件	2021 年 9 月，音飞储存发布公告称，拟以 4.65 亿元收购罗伯泰克	音飞储存收购罗伯泰克能够与公司现有的智能仓储业务形成优势互补，有助于公司切入半导体洁净室、高科技陶瓷、新能源等高端产业市场
2	中威电子	华夏天信	专注于煤矿细分领域的机器人制造商	2021 年 9 月，中威电子发布公告称，全资子公司河南中威智能机器人有限公司以 3107.5 万元拟收购华夏天信股份	中威电子通过华夏天信现有的客户资源进入煤矿细分领域
3	哈工智能	江机民科	主要提供军用试验检测仪器设备、引信类精密机械等产品	2021 年 5 月，哈工智能发布公告，拟以现金 8.4 亿元收购江机民科 70% 的股权	此次收购有利于哈工智能进入市场前景广阔和具有一定准入壁垒的军用光电产品、军用非标准仪器设备、航空器材等军用产品领域
4	JS 环球生活	速感科技	以机器视觉为核心的人工智能创业公司，机器人行业领先的视觉解决方案提供商	2021 年 1 月，JS 环球生活宣布，将通过间接全资子公司拟以不多于 2.1 亿元现金收购速感科技全部股权	收购事项将进一步提升 JS 环球生活在家庭机器人及其他相关智能家用电器领域的创新能力
5	拓斯达	埃弗米数控	埃弗米数控从事数控机床的自主研发、生产与销售	2020 年 11 月，拓斯达使用约 1.3 亿元受让埃弗米数控原股东部分股权及认购新增注册资本，合计持有埃弗米数控 51% 的股权	此次对外投资并购埃弗米数控，进一步拓宽了拓斯达数控机床产品品类，夯实了公司数控机床产品尤其是五轴数控机床产品的技术实力，为公司相关业务的持续发展奠定了基础

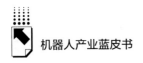

续表

序号	投资方	被投方	被投方简介	事件简介	投资方目的
6	美的集团	东菱技术	专业从事交流伺服电机、伺服驱动器及光电编码器等各类自动化设备研发、生产和销售	2020年11月,美的集团以1.85亿元收购东菱技术74.085%股权	东菱技术被收购之后,与2017年并入美的集团的以色列伺服厂商高创运动控制公司Servotronix进行整合,形成直线驱动和旋转伺服齐头并进的技术格局,从而全面覆盖机器人、锂电、光伏等不同领域的需求
7	百度	小鱼在家	视频通话机器人制造商	2020年7月,百度以数亿美元完成全资收购小鱼在家	下一阶段百度将串联更多样的生活场景、满足更多定向人群的需求,打造更开放的软硬件生态
8	金大控股	嘉利信息	为客户提供早教机器人整机解决方案、养老健康陪护机器人整机解决方案等	2020年7月,金大控股并购嘉利信息签约仪式在深圳举行	金大控股并购嘉利信息将进一步优化金大控股在人工智能领域和各大应用场景的产业布局,实现智能产品多元化升级发展
9	海兰信	欧特海洋	专业从事水下有人、无人作业装备的研发、试制、生产,以及海洋工程服务	2020年2月7日,海兰信发布公告称,公司拟收购欧特海洋100%股权,交易对价为3.4亿元	海兰信收购欧特海洋完成后,计划推动业务结构调整,全面实现"海面+浅海+深海"立体全方位海洋业务布局,抢先布局深海装备业务

资料来源:根据公开资料整理。

2. 机器人投资热度持续提升,5只超百亿元规模基金关注机器人赛道

2020~2021年,随着机器人在生产和生活中扮演越来越重要的角色,机器人投资热度持续提升,众多关注机器人赛道的新基金纷纷设立,其中超百亿元规模的有5只(见表9),资金来源也各不相同:国资委主导的国家混改基金、国企背景的创投管理平台、地方政府主导的产业引导基金、知名投资机构的新设分支等。相信在多方基金力量参与推动下,机器人初创企业将获得更充盈的资金支持，机器人行业将迈向全新的阶段，让机器人更好地服务人类，创造更多的商业价值和社会价值。

表 9　2020~2021 年中国机器人产业链新设超百亿元规模基金情况

序号	机构/基金名称	成立时间	资金规模	投资领域	简介
1	海望资本	2021 年 11 月 30 日	超过 100 亿元	专注于集成电路、生物医药、航空航天、高端装备、人工智能、文化科技等硬核产业投资	海望资本是浦东科创集团基金运营管理的核心平台，将管理浦东科创集团发起设立的各类基金，发起设立并管理 7 只基金
2	国家混改基金	2020 年 12 月 29 日	总规模 2000 亿元，首期募集资金 707 亿元	重点聚焦核心领域和核心技术的混合所有制改革，重点布局国家战略领域、竞争性领域、科技创新领域和产业链关键领域	由国务院国资委主导、委托国有资本运营公司设立的国家级基金
3	道禾投资	2020 年 4 月 2 日	首期规模 300 亿元	关注医药健康、先进制造、信息科技与大消费等赛道	上海首家取得"私募资产配置类管理人"资格的资产管理机构，致力于发掘和培育长期资产
4	园丰资本	2020 年 3 月 18 日	基金管理总规模 120 亿元，其中 100 亿元为政府产业引导基金，20 亿元为天使母基金	主要投资数字经济、新一代电子信息、高端装备制造、新材料、软件和集成电路、新能源和节能环保、医疗器械和生物医药等产业	园丰资本通过项目直投、母基金投资等方式，充分发挥政府产业引导基金与天使母基金的带动作用，围绕苏州工业园区重点产业方向，推动项目落地发展
5	高瓴创投	2020 年 2 月 24 日	首期规模 100 亿元	主要专注于生物医药及医疗器械、软件服务和原发科技创新、消费互联网及科技、新兴消费品牌及服务四大领域	高瓴集团旗下专注于投资早期创业公司的基金，将以美元和人民币双币种模式运作，覆盖从 300 万元人民币到 3000 万美元不等的多轮投资策略和领域

资料来源：根据公开资料整理。

（五）投融资事件分析

1. 机器人产业公开披露投融资金额创新高，更多新兴企业受到资本关注

2021 年，在国家政策导向、新冠疫情催生无接触式市场需求等因素影响下，机器人产业投融资热度同比上升。根据 HRG 样本库数据统计结果，2021 年，机器人产业公开披露 181 起投融资事件，相较 2020 年增加 38 起，数量同比增长 26.57%，相比于全领域增幅 33.7%，增速略低；机器人产业产生投融资金额 536.56 亿元，同比增长 175.95%（见图 11）。

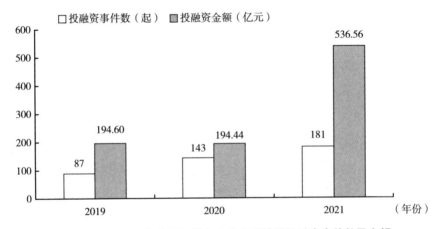

图 11　2019～2021 年中国机器人产业公开披露投融资事件数及金额

资料来源：根据 HRG 样本库数据统计结果整理。

机器人产业新兴企业受到资本青睐，产业仍处于初、中期发展阶段。2021 年，机器人产业投融资事件中，种子/天使轮、B 轮、C 轮占比同比增加较明显，新势力崛起的同时，深耕细分产业的企业经过打磨，在各方面日趋成熟，持续得到资本注资。A 轮、战略投资占比同比减少相对明显，机器人产业仍处于初、中期发展阶段（见图 12）。

服务机器人领域投融资事件数占比依然较高，工业机器人领域投融资热度上升。根据 HRG 样本库数据统计结果，2021 年机器人产业细分领域中，工业机器人和服务机器人领域投融资事件数均同比增长，工业机器人领域共产生

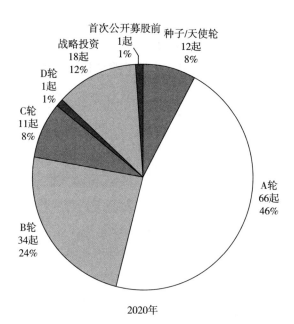

2020年

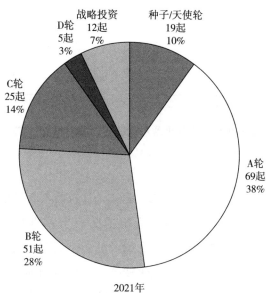

2021年

图 12　2020~2021 年中国机器人产业各轮次投融资事件分布

资料来源：根据 HRG 样本库数据统计结果整理。

30 起投融资事件，同比增长 100%（见图 13），其中传统机器人、协作机器人领域分别发生 19 起和 11 起投融资事件。服务机器人领域共产生 105 起投融资事件，同比增长 23.53%。其中，公共服务机器人领域产生 26 起投融资事件，同比增加 4 起；个人/家用服务机器人领域，家政、教育娱乐机器人领域分别产生 10 起和 8 起投融资事件，相较上年，家政机器人领域增加 1 起、教育娱乐机器人领域持平。特种机器人领域物流系统、医疗机器人热度不减，2021 年分别产生 22 起和 21 起投融资事件，数量上同比分别为增加 8 起和持平。

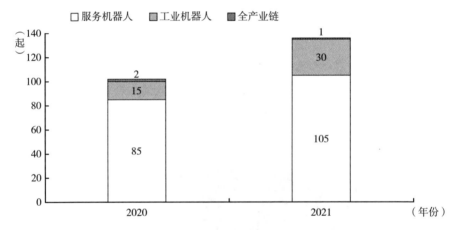

图 13　2020~2021 年中国机器人产业中下游细分领域投融资事件数

资料来源：根据 HRG 样本库数据统计结果整理。

2. 机器视觉领域投融资热度不减，资本关注机器人电池方向

机器视觉领域热度不减，机器人电池受到资本青睐。视觉相对于触觉、嗅觉等，信息感知能力更强，受到产品、市场应用等因素的影响，机器视觉技术研发起步早，产品标准化较高。市场应用的打磨促进机器视觉技术功能优化，提升商业化程度，使其持续受到资本青睐。电池直接关系到机器人在具体场景的应用情况，续航时间长、安全性高等成为机器人电池重点发展方向，资本逐步关注该领域，根据 HRG 样本库数据统计结果，2021 年中国机器人电池领域产生 4 起投融资事件（见表 10）。

表10　2020~2021年中国机器人产业链上游细分领域投融资情况

单位：起，%

细分领域	2020年投融资事件数	2021年投融资事件数	同比增长	2021年占比
机器视觉	24	25	1	55.56
芯片	5	7	2	15.56
机器人电池	1	4	3	8.89
控制系统	1	3	2	6.67
机器触觉	3	2	−1	4.44
减速器	0	2	2	4.44
夹具	4	1	−3	2.22
语音语义	2	1	−1	2.22
机器人关节	1	0	−1	0

资料来源：根据HRG样本库数据统计结果整理。

3. 酒店机器人、商用清洁机器人持续受到资本青睐，协作机器人、医疗机器人领域资本热度不减

资本注重商业化落地程度，协作机器人、医疗机器人等领域受到资本助推稳步发展。随着产品实现商业化落地，产品不断优化迭代，公共服务机器人领域中的酒店机器人、餐饮机器人、商用清洁机器人持续受到资本青睐，成为机器人领域热门赛道。工业机器人领域受到国家政策、技术发展等因素的影响，协作机器人企业深耕相关领域，获得资本注资。因互联网电商带来的市场机遇，特种机器人领域物流系统产品市场规模不断扩大，国内头部物流机器人企业出货量累计达万台，吸引资本关注物流机器人领域。医疗机器人领域的医用机器人、康复机器人热度较高，虽然在我国医疗领域这两款产品的应用仍处于导入阶段，但从使用效果看，规模化推广已成为必然趋势（见表11）。

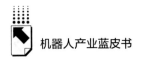

表 11　2020~2021 年中国机器人产业及细分领域投融资事件数

单位：起

			2020 年	2021 年	增幅
全产业链			2	1	-1
细分领域	工业机器人	工业机器人	12	19	7
		协作机器人	3	11	8
	服务机器人	个人/家用服务机器人	家政机器人		
			9	10	1
		教育娱乐机器人	8	8	0
		公共服务机器人 商业服务机器人	22	26	4
		特种机器人	建筑、拆除/检查和维护系统		
			8	15	7
		救援与安全应用	3	2	-1
		物流系统	14	22	8
		野外机器人	0	1	1
		医疗机器人	21	21	0
合计			102	136	34

资料来源：根据 HRG 样本库数据统计结果整理。

4. 独角兽企业主要分布在智能清洁、仓储物流等领域，公共服务机器人领域出现千里马企业

智能清洁、仓储物流等领域产生新的独角兽企业（成立不到 10 年，估值超 10 亿美元，未上市），资本青睐公共服务机器人领域，助推企业成为机器人产业千里马（估值高于 10 亿元人民币，不足 10 亿美元）。2020~2021 年持续被资本关注的独角兽企业，包括地平线、Geek＋、追觅科技等，涉及芯片、仓储物流、家用机器人等领域（见表 12）。2021 年新上榜的 3 家企业中，追觅科技主攻智能清洁电器赛道，海柔创新专注箱式仓储机器人，思灵机器人的产品涉及机器人操作系统、智能力控机器人、仿人型五指灵巧手、智能柔性机器人操作平台等。2020~2021 年持续被资本关注的千里马企业，包括云鲸智能、擎朗智能、中智卫安等，涉及领域包括扫地机器人、餐饮机器人、系统集成、机器视觉、智能仓储等（见表 13）。

表 12　2020~2021 年中国机器人领域部分独角兽企业

企业名称	细分领域	企业名称	细分领域
地平线	芯片	海柔创新	仓储物流
Geek+	仓储物流	思灵机器人	工业机器人
追觅科技	家用机器人		

资料来源：根据公开资料整理。

表 13　2020~2021 年中国机器人领域部分千里马企业

企业名称	细分领域	企业名称	细分领域
云鲸智能	扫地机器人	梅卡曼德机器人	机器视觉
擎朗智能	餐饮机器人	普渡科技	餐饮机器人
中智卫安	系统集成	快仓	智能仓储

资料来源：根据公开资料整理。

二　中国机器人产业资本市场现存问题及对策建议

（一）部分企业盲目跟风布局机器人产业，业绩不及预期

部分企业盲目入局机器人产业，因业绩不佳而快速退出市场。机器人产业因高端精密智能化制造方式、降本增效等优势成为焦点行业，部分企业看到国内外巨大的自动化市场规模，在无充分技术、市场、人才等资源支撑的情况下，快速入局机器人产业，但又因无核心技术、市场门槛高，所投资源并未获得营收利润，企业被迫收缩或放弃机器人领域业务，转而主要聚焦高营收市场。如 GQY 视讯曾在安防机器人等服务机器人领域有所布局，但因企业资源有限、市场竞争激烈，在近两年收缩机器人相关业务，将生产重点放在更能产出利润的大屏拼接显示系统、系统集成业务上。据 GQY 视讯公开披露的历年年报数据，2019 年，该企业机器人业务营收占比为 1.99%；2020 年，机器人相关产业营收占比为 0.72%；2021 年，在年报数据中几乎看不到机器

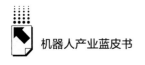
人业务相关情况。

因宏观政策的引导支持、产品技术的研发创新、解决方案的规模化落地，机器人产业能够升级、赋能制造业，且在工业、服务业等领域存在市场潜力，不断吸引政府补贴、资本市场资金的注入。但补贴、奖励、资本等资金形式推动机器人产业生态发生一定的变化，一批抱有投机心态的企业或个人进入机器人产业，一旦获取补贴，就撤出该业务领域。针对上述问题，提出以下建议。

第一，国内机器人产业进入快速发展阶段，机器人企业需要聚焦技术，投入资源在产品应用的广度、深度、高度上下功夫，深耕细分业务领域；同时，灵活把握市场发展机遇，目前已有企业抓住新能源行业的历史性发展机遇，成功进入新能源动力电池企业供应链，取得量产订单，营收规模大幅提升。

第二，政府鼓励企业聚焦细分领域"专精特新"发展；发挥各类基金的引导带动作用，将资源向实干企业倾斜，并相应设立扶持复核制度，避免部分企业"投机"。

第三，资本市场尊重机器人产业发展规律，客观看待被投企业管理团队名校背景、创业故事等光环，更加注重企业技术、产品、行业积累等条件；给予企业战略实施自主权，即使短期内发现企业成长不如预期，也不过分施加管理压力，以避免企业经营、研发等执行活动变形。

（二）企业出海收并购未能识别关键风险点，部分项目后期整合无法达到预期效果

随着时代发展，众多中国企业走出国门、布局全球，其中不少企业试图利用跨国收并购寻求新的利润增长点、占领新的市场以及成为全球竞争的领导者，并希望通过海外并购获取国外先进的技术、品牌和管理经验。但近年来，国际形势波谲云诡，贸易保护主义有所抬头，导致全球投资环境趋于恶化，部分机器人企业跨国收并购未能识别关键风险点，被当地政府叫停，还有部分项目在收并购完成后无法进行很好的资源整合优化，存在种种困难及陷阱。

前期尽职调查不足，海外并购受阻。部分机器人企业缺乏尽职调查专业经验，对并购标的所处地区的经济社会环境了解甚少。同时，由于语言、文化和理念的差异，在当地招募的商务、财务和法务顾问的专业指导意见有时不被采信，或不能及时送达关键决策方，企业无法正确识别关键风险点。以埃夫特为例，2022年3月，埃夫特拟以现金200万欧元收购ROBOX 9%股权，把对后者持有的股权进一步增加到49%。同时，埃夫特还与ROBOX签订《技术许可协议》，ROBOX将对埃夫特进行技术转移并授权使用，埃夫特将为此支付技术服务费和特许权使用费，但该交易在同年6月被意大利动用"黄金权力"法案否决。

并购战略和目的含混不清，缺乏清晰的并购路线图，或对协同效应理解不足，导致并购后整合困难重重。以美的集团收购KUKA为例，在收购之初，美的集团对KUKA控股比例近95%，但为了顺利完成这项跨国收购，美的集团与KUKA签订了一系列具有约束力的投资协议，并做出各项承诺，包括将完全尊重KUKA的品牌及知识产权，并订立隔离防范协议，承诺保护商业机密和客户数据，以维持KUKA与其一流客户及供应商的稳定关系等。针对上述问题，提出以下建议。

第一，企业要让海外并购成为助推公司发展的强力引擎，需要培养和提升与海外并购相关的战略、组织、流程和管控等一系列核心能力，同时充分利用"外脑"和内部资源，根据公司远景和战略，结合行业发展趋势分析政策走向、技术发展趋势、消费习惯变化等，梳理企业海外并购的优先发展领域，制定清晰的海外并购战略。

第二，在并购过程中，企业应有效管理尽职调查、谈判和审查流程，识别交易风险和有效决策，进行整合规划和执行，实现协同效应和公司成长。同时，企业应建立针对不确定性和变化的管理机制，以适应不断改变的内外部环境。

（三）资本扶持下企业无序扩张，经营能力不足导致资金链断裂

2020~2021年，随着国家倡导大力发展实体经济，大量互联网背景的基

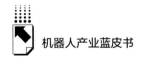

金和投资人进入机器人领域，推动行业快速发展，但也在一定程度上导致泡沫风险。由于这些基金惯于采用互联网投资思路来看技术投资，名校、专家、高科技的故事成为判断标准，用钱堆出行业头部，先形成垄断，再寻找商业模式，因此部分企业为了提升自身估值和迎合投资机构，过于在意资本的短期要求，而忽视了长远的发展布局。

一些企业为向投资人证明业绩以便拿到后续融资，就会选择急速扩张和不计成本地开拓新业务，而当上一轮融资消耗完毕，下一轮融资无法衔接时，各种问题便会充分暴露出来。以普渡科技为例，根据 IT 桔子数据库数据，截至 2022 年 6 月，普渡科技已进行 7 轮融资，融资总额超 10 亿元人民币，投资方包括腾讯、红杉资本、美团等，在强大的资本加持下，普渡科技开始急速扩张，仅一年时间就从 300 人扩充到 3000 人，并开发出众多新产品，但在 2022 年 7 月被曝出商业模式仍未跑通，订单增长乏力，营利困难重重，最终决定裁员千人并缩减业务规模。针对上述问题，提出以下建议。

第一，企业要聚焦主业，在细分领域做好产品及成本控制，让运营回归商业本质，无需过分在意资本对短期业绩要求而做出妥协，应最大限度减少运营风险，保持良好的现金流，将长远可持续发展放在第一位。

第二，企业在融资前要制定全面严谨的融资战略，了解公司运营的关键数据；明确融资规模及相应的运营目标、估值目标，不断发力保证业绩持续增长；确认融资时间规划，安排好关键时点的行动，由于产品的研发过程经常比预测时间要长，销售量要达到预定目标，往往也会花费更多的时间，因此建议为融资预留出足够的缓冲时间及资金。

（四）投资机构青睐高成长空间项目，"卡脖子"、投资回报期长等技术领域有待进一步引导发展

目前，机器视觉、公共服务机器人、医疗机器人等领域仍是机器人资本市场热门投资赛道。究其原因，机器视觉技术与产品已经融入智能制造、数字经济、新型基础设施建设等国家战略，可广泛应用于电子、汽车等工业制

造业；公共服务机器人伴随应用场景和服务模式的拓展，市场规模快速增长，尤其是在新冠疫情期间，无人导览、清洁卫生、公共防疫等需求进一步带动市场发展；医疗机器人凭借精度高、临床适应性强、交互性好、辅助医生等特点，成为单位价值最高的服务机器人，不断吸引机器人产业资本的关注。这些技术及产品在近几年内，具备明确的市场应用前景及商业落地价值，资本市场投资后可在短期内获得相对明确的回报。反之，救援与安全机器人、野外机器人等细分领域，因市场规模相对较小、技术门槛高、大规模推广复制难、投资回报期长，暂未成为机器人产业资本市场热门方向，相关企业面临资金压力大等经营问题，不利于产业健康发展。针对上述问题，提出以下建议。

第一，政府鼓励企业自主研发，扎实深耕业务领域，潜心经营与发展，以提升技术和市场能力，建立市场竞争优势，提升利润空间，引导优秀企业主动学习资本相关知识，接触、了解、吸引资本。

第二，在尊重市场经济及资本投资规律的前提下，政府发挥宏观引导作用，针对"卡脖子"核心技术、机器人特殊领域应用、市场规模偏小等技术及产品方向，出台税收、奖励等配套支持政策，鼓励企业布局相应业务，实现机器人全产业链强链、补链。

第三，政府可建立引导基金等专项资金，发挥财政杠杆放大效应，吸引地方政府、投资机构和社会资本，增加创业投资资本供给，鼓励企业创业和技术创新，纠正市场机制导致的资源自行调节失灵问题。

三 中国机器人产业资本市场发展趋势

（一）无核心技术企业逐渐退出市场，企业更加注重盈利能力建设

部分企业因无核心技术，逐步退出机器人市场。近年来，中国机器人产业整体市场规模持续扩大，部分公司陆续涉足该领域，通过投资、收并购、成立公司等方式实现业务布局。但伴随产业发展和技术创新，机器人产业的

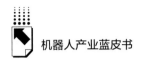

"大浪淘沙"也在持续进行,部分企业坚持加大研发投入力度、深耕市场、灵活把握市场机遇等经营策略,成功在激烈的市场竞争中占有一席之地;也存在少数企业业务发展不及预期,原因主要在于未全面认识机器人产业业务复杂性,且自身无核心技术,无法在细分领域取得竞争优势,企业只得大规模收缩机器人业务或直接退出机器人领域。

企业持续提升盈利能力,增强经营韧性。2021年,国际关系不稳定等因素导致全球供应链受到明显影响,芯片短缺、原材料价格上涨、国际货运不畅等困难大幅提升企业经营压力。面对种种不利影响,国内机器人企业主动适应市场环境,通过提高企业管理水平、增加研发费用、拓展市场渠道等措施,大部分上市企业营收实现增长。未来,国内外复杂的市场形势仍将持续,机器人企业唯有灵活把握市场机遇、注重技术研发创新、提高生产效率、降低生产成本、建立客户服务体系等,才能提升自身盈利能力。此外,盈利能力不仅关乎企业健康可持续发展,也是政府、投资人等企业外部关系人十分重视和关注的指标。

(二)机器人产业链"专精特新"发展成为趋势,北交所将成为机器人中小企业规模上市地

中小企业作为机器人产业链中的重要参与者,对市场需求反应灵敏,是创新的主力军和重要源泉。随着国家持续推进"专精特新"战略,机器人产业链将加速重构,中小企业将迎来更低成本融资渠道和更好发展机会。

"专精特新"支持力度呈现加大态势,助力机器人产业生态逐步完善。近年来,我国强化制度引领,优化顶层设计,不断出台"专精特新"培育政策,推动机器人产业链创新链加速重构。"专精特新"中小企业所具备的针对单项细分领域进行长期攻坚、技术创新的特点,有助于对我国机器人产业链中细分领域的短板进行技术突破和填补,推动机器人产业链创新链纵向一体化整合与横向专业化分工相互促进,以培育更多的创新企业,为机器人产业带来更多创新动力。

北交所为机器人企业提供了借助资本市场发展的良好机会,机器人产业

细分领域中的中小企业将迎来更低成本的融资渠道、更好的发展环境。长期以来，回报周期长、利润率低、技术难度大的机器人细分产业链中的中小企业难以跨过主板/科创板/创业板的门槛，而"新三板"流动性不佳，整体融资非常困难。作为服务于创新型中小企业的主阵地，北交所更加尊重机器人中小企业发展规律和成长阶段，制度包容性和精准性更高，将逐渐成为机器人中小企业上市的主流选择。

（三）科技巨头多维度助推或将催生世界级机器人企业，加码战略布局以抢占未来竞争主导权

随着机器人、人工智能、云计算等技术的发展，中国科技企业开始致力于探索智能机器人应用的无限可能，并将机器人视为第四次科技革命的突破口。在这种趋势下，中国科技巨头将持续以资金、资源注入机器人赛道，或将催生世界级机器人企业，此外巨头自身也将不断加码智能机器人业务，以抢占未来竞争主导权。

从近年来的投融资项目布局可以看出，美团、字节跳动、阿里巴巴、腾讯、百度、华为等科技巨头的战略投资身影开始频繁出现在机器人赛道。2021年3月，美团透露机器人已经成为其投资的关键垂直领域之一，投资布局涵盖服务机器人、医疗机器人、清洁机器人等多个品类，押注盈合机器人、高仙机器人、康诺思腾等企业；2021年7月，字节跳动领投Syrius炬星B轮融资，此外陆续投资了云鲸智能、盈合机器人、迦智科技、未来机器人等多家机器人公司，大举进军机器人赛道。不同于只追求投资回报的风投机构，众多科技巨头坐拥海量的用户和数据，除了资本助跑，还能以数据赋能、高效获客、运营支持等多重方式推动机器人应用规模扩大。而随着机器人数据量变多，其算法迭代将趋于完善，智能化程度也将随之大幅提高，适用的场景及价值将爆发式扩展和增长，或将催生数家世界级机器人企业。

此外，作为战略布局的路径延伸，预计科技巨头自身将针对智能机器人进行更多研发与试水，进行技术储备以在未来抢占制高点。据不完全统计，

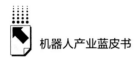

目前以不同形式涉足机器人业务并至少拥有一件机器人产品的科技集团，就有阿里巴巴、腾讯、百度、京东、字节跳动、美团、小米等。以小米为例，其推出开源四足机器人 CyebrDog，以开源的方式集成最好的技术能力，将来面对应用场景能够快速进行开发与落地。对于科技巨头而言，智能机器人不仅是简单的第二增长曲线，更将激发新的战略想象，将有越来越多的科技巨头躬身入局，把控未来行业格局和竞争主导权。

（四）机器人产业良性发展，企业估值趋于理性

近年来，机器人产业处于国内外投资风口，一方面，机器人属于高新技术领域，市场竞争门槛高；另一方面，资本看好机器人领域，项目发展潜力大，投资回报高，致使资本源源不断地涌入机器人行业。伴随国内机器人企业的快速成长，资金需求日益强烈，部分无核心技术、竞争力不强的企业逐渐被淘汰。机器人产业不断经历行业洗牌，促进资本市场更加规范，使资金逐渐流向具备核心竞争力的高成长性企业，主要表现在风投机构青睐长期投资优质项目，投融资案例中 B 轮及 B 轮后融资占比不断提升。在 2020 年以前，国内机器人产业融资案例以 A 轮及 A 轮前为主，而在 2021 年，B 轮及 B 轮后融资案例占比接近 50%。

国内机器人产业快速发展，企业更加注重技术积累、产品方案打磨、盈利能力提升，已有部分企业成功登陆科创板、创业板等，进一步融入资本市场。在此过程中，企业经营情况、财务数据等信息更加透明，将帮助政府、风投机构等主体了解机器人产业实际发展水平，完善企业估值标准，促进产业进入理性发展阶段。

四　机器人产业典型投资机构介绍

（一）IDG 资本

IDG 技术创业投资基金又称 IDG 资本，专注于投资中国技术型企业以及

以技术和创新为驱动的企业。

IDG 资本侧重投资机器视觉等上游领域，以及应用市场较大的 C 端产品，被投企业发展阶段相对成熟。2020~2021 年，IDG 资本在机器人领域的投资轮次偏向 B 轮以后，选择的企业发展阶段相对成熟，涉及的细分领域包括机器视觉、家用清洁机器人等（见表 14）。

表 14　2020~2021 年 IDG 资本在机器人领域部分投资情况

年份	被投方	轮次	细分领域
2021	优艾智合	B 轮	市政工程机器人
2021	追觅科技	C 轮	家用清洁机器人
2021	梅卡曼德	C+轮	机器视觉
2021	天太机器人	B 轮	工业机器人
2020	追觅科技	B+轮	家用清洁机器人
2020	天太机器人	战略投资	工业机器人

资料来源：根据公开资料整理。

（二）红杉资本

红杉资本于 1972 年在美国硅谷创立，投资领域包括科技、消费服务业、医疗健康和新能源、清洁技术等，在中国、印度设有本地化基金。

红杉资本倾向于对企业持续跟投，致力于培育赛道龙头企业。2020~2021 年，红杉资本较活跃，投资涉及仓储物流、教育娱乐机器人、机器视觉、餐饮机器人等机器人细分领域（见表 15）。

表 15　2020~2021 年红杉资本在机器人领域部分投资情况

年份	被投方	轮次	细分领域
2020、2021	梅卡曼德	B 轮、B+轮、C 轮、C+轮	机器视觉
2020、2021	思灵机器人	A 轮、B 轮、C 轮	工业机器人
2020	云鲸智能	C 轮	扫地机器人
2021	赋之科技	A 轮	教育娱乐机器人

年份	被投方	轮次	细分领域
2021	乐森机器人	B 轮、B+轮	教育娱乐机器人
2020、2021	宇树科技	Pre-A 轮、A 轮	教育娱乐机器人
2020、2021	普渡科技	B+轮、C 轮、C+轮	餐饮机器人
2020、2021	Syrius 炬星	A+轮、B 轮	仓储物流
2021	海柔创新 KUBO 库宝	C 轮、D 轮	仓储物流
2021	元化智能	A 轮	医用机器人
2020	筑橙科技	战略投资	市政工程机器人

资料来源：根据公开资料整理。

（三）深创投

深圳市创新投资集团（以下简称"深创投"）于 1999 年成立，侧重技术领域布局，助推医疗机器人、协作机器人等领域持续发展。深创投倾向扶持早期企业，投资企业多处于早期发展阶段，涉及领域包括机器视觉、医用机器人、酒店机器人等（见表 16）。

表 16　2020~2021 年深创投在机器人领域部分投资情况

年份	被投方	轮次	细分领域
2020	SRT 软体机器人	B 轮	夹具
2020、2021	元橡科技	A 轮、A+轮	机器视觉
2020	诠视科技	A 轮	机器视觉
2020	芯歌	A 轮	芯片
2021	迦智科技	B+轮	移动机器人
2021	珞石机器人	C+轮	协作机器人
2021	景吾智能	A 轮	酒店机器人
2020	潜行创新	A 轮	商用水下机器人
2020、2021	元化智能	天使轮、A 轮	医用机器人
2021	科凯达	战略投资	巡检机器人
2020	丰疆智能	战略投资	智能仓储

资料来源：根据公开资料整理。

B.8
中国机器人产业人才发展报告
（2022~2023）

崔志远　王心怡*

摘　要： 机器人产业是我国高端制造业重点领域之一，对技术从业者知识
　　　　 要求高且培养周期长，随着机器人的行业渗透更加趋于多元化，
　　　　 人才供求比将持续扩大，应用型人才需求尤为突出。这既和中国
　　　　 机器人产业快速发展有关，也和机器人产业人才培养教育机制中
　　　　 政策、企业和院校间暂未深度融合有关。未来复合型高端人才将
　　　　 成为引领产业创新的主要助力，技术应用型人才将成为产业发展
　　　　 的重要保障。因此，应由政府指导机器人产业持续壮大高质量创
　　　　 新人才队伍以驱动创新发展，并分类实施机器人产业人才政策，
　　　　 同时加强新职业技能标准开发，进一步规范治理校企合作，实现
　　　　 与国际接轨，多维度培养人才以引领产业进步。

关键词： 机器人产业　机器人产业人才　人才培养

近年来，对于发展机器人产业，从世界各国出台的政策角度看，政策级
别已上升至国家战略层面。目前，我国正处于新旧动能转换阶段，国家持续
推动高端智能装备制造产业的发展及应用，促进传统制造业加速转型，机器
人自动化设备的系统集成需求逐步扩大。

---

* 崔志远，云南财经大学工商管理专业硕士，曾参与多项课题的研究工作，主要研究方向为经济体制
改革、新兴智能装备与劳动力就业关系、创新战略与创新绩效以及政产学研融合；王心怡，云南财
经大学工商管理专业硕士，主要研究方向为非核心企业创新绩效、人力资源管理、企业文化。

2022 年 10 月，中共中央办公厅、国务院办公厅印发《关于加强新时代高技能人才队伍建设的意见》，确定主要任务目标为到"十四五"时期末，高技能人才制度政策更加健全、培养体系更加完善、岗位使用更加合理、评价机制更加科学、激励保障更加有力，力争到 2035 年，技能人才规模持续壮大、素质大幅提高，高技能人才数量、结构与基本实现社会主义现代化的要求相适应。在整个工业生产链中，较长时间内机器人无法完全取代人的位置。

从现象上看，中国机器人的应用正在实现普及化、广泛化，机器人自动化产品也呈现了多样化的发展趋势，能够适用各种场景、各种类型的机器人自动化产品如雨后春笋般涌现。从本质上看，虽然机器人产业具有较为广阔的职业发展前景，但是目前我国的机器人产业人才缺口仍然巨大，主要原因是受限于机器人产业对人才的专业化要求。国家统计局数据显示，2021 年，中国 16~59 岁劳动年龄人口仅占全国总人口的 62.5%，自 2013 年起这一数据已经连续 9 年下降（见图 1）。

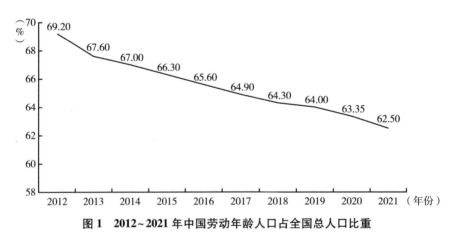

图 1　2012~2021 年中国劳动年龄人口占全国总人口比重

资料来源：国家统计局。

因此，在整个机器人产业发展中，人才的影响显得愈加重要，本报告将从中国机器人产业人才发展现状、现存问题、发展趋势和发展建议四个方面做深度分析。

一 中国机器人产业人才发展现状

（一）机器人产业人才分类

随着机器人产业的市场潜力不断释放，机器人自动化装备正助力各行业的转型与升级，相关应用的广度和深度也在加速拓展，但由于其应用场景复杂，因此对机器人产业人才提出了更高层次的需求。

根据《制造业人才发展规划指南》等文件，机器人领域人才类型主要包括经营管理人才、专业技术人才和技能人才。而在实际工作场景中，严格的人才分类并不能满足企业的需求，大多数机器人产业相关企业需要的是全栈型、复合型人才，以此来解决企业在发展过程中可能遇到的研发问题、系统集成问题或应用技术操作问题。

工业机器人密度和生产率水平正向相关，是衡量一个国家制造业自动化发展程度的重要标准之一，工业机器人不仅具有成熟的技术，细分应用场景下专用性、规模化程度也很高。因此在人才规模上，工业机器人领域从业人员数量较为庞大，并且已经形成相对清晰的分类与完善的结构。本报告重点对工业机器人领域人才发展现状进行分析。广义的机器人领域与工业机器人领域相比，定义较为模糊，本报告暂不讨论。

（二）机器人产业人才分布情况

1.地域分布情况

中国机器人产业的人才分布可以用经济地理学的相关研究方法来分析，即中国机器人产业的人才分布与机器人企业的空间分布及演化密不可分。中国机器人产业相关企业大致可以分为三类：机器人生产企业、机器人自动化装备集成企业以及终端用户。这三类企业能够大量吸收机器人产业人才。从地域分布情况看，机器人产业相关企业的选址偏好能够直接反映该特定区域营商环境，环境好则能够预测该区域机器人产业相关企业整体发展趋势、产

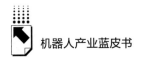

业布局以及人才分布。

长三角地区驱动作用突出，中国机器人产业相关企业在该区域呈现聚集趋势，不仅有发那科（FANUC）、ABB、安川（YASKAWA）、库卡（KUKA）等国际知名企业，而且有新时达、新松等国内领军企业。经过多年发展，长三角地区目前拥有较为完整的工业机器人产业链条，这有利于机器人企业在该区域形成开放市场和企业关系网络，更有利于企业间异质信息的传递，对于以核心企业为主导带动非核心企业创新绩效具有积极作用，因此该区域吸引了大量机器人产业高质量人才聚集。

粤港澳大湾区以深圳为中心辐射四周，深圳高新区南山科技园是创新创业的重点区域，聚集了大量机器人产业初创企业。依托"1区5园"战略，该区域正以深圳为中心带动周边城市群强化工业机器人全产业链部署。《深圳经济特区高新技术产业园区条例》等明确要求，进驻企业须为高新技术产业及其他智力密集型产业，这为机器人产业初创公司的孵化奠定了良好的产业环境基础，也吸引了大量机器人产业创新创业人才向该区域聚集。

京津冀地区以北京为综合主导，机器人产业相关企业对智力资源具有强烈需求，由于该区域拥有清华、北大、中科院等国内顶尖高校及科研院所，因此高等教育资源优势居全国首位，机器人产业相关企业围绕这些高校及科研机构借势发力，对机器人研发、创新及产业调整产生积极影响，形成以特种机器人为主要发展方向的产业链条，尤其是协作机器人、物流配送机器人、医疗机器人等最为突出，同时带动津冀企业集群发展，直接吸引大量机器人产业人才流入。

东北地区所面临的经济转型升级压力较大，经济增长缓慢且人口萎缩，人才大量外流至长三角、粤港澳、京津冀区域，工业基础上偏向重工，属于发展不平衡不充分的区域。从产业链与价值链来看，中间品占比较高，产业链过短问题凸显。目前，东北地区成功培育一批战略性新兴智能装备制造龙头企业，加强科技创新效果显著，能够在一定程度上实现资金、技术、人才等要素的空间集聚，加速产业体系构建与强化，围绕哈尔滨工业大学等众多知名高校、国家重点实验室、国家工程技术研究中心及机器人产业相关企业，对工业机器人、医疗机器人等领域高端产品开展创新攻关，组建创新生态群，培育严格集团、新松机器人、博实股份等国内优秀机器人企业，凭借可持续增长的新业态内生动力吸引了较多人才。

中部地区与西部地区均依靠自身政策优势及科研环境，吸引了以工业机器人为主的机器人产业外溢资源集聚，产业链日趋完整，加之地方相关政策支持力度较大，为中部和西部地区吸收了较多产业人才。

因此，国内机器人产业人才仍然主要集中在长三角、粤港澳和京津冀地区，各区域人才在规模、质量及研发方向等方面存在差异。

2. 行业分布情况

机器人产业人才主要集中在机器人生产企业、系统集成企业以及终端用户。从数量上看，据天眼查数据，截至 2022 年 10 月 13 日，中国机器人产业相关企业（存续/在业状态）数量超过 47.6 万家。[①] 2012~2019 年，中国机器人产业相关企业新增数量较少；2020~2022 年，中国机器人产业相关企业新增数量出现明显增长。而从行业领域来看，电气电子设备及汽车行业是目前中国机器人产品重点应用行业，人才集聚较为明显，其中家电行业工业机器人产品应用占比逐年走高，行业人才需求旺盛，2018~2020 年占比增长 3.62 个百分点；汽车行业工业机器人产品应用占比逐年降低，2018~2020 年下降 9 个百分点，但依旧是机器人产业人才重点集聚行业。

从行业角度来看，机器人产品在应用端的使用情况是分析人才流动方向的重要参考指标之一，可以预计，随着传统制造业智能化转型升级、精细化程度不断提高、人力成本不断上升，机器人产业人才仍将持续集中在电气电子设备及汽车行业。

（三）机器人产业人才主要来源

2021 年 12 月，工业和信息化部、国家发展和改革委员会、科学技术

---

① 参见天眼查网站，https：//www.tianyancha.com/search? key=%E6%9C%BA%E5%99%A8%E4%BA%BA&sessionNo=1675306673.70783652。

部、公安部、民政部等 15 个部委正式印发《"十四五"机器人产业发展规划》,其中明确指出要发展中国机器人产业就要健全人才培养保障体系。

1. 高校和科研院所培养

2015 年东南大学开设"机器人工程"专业以来,国内多所高校及科研院所注重对机器人专业技术及复合型高端人才的培养。根据历年教育部关于普通高等学校本科专业备案和审批结果的通知,2015 年 1 所高校成功备案"机器人工程"专业,2016 年 25 所高校成功备案,2017 年 60 所高校成功备案,2018 年 101 所高校成功备案,2019 年 61 所高校成功备案,2020 年 53 所高校成功备案,2021 年 21 所高校成功备案(见图 2)。7 年间全国已有 322 所高校成功备案"机器人工程"专业,但是我国机器人产业发展速度与人才培养速度之间已经充分暴露不平衡不充分的问题。

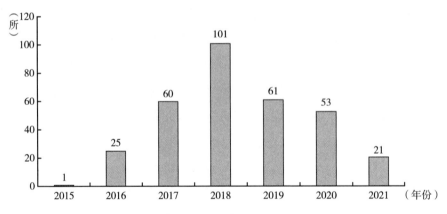

图 2　2015~2021 年高校成功备案"机器人工程"专业情况

资料来源:教育部网站。

目前,国内高校培养机器人产业人才可分为两类。一类是硕博培养,大多集中在最早加入机器人产业人才培养队伍的高校,如哈尔滨工业大学、北京大学、清华大学等,这些高校及相关科研院所培养了大批从事机器人研发、设计、制造等的高层次复合型人才,人才质量能够得到有效保证,但高层次人才培养周期较长,极易出现断层。一类是地方高校培养,这些高校开设机器人专业较晚，人才培养模式仍然处于探索阶段，正逐步趋于完善，课程设置上更偏重控制工程、机械工程与软件工程，但已经为机器人产业输送大量设计、制造等人才。

2. 校企联合，订单培养

国内进行校企联合的主要为高职高专院校和中等职业院校，高职高专院校能够培养理论结合实践的复合型人才，而中等职业院校则更侧重于培养实践操作型人才。从产业角度看，由于国内实践型人才匮乏，采取校企合作配合订单培养的方式能够根据企业的发展目标，合理配置人力资源。国内较为常见的模式是校企双方共同制定培养方案，实现师资、技术和设备等资源的有效整合，加速专业理论向实践过渡。从政策角度看，2014 年 8 月，教育部发布《教育部关于开展现代学徒制试点工作的意见》，对集团化办学提出了意见；2015 年，教育部发布《教育部关于深入推进职业教育集团化办学的意见》，重新修订中职、高职专业目录；2017 年，国务院办公厅印发《关于深化产教融合的若干意见》，教育部等 6 个部门联合印发《职业学校校企合作促进办法》，两份文件都强调要推进产教融合人才培养改革，鼓励企业依法参与举办职业教育，意在提升企业参与校企合作的积极性，并使之更加规范；2019 年，《国家职业教育改革实施方案》坚持知行合一、工学结合，对推动校企合作提出明确要求。

但根据市场反馈，社会中仍存在大量盲目跟风搞合作的现象，未经过科学调研就开办机器人相关专业，导致学生毕业后无法实现有效就业，校企双方都遭受损失。因此，应充分发挥市场的调节作用，让校企双方真正参与人才培养，推进校企一体化落到实处。

3. 企业培养

企业培养是机器人产业人才培养的重要环节，企业能够提供良好的工作环境，有利于员工积累实践经验，在工作中不断提升科研、技术及管理能力。例如，2022 年 7 月，ABB 投资创立奥地利贝加莱全球创新与培训基地，该培训基地能够充分体现 ABB 对人才培养以及教育合作的重视；截至 2022 年，FANUC 支持超过 100 个细分产业、4 万家企业，线下培训超过 45 万人次，线上培训超过 300 万人次，① 不仅自身培养了大量机器人专业人才，而且助力中国机器人产业相关企业提高员工技术和研发水平，以及适应企业升级和技术变迁的能力。

国外机器人厂商进军国内市场的同时，带动国内机器人产业人才的培养。相较而言，国内机器人企业在人才培养方面仍然略显不足，主要体现在专业人才与管理人才的培养仍局限于对个人工作效率的提升，无法系统化建立专项培训、师徒制等较为灵活多样且贴近实际的培训体系。

4. 社会教育机构培养

当前，各种支持职业教育与职业培训的政策出台，为培养高端复合型技能人才奠定了良好的创新创业环境基础。从机器人产业人才培养的周期可以看出，无论是高校培养、校企培养还是企业培养都存在培养周期长的问题，而要在短时间内解决企业人才紧缺问题，是机器人社会教育机构应运而生的主要诱因。

由于机器人研发、生产及应用方面对人才的迫切需要，机器人社会教育机构实现了迅速发展壮大。但目前社会上该种机构成立时间均相对较短且学生质量良莠不齐，尽管如此大多数机器人社会教育机构仍精于钻研技能培训质量的提升与教学设备资源的打造。除此以外，部分机器人社会教育机构拥有一批仍在企业中就职的技术工程师讲师，以实现学员就业为首任。

本报告借助菲利普·科特勒（Philip Kotler）的 STP 理论逻辑（见图 3），将机器人社会教育机构细分为两类：一是以机器人企业为本体，通过相关多元化战略延伸而成立，涉及教育培训的同时兼顾机器人本体的研发、生产、销售，如严格集团哈工海渡、江苏汇博等；二是市场细分、目标市场及市场定位均围绕职业教育组建的机器人教育培训机构，如杭州指南车等。两类机构均以培养机器人系统集成型人才和技术应用型人才为目标。

就培训对象而言，机器人社会教育机构目标市场可分为两类：一是面对

---

① 《产教融合 共筑"智造"新未来 北京发那科亮相世界职业技术教育发展大会》，"光明网"百家号，2022 年 8 月 30 日，https：//m.gmw.cn/baijia/2022-08/30/35989328.html。

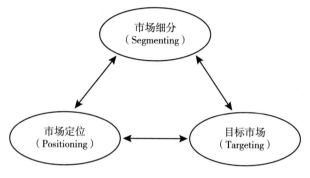

图 3 STP 理论逻辑

资料来源：根据公开资料整理。

机器人企业员工，提供技能提升或岗前培训等相关服务；二是面对高校、大中专职业院校、技术院校的师生，实现校企共建、融合教学。值得注意的是，创客工厂实训基地在行业内作用日渐凸显。部分跨领域技术融合的全栈型、复合型机器人产业人才不需要有高精尖的专业技术，但要对外观、结构、硬件、软件等具有一定深度的了解，这就需要市场上存在跨领域技术融合项目实训，让人才独立制定方案，完成选型、设计、加工、调试等相关内容，实现从项目管理到跨领域技术融合的全方位实训，包括项目管理的九大领域和五大过程。例如，哈工智研机器人创客工厂实训基地，自配多种加工设备、工具，各类主控板、传感器及相关绘图、编程软件，能够一站式完成研发项目的整个过程，使机器人产业人才对项目管理及各技术领域均有一定的了解，迈出向跨领域技术融合全栈型、复合型人才转变的第一步。

此外，行业内培养企业或组织中高层职业管理人才，同样获得社会各界积极响应，例如严格集团繁星学院，意在将学员实践经验同现代管理课程结合，侧重培养学员实际运用能力，课程涵盖生产、金融、战略、营销、人力、运营、创新创业等主题，构建体现前沿理论、符合当前机器人产业发展趋势的课程体系。

（四）机器人产业技能认定

2019 年 1 月，人力资源和社会保障部初步确定 15 个拟发新职业并做出

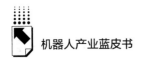

职业定义，其中值得关注的是人工智能工程技术人员、工业机器人系统操作员、工业机器人系统运维员。

2020年1月，人力资源和社会保障部职业能力建设司相关人员表示，由职业资格评价改为职业技能等级认定，改变发证的主体和管理服务方式，实行"谁用人、谁评价、谁发证、谁负责"，职业技能等级认定后，能够对技能人才队伍建设，技能人才培养培训、选拔使用、表彰激励起到积极作用。

2021年1月，人力资源和社会保障部分别与工业和信息化部、公安部联合颁布工业机器人系统操作员、网络与信息安全管理员国家职业技能标准。其中，工业机器人系统操作员属于《中华人民共和国职业分类大典（2015年版）》（以下简称"2015版大典"）第六大类"生产制造及有关人员"。

2022年4月，北京市人力资源和社会保障局印发《关于开展新职业技能等级认定工作的通知》，择优选拔社会培训评价组织，对包括工业机器人系统操作员、工业机器人系统运维员以及人工智能训练师在内的20个新职业劳动者开展技能等级认定工作。取得职业技能等级证书的人员将被纳入北京市技能人才统计范围，立足新产业发展需求，适应新经济发展趋势。

2022年9月，人力资源和社会保障部正式发布《中华人民共和国职业分类大典（2022年版）》（以下简称"新版大典"）。工业机器人系统操作员和运维员等被纳入新版大典，与2015版大典相比，新版大典在保持八大类不变的情况下净增158个新职业，职业数达1639个。

近年多项政策规定的落实，有助于形成以市场为导向，促进机器人产业升级并实现高质量发展的技能人才培养机制。其中，严格集团旗下哈工海渡成功参与工业机器人系统操作员的国家职业技能标准起草工作，减少技能人才发展的制约因素，努力打造一支爱党报国、敬业奉献、技艺精湛、素质优良、规模宏大、结构合理的高技能人才队伍。

（五）机器人产业人才供需现状

伴随传统制造业转型升级，机器人在应用过程中所展现的广度和深度越发值得关注，同时，我国工业机器人使用密度也在不断攀升。据国际机器人联合会（IFR）统计，2021 年，全球工业机器人密度为 141 台/万人，而这个数据在 2015 年仅为 69 台/万人；2015 年，中国工业机器人密度为 38 台/万人，到 2021 年，中国工业机器人密度达到 322 台/万人，增长势头明显，是全球平均水平的 2 倍还多。2021 年，中国工业机器人密度在世界排名第 5，达到历史新高，前 4 名分别是韩国（1000 台/万人）、新加坡（670 台/万人）、日本（399 台/万人）、德国（397 台/万人）（见图 4）。①

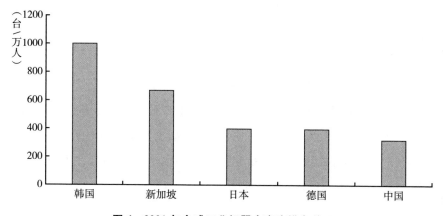

图 4　2021 年全球工业机器人密度排名前五

资料来源：根据国际机器人联合会（IFR）相关资料整理。

我国工业机器人密度的上升不仅意味着岗位供给量上升，也预示着人才需求的攀升。《关于深化产教融合的若干意见》《职业学校校企合作促进办法》等一系列文件，为我国机器人领域的人才培养提供保障。《制造业人才发展规划指南》提出，我国机器人产业的人才供求比为 0.1，明显出现供不应求现象，其中工业机器人相关领域人才缺口达到 300 万人左右，预计 2025 年将达到 450 万人。

2022 年 2 月，人力资源和社会保障部发布 2021 年第四季度国内求职少于招聘的前 100 个职业，其中显示制造业的"缺工"状况持续存在，有 43

---

① 《国际机器人联合会：2021 年，中国工业机器人安装数量占全球近 5 成，密度超美国》，中国国际贸易促进委员会网站，2022 年 12 月 9 日，https://www.ccpit.org/belgium/a/20221209/20221209wajf.html。

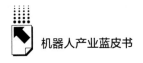
个职业与生产制造有关，其中"工业机器人系统操作员"等职业"缺工"排位再次上升，人才缺口明显扩大。

（六）机器人产业人才待遇

1. 全国专业技术人员、生产制造及有关人员待遇水平

中国工业机器人密度增长较快，为相关专业的机器人产业人才提供了广阔的就业前景。2021 年，全国规模以上企业就业人员年平均工资为 88115 元，同比名义增长[①] 10.3%。其中，专业技术人员年平均工资 125035 元，增长 11.1%；生产制造及有关人员年平均工资 68506 元，增长 9.4%。[②]

从区域分布看，东部地区规模以上企业就业人员中层及以上管理人员、专业技术人员、办事人员和有关人员、社会生产服务和生活服务人员以及生产制造及有关人员 5 类岗位年平均工资最高，分别为 210100 元、143786 元、93353 元、74762 元和 71576 元；中部地区 5 类岗位年平均工资最低（见表 1）。

表 1　2021 年分区域分岗位就业人员年平均工资

单位：元

区域	规模以上企业就业人员	中层及以上管理人员	专业技术人员	办事人员和有关人员	社会生产服务和生活服务人员	生产制造及有关人员
东部地区	97801	210100	143786	93353	74762	71576
中部地区	70012	127581	89112	63509	54365	61288
西部地区	78597	149570	104000	69907	59980	67801
东北地区	76705	146457	90495	73038	64539	65934
合计	88115	180630	125035	82512	68022	68506

资料来源：《2021 年规模以上企业就业人员年平均工资情况》，国家统计局网站，2022 年 5 月 20 日，http：//www. stats. gov. cn/xxgk/sjfb/zxfb2020/202205/t20220520_ 1857637. html。

---

① 文中增长，除特别指出外，均为名义增长。

② 《2021 年规模以上企业就业人员年平均工资情况》，国家统计局网站，2022 年 5 月 20 日，http：//www. stats. gov. cn/xxgk/sjfb/zxfb2020/202205/t20220520_ 1857637. html。

分行业分岗位就业人员年平均工资中，专业技术人员年平均工资最高的行业是信息传输、软件和信息技术服务业，年平均工资为225938元，制造业专业技术人员年平均工资为117611元；生产制造及有关人员年平均工资最高的行业是电力、热力、燃气及水生产和供应业，年平均工资为115134元，制造业生产制造及有关人员年平均工资为68024元（见表2）。

表2　2021年分行业分岗位就业人员年平均工资

单位：元

行业	规模以上企业就业人员	中层及以上管理人员	专业技术人员	办事人员和有关人员	社会生产服务和生活服务人员	生产制造及有关人员
采矿业	102259	198534	129137	106756	64734	92323
制造业	82667	167097	117611	85614	83429	68024
电力、热力、燃气及水生产和供应业	128047	219948	147260	99057	105149	115134
建筑业	68577	123273	82424	58191	55998	61333
批发和零售业	92838	181026	114545	83590	67535	62399
交通运输、仓储和邮政业	104241	199151	149998	89867	96276	87293
住宿和餐饮业	51677	100892	60933	50293	44431	43462
信息传输、软件和信息技术服务业	197353	386705	225938	136772	128032	90433
房地产业	86144	185815	110070	78237	54458	57469
租赁和商务服务业	88383	271194	139804	86235	60161	65675
科学研究和技术服务业	152191	290673	154179	103840	96390	85527
水利、环境和公共设施管理业	52337	158804	105982	67192	36625	54344
居民服务、修理和其他服务业	54900	117895	79026	68360	44916	54496
教育	102281	185672	106035	92436	83121	62407

续表

行业	规模以上企业就业人员	中层及以上管理人员	专业技术人员	办事人员和有关人员	社会生产服务和生活服务人员	生产制造及有关人员
卫生和社会工作	97636	172559	98874	73566	62034	72914
文化、体育和娱乐业	118985	215792	173311	96562	62636	58130
合计	88115	180630	125035	82512	68022	68506

资料来源：《2021年规模以上企业就业人员年平均工资情况》，国家统计局网站，2022年5月20日，http://www.stats.gov.cn/xxgk/sjfb/zxfb2020/202205/t20220520_1857637.html。

分登记注册类型分岗位看，专业技术人员年平均工资最高的是港澳台商投资企业，年平均工资为201726元；生产制造及有关人员年平均工资最高的是国有企业，年平均工资为89138元；专业技术人员、生产制造及有关人员年平均工资最低的均为集体企业，年平均工资分别为67553元和50974元（见表3）。

表3　2021年分登记注册类型分岗位就业人员年平均工资

单位：元

登记注册类型	规模以上企业就业人员	中层及以上管理人员	专业技术人员	办事人员和有关人员	社会生产服务和生活服务人员	生产制造及有关人员
国有企业	109914	223372	143470	102096	79308	89138
集体企业	57562	112074	67553	55031	50237	50974
有限责任公司	93606	197067	130867	83142	71833	73270
股份有限公司	108377	249906	143763	99520	82061	82205
私营企业	69558	124641	90570	65393	53963	59640
港澳台商投资企业	112144	283854	201726	121069	88502	72210
外商投资企业	124622	352263	188436	133842	92067	81263
其他企业	81153	143047	95735	69724	58662	57924
合计	88115	180630	125035	82512	68022	68506

资料来源：《2021年规模以上企业就业人员年平均工资情况》，国家统计局网站，2022年5月20日，http://www.stats.gov.cn/xxgk/sjfb/zxfb2020/202205/t20220520_1857637.html。

2. 机器人产业研发型人才待遇水平

2022 年，国内机器人研发工程师月平均薪酬①为20930 元，2022 年月平均薪酬高于 2021 年，2021 年月平均薪酬为 19331 元，2022 年较 2021 年增长 8.3%，增幅明显；对比国内机械制造产业整体情况，2022 年，国内机械工程师月平均薪酬为 11780 元，2022 年月平均薪酬不及 2021 年，2021 年月平均薪酬为 11959 元，2022 年较 2021 年下降 1.5%。2014~2020 年机器人研发工程师各年的月平均薪酬分别为 11499 元、8241 元、9943 元、10091 元、13406 元、15768 元和 15691 元（见图 5）。

图 5 2014~2022 年中国机器人研发工程师与机械工程师月平均薪酬对比

资料来源：根据职友集资料整理。

3. 机器人产业技术应用型人才待遇水平

2022 年，国内机器人应用工程师月平均薪酬②为 14890 元，2022 年月平均薪酬高于 2021 年，2021 年月平均薪酬为 12476 元，2022 年较 2021 年增长 19.3%，增幅较大。对比国内机械制造产业整体情况，2022 年国内机械自动化设备操作员月平均薪酬为 5990 元，2022 年月平均薪酬高于 2021 年，

---

① 机器人研发工程师及机械工程师月平均薪酬统计日期截至 2022 年 12 月 9 日。
② 机器人应用工程师及机械自动化设备操作员月平均薪酬统计日期截至 2022 年 12 月 9 日。

2021 年月平均薪酬为 5654 元，2022 年较 2021 年增长 5.9%。2014～2020 年机器人应用工程师各年的月平均薪酬分别为 6153 元、9047 元、8978 元、8998 元、10399 元、10687 元和 10604 元（见图 6）。

图 6　2014～2022 年中国机器人应用工程师与机械自动化设备操作员月平均薪酬对比

资料来源：根据职友集资料整理。

总体来看，在宏观层面，中层及以上管理人员、专业技术人员待遇水平均排名较高，表明复合型研发人才在产业中的价值凸显。在职业层面，机器人研发工程师与机器人应用工程师待遇水平明显高于传统机械制造业相关从业人员，一方面反映了机器人产业人才的市场价值较高，另一方面反映了机器人产业人才紧缺的现状。

二　中国机器人产业人才现存问题

结合实际来看，随着机器人产业的稳步发展，行业对人才的需求持续加大。由于机器人产业对人才技术知识的积累要求较高，且培养过程较长，因此复合型研发、市场研究和系统集成人才缺口已经开始显现并呈现扩大态势。

（一）复合型研发人才和市场研究人才稀缺

工业机器人的生产需要多种学科交叉融合，而相关的复合型研发人才则应掌握多领域的专业知识，包括管理学、工业机器人控制系统、人工智能、机械工程、工业机器人计算机编程等，这与高等院校的有效培养密切相关。只有培养更多的复合型研发人才，才能对中国机器人产业技术发展形成井喷式支持。但是，复合型研发人才培养难度较大、周期过长、实力平台过少是人才供给不平衡、不充分的主要原因。目前，国内仅有高等院校能够真正实现复合型研发人才培养并对市场进行供给，例如，哈尔滨工业大学在人工智能与机器人学科的建设方面重视程度高且投入较大，重点发展的研究领域与方向已经涉及机器人与人工智能，并建成一批产业相关的重点实验室。

另外，机器人产业市场研究人才的稀缺也是制约行业发展的重要因素之一，机器人相关产品的研发与生产应该以市场为导向。目前，国内能够精准掌握客户需求的市场研究人才缺口明显，主要原因在于该类人才同样属于知识复合型人才，需要高等院校大力培养，但大多数活跃在机器人产业的营销人才缺乏对工业机器人相关技术知识的系统学习，因此无法为企业提供明确的市场导向及确定产品的经济价值。并且，市场研究人才的培养同样面临培养周期过长、实力平台过少的困境。

（二）系统集成人才短板明显

基于工业机器人的自动化生产技术开发，不可避免地要应用工业机器人组建自动化生产线。在这个过程中，机器人产业系统集成人才就必须有能力对客户的需求实现精准把控并熟悉产品的生产工艺以及内外部特征，只有这样才能够解决用工业机器人组建自动化生产线时所遇到的系统集成问题。然而，这样的系统集成人才也是国内机器人产业所缺少的。一般情况下，高校学生毕业后进入机器人产业相关企业工作，若想系统化掌握工业机器人自动化产线集成技术，至少需要企业付出 5~8 年做人才培养，用以积累生产、

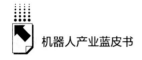

加工的经验，这既对企业自身实力有一定要求，又因为周期过长无法满足企业对人才的渴望，进而加剧人才紧缺的情况。

（三）工业机器人系统操作员及运维员缺口突出

2020年7月，人力资源和社会保障部中国就业培训技术指导中心联合钉钉发布《新职业在线学习平台发展报告》。该报告显示，新职业人才需求将持续扩大，预计到2025年，工业机器人系统运维员及工业机器人系统操作员的缺口将达约250万人。目前，该类人才的主要来源为职业学校产教融合培养和社会培养。对于职业学校产教融合培养的模式而言，由于相关中职、高职、技校在软硬件设施上准备不充分且没有足够的资源，无法独立培养合格的工业机器人系统操作员及运维员，只能由社会企业及机构同院校联合培养或单独培养，但真正具备培养实力的企业仍在少数。大量毕业生技术水平达不到企业的要求。毕业生过少、有效培养比例低等问题，严重加剧工业机器人系统操作员及运维员匮乏情况。

（四）人才培养教育机制尚待完善

1.教育体制改革仍有待深化

国家战略科技力量中的重要力量是高等院校及科研院所，比如哈尔滨工业大学的机器人技术与系统国家重点实验室、北京航空航天大学的智能技术与机器人联合研究中心等。促进机器人产业的发展和进步离不开高水平大学对高质量创新人才的培养。经济社会的持续发展，教育教学的持续创新，市场环境的不断变化，对高等院校管理及运行的体制机制有了新需求，高等院校（包括职业院校）在发展理念上过于传统守旧，市场服务格局狭窄，是教学改革缓慢的因素之一。因此，国内高等院校在教学模式及课程体系上仍需调整，通过什么创新，什么模式培养，培养什么类型、什么规格的人才等问题将持续成为机器人产业人才培养面临的深刻挑战。

另外，在高职高专院校和中等职业院校人才培养方面，理论结合实践的培养稍显不足，各地方政府在促进校企合作配合订单培养方面仍需加大力度。此外，职业院校教师专业能力有待提高。在工业机器人系统操作员及运维员培养方面，职业院校教师不仅应该具有扎实的基础理论知识，更应该有较为熟练的技术和操作能力。

2. 企业缺乏培训条件和培训耐心

由于机器人产业在技术层面的顶层设计需求，人才的分工趋于专业化、精细化，专业能力逐渐成为机器人产业相关企业看重的个人标准。但是大多数企业仍缺乏培训条件和耐心，主要原因是：首先，企业选择进行教育培训及自行培养的同时，就必须要承担较大的时间成本；其次，国内机器人产业相关企业对人才的需求逐渐趋于刚需化、临时性，即企业自主培养的意愿降低，更希望利用有效招聘提升领导—成员的合作满意度；最后，多数企业软硬件基础无法满足人才培养条件，基础设备配套受限，实现导师制"传帮带"难度较大，还会造成边际成本大幅上升。

3. 职业技能等级认定有待全面落实

当前，为适应机器人产业人才发展需要，2022 年 9 月发布的 2022 版大典与 2015 版大典相比，净增 158 个新职业，但是相关政府部门在按照《国家职业技能标准编制技术规程》，组织并指导行业龙头企业及相关研究机构等单位承担新职业技能标准开发责任时，相关单位不够积极。同时，缺乏必要的鼓励政策，造成新职业的职业技能等级认定标准开发工作滞后，尤其是机器人产业相关职业，在职业技能评价上仍然较为传统，不能全面、有效地实现企业与人才融合发展。值得注意的是，校企合作及社会机构的职业技能等级认定工作依旧动力不足，专项能力考核长期滞后于新技术的发展需要，即专项能力培训后，经考核认定，仍无法同新技术在生产生活中的应用衔接，缺乏能够与国际比肩的职业标准体系。

4. 配套教学资源不够系统

中国经济新常态下，创新对社会发展的支撑日益坚实，机器人产业作为战略性产业，其创新成果会影响教学资源的建设方向，但相关教学资源尚未实现系统化建设，未能及时响应市场需求，缺乏对实践层面的针对性。忽视课程质量不仅阻碍机器人产业人才的培养，更造成一种行业发展迅速、形式

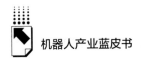
多样，课程必定前沿的假象，导致大量社会成员和组织在缺乏合适的专业教材、专业装备等情况下盲目跟风。无论是院校培养，还是社会培养，"毕业即失业"情况在我国机器人产业人力资源供需链内同样存在，供需结构错配问题日益严重。配套教学资源不够系统，不适应市场变化，造成无法有效供给，是供需结构错配的主要原因。

三　中国机器人产业人才发展趋势

（一）复合型高端人才培养，引领产业创新

复合型高端人才主导机器人产品的创新研发，复合型高端人才的培养离不开高等院校及科研院所，相关的机器人工程专业也属新工科专业，社会上已然形成各高校及科研院所间关于教学的良性竞争。复合型高端人才综合能力培养质量会直接影响中国机器人产业未来的发展。目前，各高校及科研院所从课程入手，在复合型高端人才的培养上，努力实现课程创新，并融入自身特色，在各自优势的基础上，丰富课程资源与技术实践，提高人才与培养单位的黏着度。由于机器人工程专业的工科性质，工程实践能力显得越发重要，以项目驱动的方式开展实践是目前复合型高端人才培养的主要途径。哈尔滨工业大学机器人技术与系统国家重点实验室和国家机器人创新中心每年承担大量国家和企业科研项目，吸引和招收学生参与实际项目研发。哈尔滨工业大学竞技机器人队每年招收实践能力强的队员参与国内国际高水平机器人比赛；高端装备制造虚拟仿真实验教学中心为学生提供了解空间机器人和微纳机器人的平台，与实体实验实现互补教学。在生产实习方面，针对机器人交叉学科的特点以及机器人中小微创业企业较多的特点，哈尔滨工业大学与严格集团等多家相关企业建立学生实习实践合作关系，鼓励学生自主灵活开展生产实习。因此，复合型高端人才的培养将依然在机器人产业占据最重要的位置。

（二）技术应用型基础人才培养，推动领域创新

机器人产业人才建设的相关政策接连出台，已然能够印证机器人技术应

用型基础人才正为国内紧缺人才。技术应用型基础人才大多服务于机器人自动化装备集成企业或终端用户，因此技术应用型基础人才必须掌握机器人基础及专业知识，并能够综合应用理论知识和实践操作技术，否则无法根据不同行业的工艺要求实现工业机器人的二次开发与应用。

目前，对该类人才的要求是能够掌握工业机器人的结构特点、测控原理、控制系统构成、编程语言和总体应用方法；掌握机器人本体的基本结构，包括机身、臂部、腕部及手部结构，传动及行走机构等；能够对机器人的机械臂末端或某关节在坐标系下的位置、姿态和运动进行分析及操作，了解轨迹规划和关节插补的概念特点。

我国正值传统制造业转型升级阶段，对机器人产业技术应用型基础人才的需求增加，必将推动形成行业培养体系，使之成为机器人产业人才发展的主流趋势之一。

（三）机器人企业趋向自行培养人才

对于机器人企业而言，尽管机器人产业人才培养难度较大，企业人才培养所需时间成本、软硬件要求等均较高，但人才培养涉及的相关多元化战略所带来的收益仍会促使大量机器人相关企业加入人才自行培养行列。人才自行培养主要模式包括：校企合作、企企合作与内部培养。从人才培养的针对性看，校企合作的相关多元化战略收益较为明显，人才培养后既可定向已用，也可以对外输出，机器人人才教育培养产业吸引了大量机器人相关企业积极参与；企企合作会促进企业及个人获益，但受限于组织间的信任程度、产品模块化程度以及对异质信息的掌控程度，获益范围限定在核心企业网络集群成员；企业内部培养对企业自身实力要求较高，需要有健全的人才培养机制、规范的管理制度、明确的员工晋升渠道等，所获得的人才针对性最高，最符合企业需要。因此，机器人相关企业会随着市场对人才需求度的提升，逐渐提高企业自身培养的意愿。

（四）社会教育机构持续发力

机器人社会教育机构的发展，需要相关政府部门对机器人社会教育机构

在办学资质及培训资质方面持续提供鼓励和指导。根据已有政策，目前国内机器人产业人才缺口明显，仅依靠高校培养、校企培养等很难填补行业人才缺口，因此社会教育机构的重要性日益显现。与学校的教学方式不同，社会教育机构的优势是培养时间短、针对性强，合作企业有实际需求。目前，市场上已有大量具有一定规模的社会教育机构，该类教育机构大多数具有较为完善的培训装备，或是拥有合作企业。随着机器人产业人才需求量的持续上升，课程设置上，社会教育机构会继续以"理论+实践"的教学模式实施快速提升能力的短期培训；教师配置上，由于社会教育机构的灵活性较强，因此可以聘请高校教师及企业人士，以更加有效地实现理论结合实践的教学设计。

四 中国机器人产业人才发展建议

（一）政府指导壮大机器人产业高质量创新人才队伍

高质量创新人才是创新驱动发展的核心力量，要加强高质量创新人才培养，就要有强有力的激励体系作为制度保障，要发挥政府监督、指导、协调和服务功能，营造良好的创新环境。因此，不仅要持续深化对科技体制的改革，完善知识产权保护框架及创新人才多元化评价体系，更要加强税收对机器人产业创新人才培养的激励作用，指导并鼓励职业技能等级认定工作有效落实，培养并吸引高质量创新领军型人才，为中国机器人产业发展提供强大的动力来源。此外，对于机器人产业相关企业而言，在引进创新人才团队的同时，应该注意创新人才的自行培养，并且从自身出发创新人才管理制度。

（二）政府等相关部门分类实施各类人才制度政策

政府相关部门应深入机器人产业相关企业调研，了解机器人产业相关企业需求，根据企业在发展经营中遇到的困难，有针对性地提供制度政策，并且在税收、房租等方面提供优惠政策，在各类补助奖励方面根据个人情况推行一人一策的激励措施，做精做细，切实减轻企业经营负担，保障机器人产业相关企业顺利攻关科研难题。政府相关部门的有效介入，有助于机器人领域人才专心工作，更好地进行科研攻关。

（三）加强新职业技能标准开发，以职业标准引领产业进步

由于工业机器人系统操作员与工业机器人系统运维员已经具有明确的职业划分与定义，因此在机器人产业人才培养方面具有引领作用和指导作用。相关部门应组织并指导机器人产业龙头企业更进一步发挥新职业职能优势，加强新职业技能标准的开发。同时，为应对机器人产业发展对技能人才的需求变化，也要实现机器人产业人才职业需求的动态调整，每次调整都应获得相关部门职业发布及技能标准编制工作的积极响应，使机器人产业相关职业的分类和标准科学化、精准化和系统化，引领机器人产业技术应用型基础人才培养的方向。

（四）规范治理校企培养模式，优化企业准入制度

目前，社会上对机器人产业相关企业进行产教融合、校企合作的态度，大多数是鼓励与支持的，多数地方政府还会有政策上的保障。但值得注意的是，一些小微机器人企业过度以经济效益为中心，忽略企业的社会责任，从而导致人才培养失效，极易影响机器人产业发展。因此，在校企合作方面，在各项激励措施提高机器人产业相关企业积极性的同时，应该建立健全校企合作培养模式中机器人产业相关企业准入制度，并持续优化该准入制度，深入机器人产业相关企业详细调研真实情况，对企业校企合作能力进行有效评估，对校企合作的具体实施过程实行有效监管，以保证机器人产业人才培养的有效性及针对性，实现规范治理。

（五）与国际接轨，全维度培养

实现机器人产业人才全维度培养，离不开对教学视频的有效开发，但机

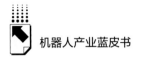

器人操作过程转化为教学视频较为困难，主要原因是机器人技术具有很强的多学科交叉及实操属性，尤其是在应用调试及编程方面。

目前，已有相关企业选择颠覆式战略对该问题进行突破，例如哈工海渡采取多机位协同方式，将机器人实品嵌入现场，实现操作与讲解相融合，使学员对过程感受更加直观，进而脱离传统课件教学方式。同时，哈工海渡积极参与"机器人系统集成"赛事，并与赛事供应商 FANUC 达成合作，引进教学所需设备，以高标准更新培养体系与教学资源。

此外，从"英才计划"到"强基计划"，不难发现，对机器人产业人才的选拔已经下沉至更低的年龄段，甚至从中童期便开始根据兴趣选拔人才，因此加强初等教育阶段学生对机器人的了解尤为重要。通过大众科普遴选出一大批对机器人产业相关领域感兴趣的人才，再通过学校社团、小科学家工作室、青少年机器人创客工厂等让初等教育阶段学生更深入地了解科技、了解机器人产业，最后以比赛等方式选拔出擅长发明创造、科技创新的人才（见表4）。其中，部分人才将通过"英才计划""强基计划"等渠道被推选出来完成更高层次的任务。

表4　2022年哈工智研人才选拔参赛情况

序号	赛事名称	主办单位	级别	参与程度
1	全国青少年科技创新大赛	中国科协+教育部	全国	参与组织
2	"领航杯"中小学生信息素养提升实践活动	中央电教馆+教育部	全国	参与组织
3	科技模型大赛	扬州市科协+市教育局	市级	策划执行
4	STEM 工程挑战赛	扬州市科协+市教育局	市级	策划执行

资料来源：扬州哈工智研机器人科技有限公司。

目前，机器人产业内，如严格集团繁星慈善基金会正在向全国各地的中小学捐赠建设小科学家工作室，选拔优秀的机器人产业人才；扬州哈工智研机器人科技有限公司正在全国各地推进建设青少年机器人创客工厂，所有内容能够达到纯开源、不集成、不封装，通过使用、改造、创造三大阶段完成初步的人才选拔。

B.9
中国机器人产业知识产权/专利
发展报告（2022~2023）

郝瑞刚　马志斌　姚金金*

摘　要： 目前，中国机器人市场的巨大发展潜力吸引了众多国内外企业在中国布局相关专利，中国的机器人市场竞争会日益激烈。机器人产业属于新兴产业，2011 年以来，全球和中国的机器人相关专利申请数量都在快速增长。中国局受理的机器人相关专利的集中度明显低于全球相关专利的集中度，目前中国仍处于大量申请人积极参与专利申请的阶段，尚未出现专利拥有量明显超越其他申请人的头部企业，中国机器人技术的专利集中度与全球范围的专利集中度相比仍存在一定差距。美国、日本、韩国、德国等国家的申请人一直积极在中国申请机器人相关专利，建议中国申请人继续加大对机器人领域技术的研发力度、提升全球范围的专利保护意识、熟悉对《专利法》的运用，为产品销售、企业未来的发展保驾护航。

关键词： 机器人产业　知识产权/专利　专利集中度　全球专利布局

---

* 郝瑞刚，西安理工大学学士，北京京成知识产权研究院院长，专利代理师、诉讼代理师、知识产权纠纷人民调解委员会人民调解员，主要研究方向为知识产权分析、企业知识产权管理以及知识产权战略等；马志斌，合肥工业大学学士，北京开阳星知识产权代理有限公司合伙人、专利代理师，主要研究方向为专利申请布局、专利分析以及专利侵权预警；姚金金，北京科技大学硕士，北京开阳星知识产权代理有限公司合伙人、专利代理师，主要研究方向为知识产权申请策略、企业知识产权管理以及知识产权分析。

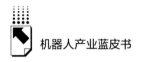
一 机器人知识产权/专利发展现状

本报告从知识产权从业者的视角，以全球机器人相关的专利作为数据源，通过专利检索与分析手段，洞见机器人领域的技术发展趋势，研判机器人领域的未来发展。其中，专利检索采用组合式检索方法，以关键词为主辅以国际专利分类号（IPC 分类号）与洛迦诺分类号（LOC 分类号）作为检索方式，检索平台选取 IncoPat 专利数据库，专利检索日期截至 2022 年 8 月 1 日。

（一）全球机器人专利发展现状

1. 全球机器人相关专利申请量发展趋势

为了解全球机器人相关专利申请量发展趋势，对全球机器人相关专利进行检索。截至 2022 年 8 月 1 日，全球范围内已经公开的机器人相关专利总数为 512029 件。1980 年以后全球机器人相关专利申请趋于稳定，机器人技术进入稳定发展阶段；2010 年后，机器人技术进入快速发展阶段，全球机器人相关专利申请量开始快速增长（见图 1）。

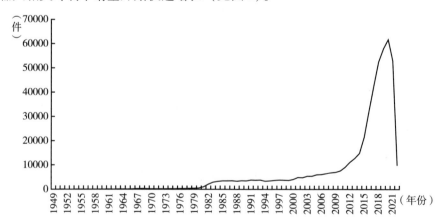

图 1　1949~2022 年全球机器人相关专利申请量发展趋势

资料来源：IncoPat 专利数据库。

具体来看，全球机器人相关专利申请可以分为萌芽期、稳定发展期和快速发展期 3 个时期。

（1）萌芽期（1949~1980 年）

在 1980 年之前，全球机器人相关专利的申请量增长非常缓慢，1965 年专利申请量才首次突破 100 件，1980 年专利申请量首次突破 500 件。虽然 1940~1980 年全球每年都有机器人相关专利的申请，但专利申请量整体增长非常缓慢，专利申请趋势变化不大，机器人技术则一直处于萌芽状态。

（2）稳定发展期（1981~2010 年）

1981~2010 年，全球机器人相关专利的申请量开始逐年上升，专利申请量从 1981 年的 1022 件逐步增加至 2010 年的 7705 件，这 30 年的年平均申请量为 4258.3 件，年平均增长率为 7.21%。与前一阶段相比，专利年平均申请量逐步增加，机器人技术进入稳定发展阶段。

（3）快速发展期（2011~2022 年①）

在这一阶段，全球机器人相关专利申请量快速增加，年平均专利申请量为 31627.2 件，最高年专利申请增长率为 51%（2016 年），2020 年全球机器人相关专利申请量已达 61710 件。全球机器人相关专利数量增长说明机器人技术得到快速发展，全球机器人相关专利持续、快速产出，相关专利申请量已经处于快速增长阶段。

2. 全球机器人相关专利主要申请人

专利申请是保护技术研发成果的一种手段，申请人的专利申请量越多，说明该申请人在该领域的技术研发越活跃，研发投入以及技术产出也越多。申请人积极在机器人领域进行技术研发往往被认为是推动机器人技术发展的

---

① 《专利法》第三十四条规定，"国务院专利行政部门收到发明专利申请后，经初步审查认为符合本法要求的，自申请日起满十八个月，即行公布"。《专利法》第四十条规定，"实用新型和外观设计专利申请经初步审查没有发现驳回理由的，由国务院专利行政部门作出授予实用新型专利权或者外观设计专利权的决定，发给相应的专利证书，同时予以登记和公告"，即专利申请之后，并没有立即公开，需要等到发明公布、发布实用新型和外观设计授权公告之后，才能检索到。因此，2021~2022 年申请的专利仍有大量处于未公开状态，无法统计完全，2021~2022 年的数据仅供参考。

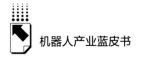
重要因素。

根据已检索出的全球机器人相关专利，得出 1949~2022 年专利申请量排名前 10 的申请人，可以发现，全球机器人相关专利申请量排名前 10 申请人均来自国外（见图 2）。

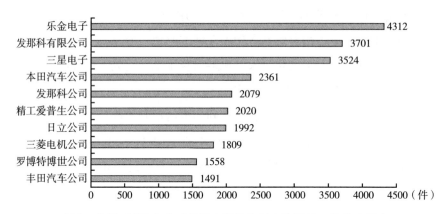

图 2　1949~2022 年全球机器人相关专利申请量 Top10 的申请人

资料来源：IncoPat 专利数据库。

乐金电子（LG Electronics Inc）专利申请量排名第 1，其为韩国企业，侧重于与家电（洗碗机、冰箱、空调等）配合使用的机器人设备研发。在 CES2018 国际消费电子展上，该公司展出了搬运机器人、购物车机器人、服务机器人三款机器人产品，这些机器人尚未投入实际应用，机器人的各种功能仍有待进一步完善。目前，乐金电子在售的机器人产品仅有扫地机器人。截至 2022 年 8 月 1 日，该公司已积累 4312 件机器人相关专利。

专利申请量排名第 2 的发那科有限公司（FANUC Ltd.）以及第 5 的发那科公司（FANUC Corporation）的申请人主体均为发那科（FANUC），其为日本公司，该公司的机器人相关业务主要包括机器人、智能机器，以及机器人自动化成套生产系统的销售、安装和保养等，机器人是其核心业务。

三星电子（Samsung Electronics Co Ltd.）的专利申请量排名第 3，其也是一家韩国企业。三星集团涉及 10 多个行业，机器人属于三星集团新的技术热点，被三星电子纳入研发范围。三星电子在机器人技术领域的专利申请数量累计达 3524 件，无论是从技术产出还是从产品上市的角度看，这些专利都将助力三星电子在机器人领域快速发展。

综上所述，全球机器人相关专利申请量排名靠前的主要是日本、韩国等国家的申请人，虽然中国申请人①的专利申请量比日本和韩国申请人多，但中国的申请人数量较多，专利分布较为分散，全球机器人相关专利申请量前 10 申请人中没有中国申请人。

3. 全球机器人相关专利集中度

本报告通过专利集中度反映机器人产业技术的集中程度。专利集中度是指，在某个领域内专利拥有量排名靠前的申请人其专利拥有量之和在该领域相关专利总量中的占比，占比越大则说明专利集中度越高。根据全球机器人相关专利申请数据，选取专利申请量排名前 50 的申请人，计算申请人专利集中度并进行分析。

全球排名前 5 的申请人专利集中度为 3.12%，排名前 50 的申请人专利集中度为 12.21%（见表 1）。这反映出机器人产业相关专利集中度相对较低，说明机器人技术分布较为分散，尚未出现专利申请量排名靠前的申请人专利拥有量明显偏多的现象，专利集中度低有利于排名靠后的申请人进行技术研发和专利布局。

表 1　1949~2022 年全球机器人相关专利集中度（申请人角度）

单位：件，%

专利申请人	专利数量	专利集中度
前 5 名	15977	3.12
前 10 名	24847	4.85
前 15 名	31397	6.13
前 20 名	37114	7.25

---

① 如无特别说明，本报告中国申请人相关数据不含港澳台申请人数据。

专利申请人	专利数量	专利集中度
前 30 名	47163	9.21
前 50 名	62502	12.21
全部申请人	512029	100

资料来源：IncoPat 专利数据库。

4. 全球机器人相关专利申请的技术输出地分布

专利申请是申请人对研发构思、技术研发成果等进行知识产权保护的一种方式，一个地区申请人所提交的机器人相关专利申请数量可以反映该地区申请人的知识产权保护意识以及机器人技术研发的活跃程度。

全球机器人相关专利申请量排名靠前的国家（技术输出地）分别为中国、日本、美国、韩国和德国（见图 3），这些国家的专利申请量之和占全球机器人相关专利申请总量的 89.34%，说明这些国家的机器人专利申请与技术研究活动相对比较活跃。

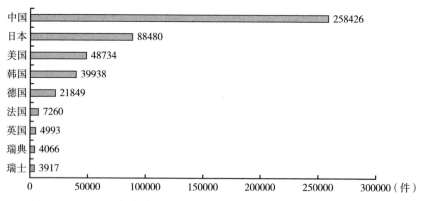

图 3　1949~2022 年全球机器人相关专利申请量 Top9 的技术输出地分布

资料来源：IncoPat 专利数据库。

5. 全球机器人相关专利申请目的地分布

由于专利具有地域性，申请人的专利布局是基于对未来市场的判断进行的，申请人在某个国家、地区或组织布局的专利数量与该申请人对目的地市场的重视程度密切相关。

中国是机器人相关专利受理量最多的国家，说明中国是机器人产业发展的重要市场（见图4）；另外，中国申请人的专利申请更为注重在本地的保护，对外专利申请的占比相对较少，中国申请人的专利申请集中于本地，这是中国的机器人相关专利受理量最多的因素之一。

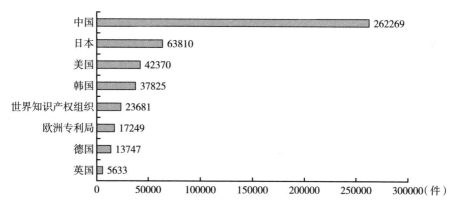

图4 1949~2022年全球机器人相关专利受理量Top8的专利申请目的地分布

资料来源：IncoPat专利数据库。

机器人专利受理量排名第5的世界知识产权组织（WIPO）是PCT国际专利申请的统一受理局。PCT国际专利申请是专利进入一个或多个具体国家或地区的优先权途径，PCT国际专利申请本身并不会进行专利授权操作。由于专利申请进入申请人本国以外的国家或地区成本相对较高，因此申请人更愿意为比较关键、核心的专利技术提交PCT国际专利申请，以便用最低的成本获得本国以外地区的专利保护。所以，虽然WIPO不能进行专利授权，但PCT国际专利的申请量却可以体现机器人重要专利的数量。

专利申请在欧洲专利局获得授权后，可以同时在欧盟成员国及部分其他国家进行登记，以获得该国的知识产权保护。例如，申请人将其在欧洲专利局获得授权的专利在德国登记，就可以在德国获得专利保护。

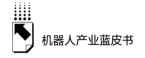

（二）中国局受理机器人相关专利申请发展现状

1.中国局受理机器人相关专利申请的发展趋势

中国局受理专利是指全球范围内的申请人以中国国家知识产权局为接收单位递交专利申请，专利申请地以及授权生效地均为中国的专利。

截至2022年8月1日的专利数据显示，中国局受理的机器人相关专利申请量为272914件，1985~2020年中国局受理的机器人相关专利申请数量变化趋势与全球机器人相关专利申请数量变化趋势基本相同（见图5）。中国申请人递交的大量专利申请直接带动全球机器人相关专利申请量的快速提升，推动机器人相关技术进入快速发展期。

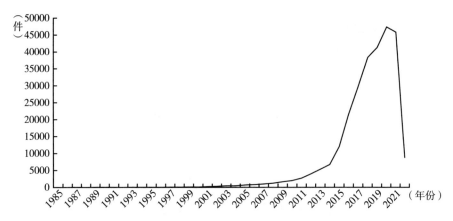

图5 1985~2022年中国局受理的已公开的机器人相关专利数量变化趋势

资料来源：IncoPat专利数据库。

从机器人相关专利申请的起始时间看，中国局在1985年受理了第1件机器人相关专利，而全球机器人相关专利的最早申请年则是1949年。这与中国的专利制度实施时间有着直接关系，中国的第一部《专利法》于1985年4月1日正式实施，相关部门从那一刻起才开始接受专利申请。基于上述原因，中国局受理第1件机器人相关专利申请的时间比全球最早的申请时间晚了36年。

从总体专利申请趋势看，全球机器人相关专利申请量与中国局受理的机器人相关专利申请量均处于快速增长状态。具体来说，中国局受理的机器人相关专利申请量的发展趋势可分为萌芽期、缓慢发展期和快速发展期，下面分别进行说明。

（1）萌芽期（1985~1998年）

在此期间，中国机器人相关专利的年申请量相对较少。在萌芽期，中国机器人相关专利申请量最多的年份是1998年，当年的专利申请量为60件。虽然中国的专利制度于1985年建立并开始实施，但由于机器人相关技术在中国尚未开始快速发展，中国境内的机器人相关专利申请并不活跃，专利申请量增长非常缓慢，机器人相关技术也一直处于萌芽状态。

（2）缓慢发展期（1999~2010年）

这一时期，中国机器人相关专利的年申请量开始逐渐上升，1999年的申请量是121件，而2010年已增加至1971件，年平均专利申请量为748.3件。与前一阶段相比，中国境内的机器人相关专利年申请量开始逐渐增加，中国的机器人相关技术进入缓慢发展阶段。

（3）快速发展期（2011~2022年）

2011~2022年，中国境内的机器人相关专利申请量快速增加，年平均专利申请量为21959.8件，2016年的增长率为80.01%，为这一阶段年增长率峰值；2020年的专利申请量最高，达到47310件。机器人相关专利申请量的快速增长，说明中国境内的机器人相关技术在快速发展，相关专利持续、快速产出，中国机器人相关专利申请进入快速增长阶段。其间，中国经济逐渐得到发展，国民生活水平显著提升，工业、民用领域的机器人应用前景较好，相关机器人产品的需求量显著增加，大量申请人开始投入机器人相关技术的研发；同时，国外的相关企业也开始看好中国市场，加强对中国市场的专利布局，中国境内的机器人相关专利申请量开始持续增加。

2. 中国局受理的机器人相关专利技术来源地分布

中国局受理的机器人相关专利的申请人，仍然以中国申请人为主（见图6），

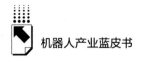

这与中国申请人的产品主要在中国境内销售、向海外申请专利的成本相对较高等有一定的关系。

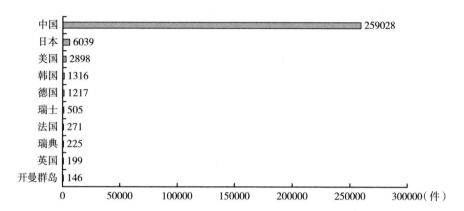

图6　1985～2022年中国局受理机器人相关专利数量Top10的技术来源地分布

资料来源：IncoPat专利数据库。

除中国申请人外，向中国局递交专利申请数量较多的申请人主要来自日本、美国、韩国、德国等。这些国家的申请人在机器人技术相关领域的专利申请活动较为活跃，有能力也有需求向中国进行专利申请的申请人相对较多。

3. 中国局受理机器人相关专利类型分布

中国局可以受理的专利申请包括发明、实用新型和外观设计3种类型。中国局受理的机器人相关专利中，发明专利的占比高达51%，超过中国局机器人相关专利总受理量的1/2。由于专利保护客体的限制，机器人涉及的控制技术、机器学习技术等一般只能通过发明专利的方式进行保护。机器人技术作为进入21世纪后才开始快速发展的新兴产业，技术整体创新水平相对较高，因此，发明专利占据主导地位，专利申请数量占比超过1/2。实用新型专利只能保护产品形状、结构方面的技术方案，因此申请量占比略少。此外，外观设计专利的占比只有10%，外观设计专利对机器人技术的保护仅限于形状、色彩、图案，相对而言保护力度较小，因此，外观设计专利申请量占比最低（见图7）。

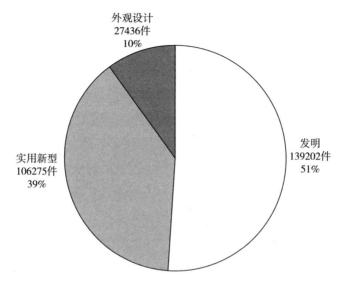

图 7　1985~2022 年中国局受理机器人相关专利的类型分布

资料来源：IncoPat 专利数据库。

4. 中国局受理机器人相关专利有效性分布

专利的有效性表示专利目前所处的状态，包括有效、失效和审中 3 种状态。有效专利表示已获得授权且维持有效的专利。失效专利是出于不同原因而处于失效状态的专利，专利失效的原因主要包括视为撤回、驳回、被全部无效、未缴年费权利终止、主动放弃专利权、同日申请避重放弃专利权、保护期限届满等。审中状态的专利则表示这些专利仍在审查中，包括已经公开但尚未进入实质审查阶段的、已经进入实质审查阶段的发明专利申请。

1985~2022 年中国局受理的机器人相关专利中，有效专利占比达到 51%，超过专利申请总量的 1/2；失效专利占比超过专利申请总量的 1/4；审中状态的专利占比则不到专利申请总量的 1/4（见图 8）。有效专利占比高、失效专利占比低，这与中国机器人相关专利受理量变化有直接关系。中国局受理的机器人相关专利的申请量在 1999 年开始逐渐增长，2011 年才开始快速增加，而 2011 年之后申请的专利在获得授权后，仍处于保护期限内，

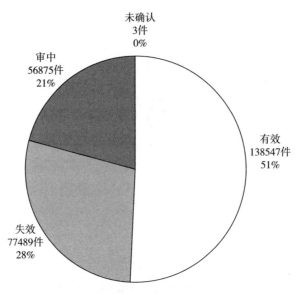

图 8　1985~2022 年中国局受理的机器人相关专利的有效性分布

注：处于"未确认"状态的 3 件专利，属于国防解密专利，暂时缺少标准的有效数据。

资料来源：IncoPat 专利数据库。

审查中以及处于保护期限内的专利占比大，期限届满失效以及放弃维护的专利数量相对较少，失效专利的数量占比较低。

5. 中国局受理机器人相关专利法律状态分布

中国专利的法律状态包括公开、实质审查、授权、全部无效、驳回、放弃、期限届满等。

1985~2022 年中国局受理的机器人发明专利中，处于公开和实质审查状态的发明专利数量占发明专利总量的 40.51%，尚未达到 1/2，而期限届满的发明专利则只有 84 件（见表 2），这与中国机器人相关专利申请量在 1999 年才开始逐渐增加、2003 年之前相关专利申请量相对较少有直接关系。这一点从实用新型专利和外观设计专利的期限届满数量与授权数量之间的关系也可以得到印证。

表 2　1985~2022 年中国局受理机器人相关专利的法律状态分布

单位：件

法律状态	发明	实用新型	外观设计
授权	41266	77661	19509
实质审查	54423	0	0
未缴年费	6253	25371	7614
撤回	20574	0	0
驳回	14340	0	0
避重放弃	0	2315	0
公开	1966	0	0
期限届满	84	822	287
放弃	282	73	13
全部无效	2	28	13
申请终止	6	0	0
权利恢复	3	2	0
暂缺(国防解密)	3	0	0
部分无效	0	3	0

注：依据各法律状态对应的专利总量从大到小进行排序。

资料来源：IncoPat 专利数据库。

从机器人领域的发明专利授权比例看，用法律状态处于"授权""未缴年费""期限届满""放弃""全部无效""部分无效"的发明专利数量，除以发明专利的总量，得出授权比例为 34.40%。该比例较小的原因是发明专利的撤回量增加较快。驳回与撤回的发明专利数量之和占比为 25.08%，占发明专利申请总量的 1/4。未获授权的发明占比较小，说明机器人技术的创新程度相对较高。

从未缴年费专利与授权专利之间的数量关系可以得出专利的维护情况：未缴年费失效表示专利获得授权后申请人未及时缴纳年费导致专利失效，即申请人已经放弃对这些曾经获得授权的专利的维护。外观设计专利与实用新型专利中因未缴年费而放弃维护专利的比例均超过了 20%，放弃维护的比例相对较高，而发明专利放弃维护的比例最低，仅为 15.15%。

机器人相关专利被全部无效的数据显示，外观设计专利被全部无效的比例最高，检索到的 27436 件外观设计专利中，有 13 件被全部无效；发明专利被全部无效的比例最低，具体来说，在法律状态为"授权""未缴年费""期限届满""放弃""全部无效""部分无效"的47887件发明专利中，仅有2件发明专利被全部无效。

6.中国局受理的机器人相关专利的主要申请人

申请专利是申请人对其技术研发成果进行保护的行为，因此专利申请量与申请人的技术研发和创新活跃程度直接相关，专利申请量越多，说明申请人的研发投入、技术产出相对也比较多。

根据1985~2022年中国局受理机器人相关专利数据，珠海格力电器股份有限公司的专利申请数量排在第1位（见图9），该公司主要生产智能装备工业机器人，一般用于焊接、搬运、喷涂等工艺。1991年，珠海格力电器股份有限公司生产的主要是家用空调，目前该公司已发展成为覆盖家用消费品和工业装备两大领域的多元化全球工业集团。该公司设立的15个研究院中，就包括1个机器人研究院，还拥有机器人工程技术研发中心。[1]

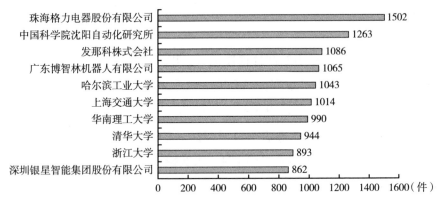

图9　1985~2022年中国局受理机器人相关专利申请数量Top10的申请人

资料来源：IncoPat专利数据库。

中国科学院沈阳自动化研究所排在第2位，主要研究方向包括机器人、智能制造和光电信息技术。该研究所建有机器人学研究室，该研究室的前身是中国科学院机器人学重点实验室。近20多年来，该研究室在机器人学的

---

[1]　珠海格力电器股份有限公司"企业简介"，https：//www.gree.com/single/32。

基础理论与方法研究方面与国际先进水平同步，同时在机器人技术前沿探索和示范应用等方面取得了一批有重要影响的研究成果。目前，该研究室的机器人学研究在国内相关领域处于核心地位并具有带头作用，是国内外具有重要影响的机器人学研究基地。①

日本企业发那科株式会社排在第 3 位，这家企业主要从事机器人、智能机器，以及含机器人的自动化成套生产系统销售、安装和保养，机器人业务是其核心业务。

广东博智林机器人有限公司排在第 4 位，该公司成立于 2018 年 7 月，主要提供用于现浇混凝土、装配式建筑不同施工环节的建筑机器人，还提供智能设备租售、技术服务。

排在第 5~9 位的 5 位申请人都是国内的高校。其中，排第 6 位的上海交通大学机器人研究方向较多，包括用于危险环境的特种机器人、用于辅助医疗的医疗机器人、用于农业领域的智能机器人等；此外，上海交通大学的研究方向还包括泛在机器人技术与标准化，传感、网络与控制等与机器人直接相关的技术。

排名第 10 的深圳银星智能集团股份有限公司，成立于 2005 年，是一家专注扫地、洗地等清洁机器人的关键元器件研发制造、整机研发制造、市场服务等业务的智能化、平台化科技型企业，致力于为客户提供全方位扫地机器人解决方案及服务。

7. 中国局受理机器人相关专利的集中度及分布

（1）专利集中度

本报告通过专利集中度反映机器人产业技术的集中程度。计算中国局受理机器人相关专利申请量排名前 50 申请人的专利集中度并进行分析。

中国排名前 5 申请人的专利集中度为 2.18%，明显低于全球排名前 5 申请人的专利集中度；中国前 50 名申请人的专利集中度为 11.88%（见表 3），同样低于全球前 50 名申请人的专利集中度，说明中国机器人技术的

① 中国科学院沈阳自动化研究所"机器人学研究室"，http://www.sia.ac.cn/jgsz/kyxt/jqrxyjs/。

分布与全球相比较为分散，大量中国申请人均在参与专利申请和技术研发，但尚未出现头部申请人的专利拥有量明显偏多的现象。这与机器人相关技术在中国开始发展的时间较晚、相关专利申请活动从 2011 年才开始快速发展有关。

表3 1985~2022 年中国局受理机器人相关专利专利集中度（申请人角度）

单位：件，%

申请人	专利数量	专利集中度	申请人	专利数量	专利集中度
第1名	1502	0.55	前20名	17998	6.59
前5名	5959	2.18	前30名	23716	8.69
前10名	10662	3.91	前50名	32428	11.88
前15名	14667	5.37	全部申请人	272914	100

资料来源：IncoPat 专利数据库。

（2）专利的技术分布

减速器是机器人执行各种动作的核心部件，减速器能够将电机调整到设定的转速，并且能够得到较大的转矩。机器人工作过程中，若负载较大，单独提高伺服电机功率的成本较高，因此要用减速器降低转速，增大输出扭矩。综上可见，减速器在机器人运行过程中起着至关重要的作用，因此减速器在机器人制造中占据的成本比例也相对较高。

在中国机器人产业链的上游零部件产业中，减速器相关专利的申请量占比非常低，仅为1%（见图10），说明中国申请人在减速器领域的技术研发活跃度相对较低、专利申请数量比较少。目前，减速器技术已经成为限制中国机器人技术高质量发展的瓶颈。

8. 中国局受理的机器人相关专利申请人地域分布

中国的国土面积较大，不同省份的经济、文化、工业等发展水平存在一定差异，不同省份的申请人对知识产权的重视程度也存在差异，对于不同的技术领域，各省份申请人申请专利的积极性也存在差异。

从专利申请数量看，广东、江苏、北京、浙江、上海以及山东领跑全

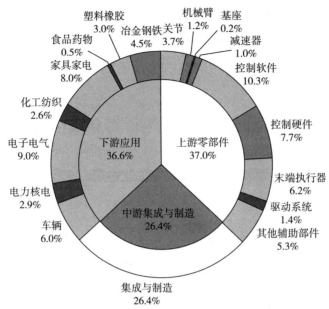

图10 1985~2022年中国局受理的机器人相关专利技术领域分布

资料来源：IncoPat专利数据库。

国，上述省市机器人相关专利的申请量占中国机器人相关专利申请总量的比重均在5%以上；排名前4省份的申请人专利申请数量超过全国总量的1/2，占比为50.85%。其中，仅广东申请人的专利申请量就占总量的20.83%（见图11）。

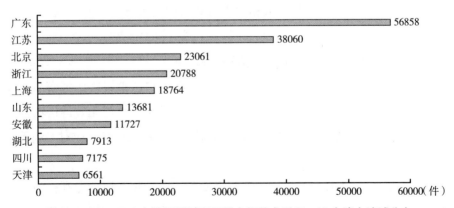

图11 1985~2022年中国局受理机器人相关专利Top10申请人地域分布

资料来源：IncoPat专利数据库。

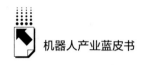

这与广东在经济、工业、交通运输等领域的发展水平较高有直接的关系，当然也与广东企业的规模、数量、所属技术领域有关。珠海格力电器股份有限公司是广东机器人相关专利申请量最多的申请人。

二　中国机器人知识产权/专利现存问题

（一）中国的专利制度实施较晚，企业对知识产权的重视程度较低

1985 年中国才开始实施专利制度，现阶段的申请人更关注专利数量，对专利质量、诉讼技巧的关注度较低。然而，专利的稳定性和保护范围是评价专利质量的重要因素，所以专利撰写是实现专利价值的重要环节。质量较差的专利，容易在后期的专利维权、无效应对、侵权认定、侵权谈判等环节处于不利地位，无法为企业的未来发展提供有力支持。

从 1949~2022 年全球机器人相关专利申请量变化趋势与中国局受理机器人相关专利申请量变化趋势的对比可以看出，1998 年之后中国机器人领域的专利申请数量开始增加，2011 年之后专利申请数量迅速增长，在全球机器人相关专利申请总量中占较大的比例，2015 年中国局受理的机器人相关专利申请量在当年全球机器人相关申请总量中的占比达 56%（见图 12）。中国申请人递交的机器人相关专利在数量上具有较大优势，可考虑将知识产权工作的重点适当向专利质量提升方面转移。

另外，根据《2019 年全国打击侵犯知识产权和制售假冒伪劣商品工作要点》，中国已经开始加大专利执法力度，专利侵权纠纷与无效诉讼案件的数量逐渐增多，而专利质量将直接影响申请人起诉他人侵权、应对专利无效时的成功率。

2021 年 3 月 11 日，国家知识产权局发布《关于规范申请专利行为的办法》，提出坚决打击违背《专利法》立法宗旨、违反诚实信用原则的非正常申请专利行为。

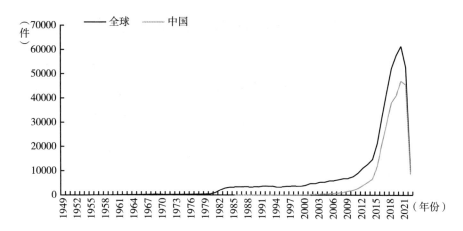

图12　1949~2022年全球机器人相关专利申请量
与中国局受理机器人相关专利申请量对比

资料来源：IncoPat 专利数据库。

因此，中国申请人有必要将知识产权工作的重心从专利数量转向专利质量，有效提升专利质量，提升专利在商品销售、维权等环节的作用。

（二）与全球数据相比，中国的机器人专利集中度偏低，专利申请较分散

中国局受理机器人相关专利数量在全球机器人相关专利数量中的占比相对较高，对全球机器人相关专利总量的贡献较大，但全球机器人相关专利申请数量排名前 10 的申请人中并没有中国申请人。再从专利集中度看，全球及中国前 5 名机器人相关专利申请人的专利集中度分别为 3.12% 和 2.18%，说明中国申请人的专利申请相对分散。由于小微企业[①]的研发投入有限，只能针对特定方向进行研发，且小微企业的专利保护意识较弱，不利于机器人技术在中国的发展和知识产权保护。

[①] 《中小企业划型标准规定》，中国政府网，2011 年 7 月 4 日，http://www.gov.cn/zwgk/2011-07/04/content_ 1898747. htm。

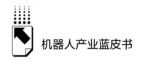

（三）科研院所和高校专利申请积极性较高，企业参与度有待提升

从中国机器人相关专利申请量排名前10的申请人可以看出，科研院所排名第2，排在第5~9位的均为高校，企业只有2个。说明高校参与知识产权保护的积极性更高，专利数量较多，目前尚未出现拥有大量机器人相关专利的巨头企业。

三　中国机器人知识产权/专利发展趋势

（一）中国申请人向外申请专利的数量占比不到5%，远低于日美韩德

专利技术流向表示申请人向其所属国家或地区，或者向其所属国家或地区以外的目的地申请专利的行为，根据申请人所属国家或地区可以分析机器人技术研发较为活跃的地区分布，根据申请人的专利申请目的地可以分析申请人比较看好的机器人市场。

在机器人相关专利的申请中，全球范围内申请量排名前5的国家分别为中国、日本、美国、韩国和德国。中国申请人向外申请专利的数量在中国申请人专利申请总量中的占比为3.81%，日本、美国、韩国、德国的这一数据分别为35.83%、58.01%、22.29%和62.79%，远超中国。下面分别对中日美韩德的机器人相关专利技术流向进行分析。

1. 中国机器人相关专利技术流向

截至2022年8月1日，中国申请人在全球范围内共申请机器人相关专利258449件，递交至中国国家知识产权局的专利申请量为248596件，占比96.19%；其余5150件专利流向其他国家、地区或组织。

中国申请人向中国境外申请专利的主要目的地是美国，其次是日本、欧洲专利局的成员国、英国、韩国等，但在数量上明显少于向美国申请的专利数（见图13）。

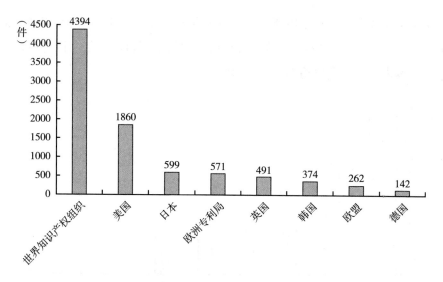

图 13　中国申请人机器人专利技术流向

注：向世界知识产权组织递交专利是专利进入其他国家的一种途径，是进入具体国家的基础文件；同时这种方式适用于一件专利同时向多个国家申请的情形，可以节省大量费用。可以认为，向世界知识产权组织递交专利，是申请人准备将该专利方案同时向多个国家或地区进行专利保护的意向表达。但是仅向世界知识产权组织递交专利而不进入具体国家是无法获得专利保护的，世界知识产权组织不进行专利授权，因此仅显示在图中供参考而不做具体分析。

数据范围：公开日在 2022 年 8 月 1 日之前的专利。

资料来源：IncoPat 专利数据库。

可以看出，中国申请人在机器人领域的专利申请更注重在中国的保护，比较看好的国外市场是美国，其次是欧洲地区以及靠近中国的日本、韩国等国家。中国申请人向境外申请的机器人相关专利中，递交至世界知识产权组织的 PCT 国际专利数量最多，说明中国申请人在对外申请时更倾向于在多个国家或地区对机器人技术进行保护。

2. 日本机器人相关专利技术流向

日本申请人在全球范围共申请机器人相关专利 88562 件，递交至日本局的专利量为 56058 件，占比 63.30%；其余 32504 件专利技术流向日本以外的国家、地区或组织。

日本申请人在机器人领域的专利申请主要目的地是日本，但对日本以外的市场也比较重视，日本申请人向外申请专利的占比超过了其专利申请总量的1/3（见图14）。日本申请人向外申请专利的主要目的地是美国，申请量接近日本申请人专利申请总量的1/10。

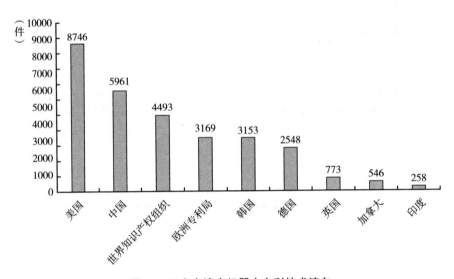

图 14　日本申请人机器人专利技术流向

数据范围：公开日在 2022 年 8 月 1 日之前的专利。

资料来源：IncoPat 专利数据库。

可以看出，日本申请人在进行机器人相关专利申请时，更注重在日本的保护，比较看好的国外市场是美国，其次是中国、欧洲专利局的成员国、韩国、德国等。

3. 美国机器人相关专利技术流向

美国申请人在全球范围内共申请机器人相关专利 49196 件，递交至美国局的专利量为 20657 件，占比 41.99%；其余 28539 件专利技术流向美国以外的国家、地区或组织。

美国申请人向其国外申请的专利数超过了其在本土申请的专利数，向美国以外申请的专利数占比超过 50%；向外申请专利的主要目的地是欧洲专利局的成员国和日本，向这两个目的地申请的专利数均接近美国申请人专利申请总量的 1/10（见图 15）。

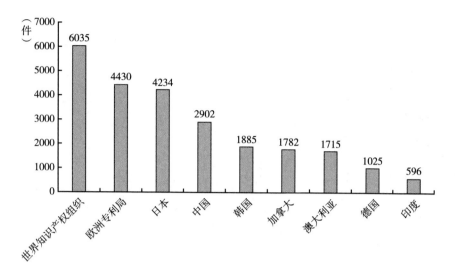

图 15　美国申请人机器人专利技术流向

数据范围：公开日在 2022 年 8 月 1 日之前的专利。
资料来源：IncoPat 专利数据库。

可以看出，美国申请人在进行机器人相关专利申请时，更注重对外布局，比较看好的国外市场是欧洲和日本，其次是中国、韩国、加拿大、澳大利亚、德国等。美国申请人向世界知识产权组织递交的 PCT 国际专利申请数在美国申请人向外申请专利总量中排名第 1，说明美国申请人在对外申请时更倾向于在多个国家或地区对机器人技术进行保护。

4. 韩国机器人相关专利技术流向

韩国申请人在全球范围内共申请相关专利 39959 件，递交至韩国局的专利数为 31053 件，占比 77.71%；其余 8906 件专利技术流向韩国以外的国家、地区或组织。

韩国申请人的机器人专利主要申请目的地是韩国，向外申请的专利占比不到 1/4；向外申请专利的主要目的地是美国，向美国局递交的专利数量在韩国申请人向外申请专利总量中的占比为 34.77%（见图 16）。

可以看出，韩国申请人在进行机器人相关专利申请时，更注重在韩国的保护，比较看好的国外市场是美国，其次是中国、欧洲专利局的成员国、日本等。

317

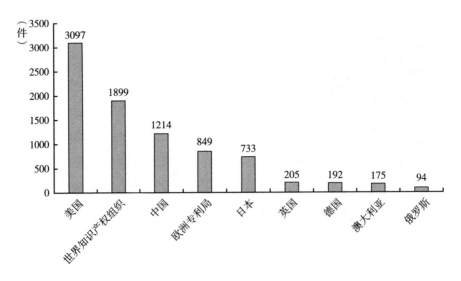

图16　韩国申请人机器人专利技术流向

数据范围：公开日在2022年8月1日之前的专利。

资料来源：IncoPat专利数据库。

5. 德国机器人相关专利技术流向

德国申请人在全球范围内共申请相关专利21917件，递交至德国的专利数为8156件，占比37.21%；其余13761件专利技术流向德国以外的国家、地区或组织。

德国申请人向国外申请的专利数量超过了其在德国申请的专利数量，国外专利申请占比超过了60%；向国外申请专利的主要目的地是欧洲专利局的成员国，其次是美国（见图17）。

可以看到，德国申请人在进行机器人相关专利申请时，更注重对外布局，比较看好的市场是欧洲专利局的成员国，其次是美国、中国、英国和日本等。

（二）在中国申请专利的国家以及海外专利的数量均呈逐年增加趋势

1. 中国局受理的机器人专利地域变化

通过研究不同时间段中国局受理的机器人相关专利申请数量变化以及申

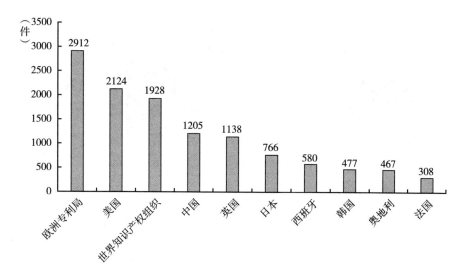

图 17　德国申请人机器人专利技术流向

数据范围：公开日在 2022 年 8 月 1 日之前的专利。
资料来源：IncoPat 专利数据库。

请人所属国家或地区的专利申请数量变化，可以分析出机器人技术在中国市场的保护热度和不同地区申请人的参与程度。

在 1985~2022 年任意一个时间段中国局受理的机器人相关专利申请中，中国申请人的专利申请量占比都在一半以上。2000 年之后，伴随国内机器人产业和技术的进一步发展，中国申请人在国内的专利申请量占比持续上升，2015~2022 年中国申请人在国内的专利申请量占比已超过 90%（见图 18）。

1985~1989 年，中国申请人的相关专利申请量只有 57 件，占比 67.86%；其他国家或地区在中国的机器人相关专利申请中，日本和美国申请人的专利申请量明显较多。其间，在中国递交机器人相关专利申请的申请人所属国家或地区的数量已达到 7 个。

1990~1994 年，中国申请人的相关专利申请数量上升至 83 件，是 1985~1989 年的 1.46 倍，中国申请人的专利申请量占比为 72.17%；其他国家或地区的申请人中，日本申请人最为活跃，日本申请人的专利申请量达到 16 件，而美国申请人的专利申请量占比有所下降。其间，除中国外，在中国

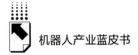
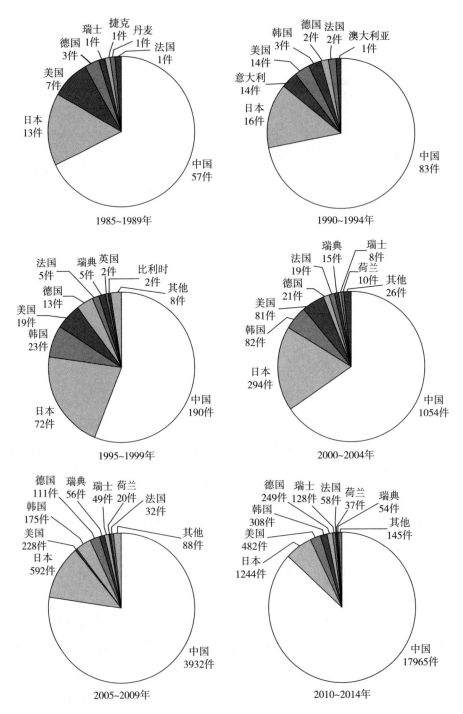

瑞士 1件
捷克 1件
德国 3件
丹麦 1件
法国 1件
美国 7件
日本 13件
中国 57件
1985~1989年

韩国 3件
德国 2件
法国 2件
美国 14件
澳大利亚 1件
意大利 14件
日本 16件
中国 83件
1990~1994年

法国 5件
瑞典 5件
英国 2件
德国 13件
比利时 2件
美国 19件
其他 8件
韩国 23件
日本 72件
中国 190件
1995~1999年

法国 19件
瑞典 15件
瑞士 8件
德国 21件
荷兰 10件
其他 26件
美国 81件
韩国 82件
日本 294件
中国 1054件
2000~2004年

德国 111件
瑞典 56件
瑞士 49件
荷兰 20件
韩国 175件
法国 32件
美国 228件
其他 88件
日本 592件
中国 3932件
2005~2009年

德国 249件
瑞士 128件
法国 58件
荷兰 37件
韩国 308件
瑞典 54件
美国 482件
其他 145件
日本 1244件
中国 17965件
2010~2014年

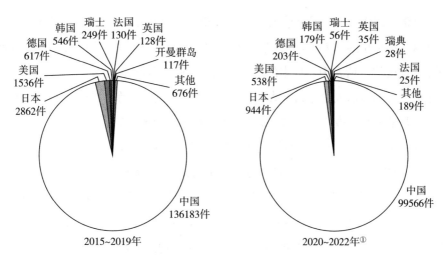

图18　1985~2022年中国局受理的不同地域申请人机器人相关专利数量变化

资料来源：IncoPat专利数据库。

申请机器人相关专利的申请人所属国家或地区的数量还是7个。

1995~1999年，中国申请人的机器人相关专利申请数量上升到了190件，是1990~1994年的2.29倍，中国申请人的机器人相关专利申请数量占比为56.05%，占比下降；其他国家或地区的申请人中，日本申请人最为活跃，其次是韩国、美国和德国的申请人，日本申请人的中国专利申请量达到了72件。其间，除中国申请人外，在中国申请机器人相关专利的申请人所属国家或地区的数量增加至14个。

2000~2004年，中国申请人的机器人相关专利申请数量上升到了1054件，是1995~1999年的5.55倍，专利申请数量占比为65.47%，占比略有回升；其他国家或地区的申请人中，日本申请人最为活跃，其次是韩国和美国的申请人，日本申请人的专利申请量达到了294件。其间，除中国申请人外，在中国申请机器人相关专利的申请人所属国家或地区的数量增加至19个。

---

① 2021~2022年的数据包括2021年1月1日之后申请的，且公开日在2022年8月1日之前的与机器人相关的专利。

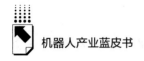

2005~2009 年，中国申请人的机器人相关专利申请数量上升到了 3932 件，是 2000~2004 年的 3.73 倍，专利申请数量占比为 74.43%，占比持续上升；其他国家或地区的申请人中，日本的申请人最为活跃，其次是美国、韩国和德国的申请人，日本申请人的专利申请量达到了 592 件。其间，除中国申请人外，在中国申请机器人相关专利的申请人所属国家或地区的数量增加至 23 个。

2010~2014 年，中国申请人的机器人相关专利申请数量上升到了 17965 件，是 2005~2009 年的 4.57 倍，专利数量占比为 86.91%，占比持续上升；其他国家或地区的申请人中，日本申请人最为活跃，其次是美国、韩国和德国的申请人，日本申请人的专利申请量达到了 1244 件。其间，除中国申请人外，在中国申请机器人相关专利的申请人所属国家或地区的数量增加至 34 个。

2015~2019 年，中国申请人的机器人相关专利申请数量上升到了 136183 件，是 2010~2014 年的 7.58 倍，专利申请数量占比为 95.20%，占比持续上升；其他国家或地区的申请人中，日本申请人最为活跃，其次是美国、德国和韩国的专利申请人，日本申请人的专利申请量达到了 2862 件。其间，除中国申请人外，在中国申请机器人相关专利的申请人所属国家或地区的数量增加至 50 个。

2020~2022 年，中国专利申请人的机器人相关专利申请数量为 99566 件。其他国家或地区的申请人中，日本申请人最为活跃，其次是美国、德国和韩国的申请人。截至 2022 年 8 月 1 日已经公开的专利数据显示，除中国申请人外，在中国申请机器人相关专利的申请人所属国家或地区的数量为 34 个。考虑到这一时间段申请的中国专利仍有大量尚未公开，再加上采用 PCT 专利申请途径进入中国的专利进入公开状态还需要一段时间，因此 2020~2022 年的数据仅供参考。

综上所述，中国申请人的机器人相关专利申请量在 2000~2022 年迅速上升，专利申请量的增速超越了其他国家或地区，专利数量的占比已经增加至 90% 以上；从境外申请人在中国申请专利的积极程度看，日本申请人的积极性最高，其次是美国、韩国和德国的申请人；此外，机器人相关专利的申请量和参与的国家或地区的数量也在持续增加，越来越多的国家或地区开始在中国机器人市场进行专利布局。

2. 中国局受理机器人相关专利的法律状态分布

根据《专利法》第四十二条，发明专利权的期限为 20 年，实用新型专利权的期限为 10 年，外观设计专利权的期限为 15 年，均自申请日起计算。因此，本报告仅针对 2003~2022 年申请的发明专利和 2013~2022 年申请的实用新型及外观设计专利①的法律状态进行分析。

（1）机器人相关发明专利的法律状态分布

2003~2022 年中国局受理的机器人发明专利中，未缴年费②专利占比为 4.23%，所占比例相对较少（见图 19）。申请时间越早的发明专利，放弃维

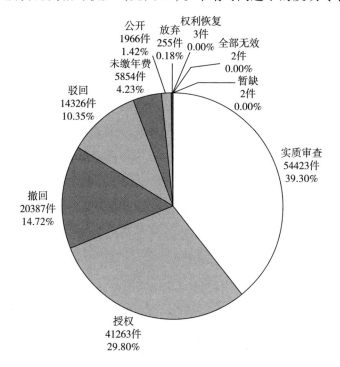

图 19　2003~2022 年中国局受理的机器人发明专利法律状态分布

数据范围：公开日在 2022 年 8 月 1 日之前的所有与机器人相关的中国发明专利。

资料来源：IncoPat 专利数据库。

① 2021 年 6 月 1 日之前申请的中国外观设计专利，专利权期限是 10 年。

② 未缴年费是指专利权人在专利授权后没有在每年的申请日前按时缴纳年费，导致专利权丧失，该专利已被申请人放弃维护。

护的比例越高，这与申请人技术更新快以及申请时间较早的专利维护费用更高等因素相关，对于不使用或不重要的专利技术，就不再缴纳专利年费可以降低申请人的专利维护成本。2003 年申请的发明专利保护期即将届满，但仍有 44 件处于授权状态（见表4），申请人仍在坚持维护专利权，说明中国申请人对机器人这一新兴产业的专利维护意愿相对较强。

表4 2003~2022 年中国局受理机器人发明专利维护状态

单位：件，%

申请年份	授权专利	未缴年费专利	有效专利占比
2003	44	213	17.12
2004	46	201	18.62
2005	82	207	28.37
2006	154	212	42.08
2007	151	285	34.63
2008	204	337	37.71
2009	293	391	42.84
2010	398	382	51.03
2011	544	398	57.75
2012	912	443	67.31
2013	1358	553	71.06
2014	1796	495	78.39
2015	2751	570	82.84
2016	4975	607	89.13
2017	4673	278	94.38
2018	6045	188	96.98
2019	6247	82	98.70
2020	6362	0	100.00
2021	3696	0	100.00
2022	532	0	100.00

注：有效专利占比=授权专利数/（未缴年费专利数+授权专利数）×100%。

数据范围：公开日在 2022 年 8 月 1 日之前的所有与机器人相关的中国发明专利。

资料来源：IncoPat 专利数据库。

另外，从图 19 中还可以看出，处于实质审查状态的专利占比为 39.30%，处于授权状态的专利占比为 29.80%。机器人产业在中国属于新兴产业，中国申请人近几年的相关专利申请数量急速上升，因此处于审查状态的发明专利最多。处于实质审查状态的发明专利申请时间主要集中在 2017~2022 年，2016 年申请的发明专利只有少量仍处于实质审查状态（见图 20）。

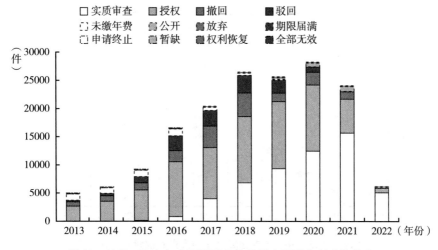

图 20　2013~2022 年中国局受理的机器人发明专利法律状态

数据范围：公开日在 2022 年 8 月 1 日之前的所有与机器人相关的中国发明专利。
资料来源：IncoPat 专利数据库。

2013~2022 年，中国机器人相关发明专利占比相对较多的法律状态包括实质审查状态、授权状态、撤回状态和驳回状态。这里的撤回状态一般包括专利公开后的主动撤回、收到审查意见后未在规定期限内进行答复视为撤回、已经下发授权通知书但未在规定期限内办理登记手续等。

从数量上看，2016 年之后，中国机器人相关发明专利申请量开始逐年增加，处于实质审查状态的专利数量快速上升，再加上发明专利审查周期的逐步压缩，中国国家知识产权局发明专利的审查压力明显增加。

（2）机器人相关实用新型专利的法律状态分布

只有获得授权的实用新型专利才会被公开，因此数量最多的是授权状态的实用新型专利。申请时间越晚，授权状态的实用新型专利占比越高；而申请时间越早，未缴年费的实用新型专利占比越高（见图21）。这与实用新型专利的申请成本相对较低、维护期间的年费逐步增加、专利创造性要求相对较低，且只能保护结构类改进等因素有关。上述因素的存在，导致申请人更愿意放弃维护申请时间较早的实用新型专利。

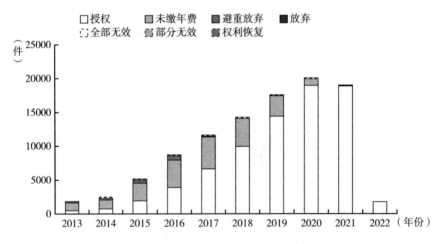

图21 2013~2022年中国局受理的实用新型专利法律状态

数据范围：公开日在2022年8月1日之前的所有与机器人相关的中国实用新型专利。
资料来源：IncoPat专利数据库。

2015~2021年，每年都有避重放弃（避免重复授权）的机器人实用新型专利，这与中国的专利申请制度有关。根据《中华人民共和国专利法实施细则》第四十一条第二款，申请人可以就一个技术方案同日申请发明专利和实用新型专利，待发明专利准备授权时，为避免重复授权，申请人可以选择放弃实用新型的专利权。这种为获得发明授权而放弃已授权的实用新型专利的情形就属于避重放弃，通过这种方式申请专利，专利权人可以尽快拿到实用新型专利证书，提前进行维权。全部无效和部分无效两种法律状态，则是在实用新型专利授权后，被请求无效而导致的，这种情况的实用新型专利相对较少。

（3）机器人相关外观设计专利法律状态分布

与实用新型专利类似，外观设计专利只有在授权后才会公开，因此中国机器人相关外观设计专利中，数量最多的是处于授权状态的专利。

外观设计专利的申请时间越晚，处于授权状态的专利占比越高；外观设计专利的申请时间越早，处于未缴年费状态的专利占比越高（见图22）。这与机器人相关外观设计专利本身的申请成本相对较低，维护期间的年费逐步增加，只能对产品的整体或者局部形状、图案或者其结合以及色彩与形状、图案的结合进行保护等因素有关，上述因素导致申请人更愿意放弃维护申请时间较早的外观设计专利。全部无效和部分无效两种法律状态，则是在外观设计专利授权后，被请求无效而导致的，这种情况的外观设计专利相对较少。

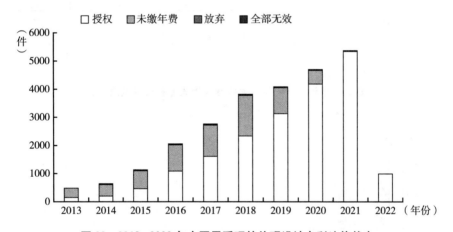

图22 2013~2022年中国局受理的外观设计专利法律状态

数据范围：公开日在2022年8月1日之前的所有与机器人相关的中国外观设计专利。
资料来源：IncoPat专利数据库。

3. 中国局受理机器人相关专利的技术效果变化

专利的技术效果可以反映发明创造所能解决的问题以及能够实现的技术效果，随着技术的发展，不同时间段的专利技术效果也会发生变化，因此技术效果变化可以体现专利关注的技术热点变化趋势。本报告以10年为跨度，列出了1985~2022年各时间段内专利的技术效果，其中2015~2022年不足10年，因此以8年记录时间段，选取每个时间段内数量排名前 10 的专利技术效果（见图 23~26），并对各时间段的专利技术效果变化进行分析。

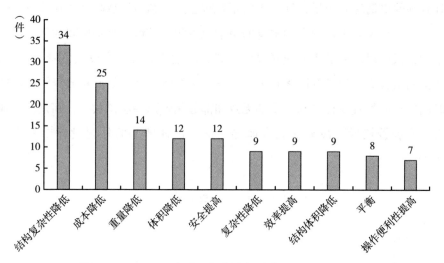

图 23　1985~1994 年中国机器人相关专利技术效果分布

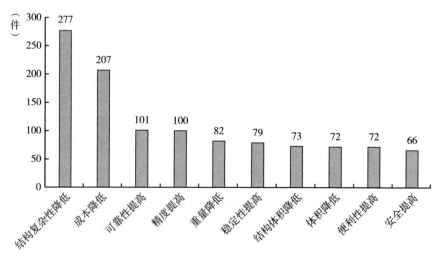

图 24　1995~2004 年中国机器人相关专利技术效果分布

可以看到，"结构复杂性降低"和"成本降低"两个技术效果在各时间段的统计中都排在前 2 名，是申请人持续关注的问题。

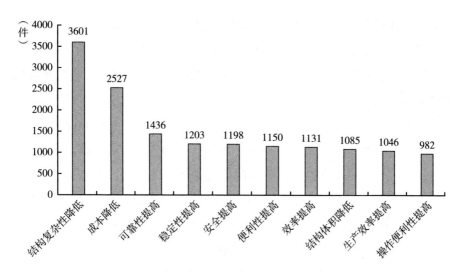

图 25　2005~2014 年中国机器人相关专利技术效果分布

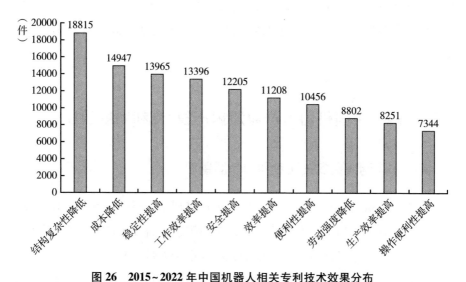

图 26　2015~2022 年中国机器人相关专利技术效果分布

数据范围：公开日在 2022 年 8 月 1 日之前的所有与机器人相关的专利申请。
资料来源：IncoPat 专利数据库。

1985~1994 年，中国的工业化水平相对较低，设备体积庞大，因此申请人对"结构复杂性降低""成本降低""重量降低""体积降低"等问题比较关注；同时申请人对"平衡"的问题也比较关注，解决平衡问题以避免

机器人工作过程中失去平衡，或者发生倾斜、摔倒等故障。

1995～2004 年，机器人相关专利申请中新出现的关注热点是"可靠性提高""精度提高""稳定性提高""便利性提高"，可以看到，"体积降低"和"重量降低"仍是比较受关注的问题。

2005～2014 年，机器人相关专利申请中新出现的关注热点是"效率提高"和"操作便利性提高"，"结构体积降低"的排名逐渐下降。

2015～2022 年，机器人相关专利申请中新出现的关注热点是"便利性提高""劳动强度降低"以及"生产效率提高"；随着技术的发展，"体积"和"重量"问题已经退出前 10，不再是中国申请人集中关注的技术效果。

总体来说，中国机器人相关的专利申请，最开始重点关注的是"体积"和"重量"问题，随着国内机器人技术上游产业的发展，"体积"和"重量"问题被解决，申请人开始关注"安全提高""工作效率提高""稳定性提高""劳动强度降低""便利性提高""生产效率提高"等细节性技术改进。

四 中国机器人产业知识产权/专利发展建议

（一）申请人更多关注专利撰写质量

由于专利撰写质量不高，专利权人维权过程中，可能出现不侵权、专利被无效等各种不利情形，专利权人因此错失维护自身知识产权的机会，无法维护自身产品的市场地位，专利申请无法为申请人带来利益或价值。

因此，建议申请人在技术研发阶段以及专利撰写阶段，针对方案进行充分检索，及时确认该技术方案是否已经被他人公开，引导发明人提出改进方案或者提供可以主动避开现有技术的替代方案，并以此为基础继续进行技术研发或开始撰写专利。这种专利授权后，被全部无效的概率相对较低，专利的稳定性相对较高，但需要专业人员投入大量精力进行排查才能实现，需要一定的经费投入，建议对重点产品进行全面的风险排查。

影响侵权判定结果的主要因素是权利要求书的撰写质量，权利要求保护范围合适、布局合理，则可以为专利权人获得较为合适的保护范围；用这样的专利起诉他人侵权时，判定为侵权的概率更高；保障权利要求书的撰写质量，需要专利撰写人员、审核人员在方案理解、技术沟通、方案扩展方面投入大量的时间，以实现合理的布局，这是专利撰写的核心环节。

因此，申请人在关注专利布局数量的同时，建议在专利质量控制方面投入更多的精力，避免在后期维权时处于不利地位。例如，组建法务团队、积极参与或组织知识产权相关的培训，重要方案委托高水平的代理机构撰写等。

（二）有能力、有需求的企业，可适当加大对机器人技术的研发投入力度

现阶段，中国申请人对机器人相关技术的保护比较积极，导致中国的机器人相关专利分布较为分散，这也反映了头部企业的研发投入有限。虽然存在企业与大专院校、科研院所合作申请专利的情况，但企业参与的机器人相关专利申请数量占比仍比较小。大专院校和科研院所在机器人相关专利申请量方面超过了企业，甚至出现了发那科株式会社这家专注于机器人研发和生产的日本企业在中国的专利申请量排在第 3 名的现象。该企业在中国的专利拥有量明显超过国内的其他企业，国外申请人在中国掌握大量专利不利于中国机器人相关企业在国内进行机器人技术发展。因此，建议有能力、有需求的企业，加大对机器人技术的研发投入力度，提升中国机器人技术的专利集中度，避免在中国机器人技术领域出现国外申请人专利拥有量一家独大的现象。

（三）积极利用科研院所、大专院校的理论研究优势，合作开展产学研结合的项目研发

在中国局受理的机器人相关专利中，申请数量排名前 10 的申请人以科研院所和大专院校为主，这类申请人申请机器人相关专利的积极性相对较

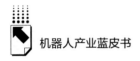

高，说明这些申请人在机器人领域的研究活动较为活跃，已经积累了一定的理论研究经验。

企业可以结合自身的研发需求，寻找符合需求的科研院所或大专院校进行共同研发，发挥各自的优势，实现优势互补，通过产学研结合降低研发成本，探索更多的研发方向、研发热点。

（四）技术研发期间、专利布局时，多了解国外技术现状，根据需求提前进行海外布局，提升在海外市场布局专利的比例

专利审查时，会在全球范围内检索现有技术，包括申请人自己申请过的专利。因此，在技术研发阶段，也应考虑国外专利文献对研发造成的影响，以提前做好应对。

此外，专利具有地域性，申请人在进行专利布局时，对于有意向进入的其他国家或地区，建议提前进行专利布局。在中国申请专利后，一旦超出优先权期限或者 PCT 国际申请进入国家阶段的时限，在中国申请的专利公开后，将成为现有技术，申请人此时将无法在其他国家或地区获得专利保护。这明显不利于产品的向外推广和销售，当后期有"走出去"需求时，知识产权的短板将成为制约因素。

（五）申请人应提高专利意识，熟悉诉讼技巧

知识产权已经成为企业的无形资产和谈判时的筹码，因此建议申请人熟练掌握专利规则、合理利用知识产权工具，例如整理自己的法务团队，保护自己的知识产权，同时为企业争取更大的利益，为后期的产品销售、维权保驾护航，减少因知识产权保护不力、应对不当造成的经济损失。

同时，申请人应当关注最新的诉讼趋势、熟悉相关的诉讼技巧，根据最新的行业趋势，及时调整专利布局策略、撰写方式等，提升专利质量，提升后期专利维权、无效应对的成功率。

B.10
中国机器人产业创新发展
分析报告（2022~2023）

葛姗姗　朱　磊*

摘　要： 2020 年，国家提出构建以国内大循环为主体、国内国际双循环相互促进的新发展格局，全国范围内推行"补链""延链""强链"，以应对多变的国际形势，国家从加强共性技术、努力研发前沿技术以及推动融合应用三个维度提出了创新任务，机器人产业迎来新的挑战。国家通过建立"专精特新"企业培育体系，扶持机器人企业快速发展，机器人产业在产品技术、产品营销、行业应用等方面取得了较多的创新成果。未来，国家将持续培育"专精特新""小巨人"企业，产业聚焦关键共性技术进行全面攻关，重视前沿技术研发，实现机器人产业链"补链""延链""强链"，促进机器人产业实现内循环。

关键词： 机器人产业　技术创新　营销创新　应用创新

---

* 葛姗姗，中国人民大学管理学硕士，北京大学-伦敦大学学院（PKU-UCL）国际 MBA，严格集团市场总监，拥有 10 余年大中型高端制造企业管理、市场品牌和人才培养经验；朱磊，哈尔滨工业大学建筑学院设计学系副教授，黑龙江省工业设计协会副秘书长，工业设计国家奖评审专家，曾兼任严格集团副总裁，主持长征五号等重要型号产品的工业设计项目，获得专利授权 70 余项，其中发明专利近 40 项。

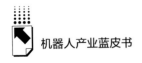

一 中国机器人产业创新发展现状

（一）政策创新因素

1. 国家全产业链部署产业发展任务，重视前沿技术创新发展

《"十四五"机器人产业发展规划》从机器人产业整个产业链角度出发，部署了相关任务及要求，同时从加强共性技术、努力研发前沿技术以及推动融合应用三个维度提出了创新任务。共性技术包括核心技术、机器人系统开发、操作系统等，是机器人产业发展的基础；应用层面涉及人工智能、5G、大数据、云计算等，2020年国家提出新基建概念，相关技术的发展将助力机器人产业应用场景落地，提升机器人产业整体水平，促进机器人产业整体发展。

前沿技术的研发，有助于构建有效的产业技术创新链，规划中新增的前沿技术，包括仿生感知与认知、生机电融合等。其中，仿生感知与认知是机器人最具有革命性的前沿技术方向，最早的仿生感知与认知，主要应用在军事领域，科学家根据海豚头部气囊产生振动发射超声波探寻食物和相互交流的原理研制出声呐；通过模仿海豚的皮肤制成潜艇外壳大大提升了航速等。随着科技的发展，仿生学应用到了医学领域，例如仿生假肢、仿生器官等。生机电融合可以实现协作机器人在临床和特种领域的应用。关键性难题主要包括交互过程中面临的神经感知、修复、替代、增强等，产品形态主要包括具有生—机智能交互机器人、康复辅助机器人、上肢运动神经假体、下跃式运动增强型人机协作机器人以及紧耦合遥操作航天试验平台等。

2. "补链""延链""强链"推进内循环，维持经济稳定发展

国家构建以国内大循环为主体、国内国际双循环相互促进的新发展格局，加快高端装备制造产业补短板，在全国范围内"补链""延链""强链"，以应对多变的国际形势，维持国内经济的稳定。机器人产业被誉为"制造业皇冠顶端的明珠"，其产业链的完善尤其关键。近年来，外部环境

持续恶化，中美贸易摩擦不断，原本跨国界、跨区域分布的产业链屡屡断裂。在此背景下，2020年7月召开的中共中央政治局会议提出，加快形成以国内大循环为主体、国内国际双循环相互促进的新发展格局，依托国内市场和内需潜力，促进生产、流通和消费各个环节在国内市场循环，以打破由西方国家垄断的技术壁垒，同时带动外循环。2020年9月，国家发改委、工信部、科技部、财政部联合发布《关于扩大战略性新兴产业投资培育壮大新增长点增长极的指导意见》，要求加快高端装备制造产业补短板。2021年中央经济工作会议强调，要促进产业链畅通，保证产业链供应链安全稳定。

近年来，我国战略性新兴产业集群不断发展壮大，成为保链稳链的重要载体。各省（区、市）公开推行"链长制"，梳理重点产业链，绘制每条产业链图谱、清单，出台相应的政策"建链、补链、延链、强链"，其中"链长"多由地方政府主要官员甚至一把手担任，"链主"则是地方龙头企业，"链长"统一协调内外部资源，协同"链主"等各方行动，针对重点产业进行"补链""延链""强链"。2022年3月，《中共中央 国务院关于加快建设全国统一大市场的意见》正式出台，其中特别提出"加快建立全国统一的市场制度规则，打破地方保护和市场分割，打通制约经济循环的关键堵点，促进商品要素资源在更大范围内畅通流动，加快建设高效规范、公平竞争、充分开放的全国统一大市场"。

3. 地方政策响应中央，推动机器人在重点行业应用，不断健全机器人产业链

地方响应中央，推动机器人产业融合应用技术。当国家推出政策鼓励发展人工智能、大数据、5G等技术，助力机器人应用场景落地时，地方政府纷纷响应中央，强调新基建政策中涉及的相关技术的发展，致力于推动机器人产业融合应用。例如，广东、河北等地纷纷提出了人工智能、5G等技术在机器人领域的应用。

地方持续推动机器人在重点行业应用。地方政府在规划机器人产业发展相关政策时，会助推机器人在更加具体的行业领域应用，助力相关行业智能

化升级、高质量发展。例如，上海强调加强机器人技术在农业现代化发展进程中所起的作用，广东重点关注机器人技术在医疗救治领域的应用，甘肃重点关注煤矿井下机器人的推广应用等。

地方坚持打造健全产业链，组建产业创新中心。机器人产业的快速发展，离不开健全的产业链。很多地区依然将打造机器人产业基地作为首要任务。重庆提出建设国内重要的、具有全球影响力的机器人产业基地；安徽致力于组建省级产业创新中心，发展产业共性技术研发平台，建立推进科技研发成果落地的完整机制。

地方培育重点机器人企业，打造示范单位。机器人产业的发展，离不开具体单位的努力，尤其是相关企业及工厂。地方不断培育重点机器人企业，打造示范单位，推动示范项目落地。例如，广西提出培育智能制造企业和数字工厂的目标，到 2020 年和 2025 年，分别培育 6 家及 15 家。宁夏则提出，每年将推动 100 家制造企业进行智能化改造，培育 10 个自治区级智能工厂和数字化车间，20 个机器人应用示范企业。

4. 建立"专精特新"企业培育体系，扶持企业快速发展

近年来，国家鼓励中小企业高质量发展，已建立包括"省级专精特新中小企业""国家级专精特新'小巨人'""国家级重点专精特新'小巨人'""单项冠军"等的"专精特新"企业培育体系，明确通过中小企业"双创"，到 2025 年，带动百万家创新型企业发展，发展十万家"省级专精特新中小企业"，一万家"国家级专精特新'小巨人'"，从"国家级专精特新'小巨人'"中优中选优，选拔"国家级重点专精特新'小巨人'"。此外，生产技术或工艺国际领先的企业可入选制造业"单项冠军"。

2021 年，工信部公布"建议支持的国家级专精特新'小巨人'企业公示名单（第一年第一批、第一年第二批）"，遴选及公示企业 1383 家、示范平台 161 个，明确中央财政将累计安排 100 亿元以上奖补资金，分 3 批（每批不超过 3 年）重点支持 1000 余家国家级专精特新"小巨人"企业高质量发展，促进这些企业更好发挥示范作用。平均每家国家级专精特新"小巨人"企业可获得 600 万元奖补资金，这些企业是专注于细分市场、创新能力强、掌握关键核心技术的行业领先企业，需要符合国家重点支持领域及产业导向要求，已取得"国家级专精特新'小巨人'"资质，近两年研发占比大于4%，且在经营情况、研发创新能力、成长性等方面符合相关政策要求。

在国家级专精特新"小巨人"企业名单中，有近百家机器人产业链相关企业。在上游核心零部件环节，包括南通振康、科峰智能、菲仕电机等企业；在中游本体环节，包括华数机器人、中科新松、李群自动化等企业；在下游系统集成环节，包括巨能机器人、隆深机器人、楚大智能等企业。以上机器人企业均非国内外上市企业（"新三板"挂牌的除外），可直接获取中央资金补助，同时地方政府将配套给予不同额度的鼓励资金，可用于企业技术研发、市场拓展、团队扩充等经营活动，其"国家级专精特新'小巨人'"资质本身具有较高的含金量，资本券商和市场都十分认可此类资质，对于有上市计划的潜力中小企业将是无形的助推。

（二）产品技术创新因素

1.减速器企业在正向主动设计、齿形设计等关键技术领域取得突破

精密减速器作为工业机器人最重要的基础部件之一，直接关系到机器人的反应速度和功能实现精度，从而影响机器人的整体性能水平。机器人用精密减速器的工作特点是往复运动，因此除要求单向传动精度外，对回差、精度保持性也提出了高要求。长期以来，机器人用精密减速器技术一直由美国、德国、日本、捷克等国家掌控，但在国内外环境变化和众多国产厂商努力下，国内机器人用精密减速器领域也取得了较多的创新式突破。

正向主动设计技术与集成设计分析软件是掌握精密减速器技术的标志，其中涉及运动学、动力学、摩擦学等多种设计分析，同时需要利用高效优化手段，对核心关键零部件、系统传动误差、回差精度、系统可靠性和动态特性进行优化设计。秦川机床基于50余年的精密齿轮加工机床研发制造经验，通过正向设计研发平台，研制一系列精密减速器关键零件专用加工机床、工艺装备及测量设备，解决了机器人用减速器系列产品批量生产的一系列难

题，其"工业机器人精密减速器测试方法与性能提升技术研究"项目获得 2021 年度中国机械工业科学技术奖一等奖。智同科技与北京工业大学合作开展"产、学、研、用"一体化深度合作，全面掌握 RV 高精密摆线减速器的设计原理，建立减速器力学模型，其创新的摆线齿轮修形技术保证减速器受力合理、承载能力大、抗磨损能力强、传动平稳、噪音低，性能达到了国际主流产品的水平。

齿形设计（修形）是机器人用精密减速器的关键核心技术。绿的谐波突破以传统威利斯（Willis）定理为基础的渐开线齿轮设计理论，以自主开发的"P 形齿"数学模型、3D 仿真软件、误差修正方法、动态补偿方法、寿命预测模型为基础，建立全新齿形设计理论体系，以此为基础开发的产品性能达到国内领先水平。

2. 伺服企业以硬件电路创新设计、研发新型驱动器结构满足更多品类机器人配套需求

伺服系统是一种自动化运动控制装置，用于精确地实现对机械部件位置、方位、状态等的控制，决定了机器人的精度、控制速度和稳定性，是机器人关键核心零部件之一。近年来，国产伺服厂商取得了长足进步，不仅基本满足工业机器人领域配套的需求，而且在协作机器人、服务机器人等领域创新研发众多新品。

伺服驱动器在协作机器人领域需要与编码器、减速器、电机、刹车系统等在结构上高度耦合，构建一体化关节。高度的一体化设计留给设备的散热条件往往比传统的伺服驱动器更严苛，对伺服驱动器提出更高的环境适应性和机械设计要求。武汉迈信推出 EPL-SMART 系列高效率低压直流伺服驱动器，在硬件设计上采用 MOS 组成功率桥臂，并使用不隔离的拓扑结构，从而简化电路、精简体积，更加稳定可靠，能够用于协作机器人及各种对体积有要求的多机协作系统。

服务机器人应用的伺服驱动器技术门槛相对较高，由于安装空间和应用工况的限制，不仅要求体积小、重量轻，而且需要具备大扭矩、高精度等性能。以足式仿生机器人为例，其关节运动和动物类似，要求伺服驱动器具有高功率密度、高响应性、高能量利用效率和耐冲击性等特性。宇树科技创新研发新型准直驱驱动器结构，电机轴采用中空结构，并在驱动器的电机端和输出端设置了位置编码器，在电机基座和内齿圈间增加离合结构，当外界负载冲击力即将超过减速器零件极限时，离合结构发生作用，外界冲击能量转换成摩擦热量损耗掉，保护减速器不受损。此外，优必选、银弗科技等企业也提出紧凑型准直驱驱动器结构方案，提高驱动器的扭矩密度、瞬间响应性和抗冲击能力，同时降低成本。

3. 控制器企业围绕智能算法、功能安全进行攻关，助力机器人应用场景拓展

控制器是智能机器人控制的核心载体，如同机器人的"大脑"，负责对机器人发布动作指令，控制机器人在工作中的运动位置、姿态和轨迹，对机器人智能控制发挥举足轻重的作用。拥有一个功能完善、灵敏可靠的控制器是机器人与设备协调动作、共同完成作业任务的关键。

机器人的作业环境是复杂多变的，实现机器人的智能性、实时性和柔顺性具有重要价值。图南智控创新研发铉武系列控制器，包含一体化硬件 IRC-E 和 IRC-M，突破 EtherCAT 高速总线技术，积累机械臂自主规划算法、移动机器人避障算法、视觉跟随算法等，实现机器人智能控制和实时控制的结合，具有小型化、轻量化、性能优等特点。铉武系列控制器的智能性主要体现在算法的先进性上，以机械臂自主规划算法为例，该算法的实现，能够让机械臂控制脱离传统路径示教编程的烦琐步骤，实现指令级编程到任务级编程的转变，这种智能算法能够适应机器人分拣、机器人特种作业等复杂的应用场景。

随着机器人应用领域的拓展，机器人与人协作的场景不断变多，机器人的安全性要求提高。以自主移动机器人为例，其应用场景从仓储走向工业车间，需要从事多层仓库或工厂车间中的跨楼层、跨车间搬运工作，在人机混场的环境下与人协作，面临更高的安全挑战。仙工智能自主研发安全型 AMR 控制器 SRC-3000FS，集激光 SLAM 导航、功能安全于一体，既可以提供地图构建、定位、导航等基础功能，也支持多机调度、栈板识别、3D 避

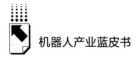

障等高级功能，这也是全球首款通过 SGS TUV SAAR 功能安全认证的控制器产品。

4. 机器人操作系统增加图形化编程、可视化编排、数字孪生体等功能，降低操作门槛

操作系统是最基本也是最为重要的基础性系统软件，负责管理机器人硬件与软件资源，处理管理与配置内存、决定系统资源供需的优先次序、控制输入设备与输出设备、操作网络与管理文件系统等基本事务，同时提供用户与系统交互的操作界面。伴随机器人应用领域的不断拓展，任务难度日益加大，用户希望操作系统更加便捷化和人性化，并引入云计算、人工智能、5G 等先进技术，将复杂的机器人任务编辑和执行"化繁为简"，降低操作门槛并提升工作效能。

自适应机器人可以在工作状态下适应大量不可预测的环境和任务，不需要在每次遇到意外情况时再重新设计，因此迅速成为急需突破的关键技术。Flexiv 非夕科技推出面向自适应机器人的操作系统 Flexiv Elements，通过图形化的编程界面，用户可以通过拖放功能模块、点按、连线等方式构建任务，创造理想的机器人工作流程，并快捷完成对操作对象、相机、末端工具等关键组件的集成和管理。

云机器人操作系统采用云计算和云存储技术扩展本体计算和本体存储的能力，通过移动通信（4G/5G VBN 网络）构成神经网络，可以完成云端大脑与机器人本体之间的高速、安全数据交换。以达闼科技自主研发的"海睿云端机器人操作系统 HARIX OS"为例，其面向云端机器人应用开发者提供可视化编排交互接口，调用各种机器人、移动智能设备或者自动驾驶车等，完成对应业务场景服务功能，让云端机器人应用开发变得非常简单和快捷；面向大规模机器人商业化运营架构，采用与实体机器人物理属性相同的数字孪生体进行机器人的超低成本训练和试错；通过机器人多种传感器融合构建数字孪生世界（三维环境语义地图）和游戏引擎的方式，让机器人的数字孪生体在数字孪生世界训练和实时在线运行，大大降低机器人业务应用的操控难度。

5. 电动夹爪市场热度逐年提升，工效、准确性促进电动夹爪替代气动夹爪

气动末端在复杂动作的运用场景上存在明显短板，随着工业场景智能化水平不断提升，更多柔性夹持需求出现，作为机器人末端执行器的电爪市场逐渐被外界关注。夹爪部署时间短、免维护，以柔性化见长。电动夹爪产品和方案主要应用在仓储物流、工业制造、生命科学、新零售等多个领域。目前，这一领域主要由外资主导，国产品牌不足 10%。

中国电动夹爪市场热度逐年提升，新晋厂商持续增加，其中，包括慧灵科技、增广智能、大寰机器人、钧舵机器人和知行机器人。近年来，钧舵机器人和知行机器人受到资本关注，2020 年钧舵机器人获 A 轮融资，2020 年 5 月、12 月及 2021 年 7 月，知行机器人分别获得天使轮、A 轮、A+轮融资。钧舵机器人电动夹爪产品，具备精准力控、自适应抓取、小空间作业、一爪多用等特点，在医疗、新能源、3C 电子等领域得到应用。钧舵机器人推出的升级版大扭矩夹取旋转夹爪，旋转扭矩提升 1.5 倍以上。同时，针对多通道小扭矩夹取场景，钧舵机器人有型号更小的产品，体积缩小的同时精度提升了 50% 以上。知行机器人自适应机器人手产品线，可实现即插即用、精确控制、自适应精准抓取，满足了工业需求，最大负载覆盖 1~120 公斤，包括协作机器人手、工业平动手、大负载电动机器手、多功能气动手等，可用于重载移动机器人搬运、仓储物流机器人分拣、厂内机器人拆/码垛、机器人装车等。其中，大负载电动机器手可以满足仓储、工业等领域对重型物体的抓取搬运需求，目前已经在酿酒、冷链、生鲜等行业广泛推广应用。

未来，在工效、准确性方面的优势可促进电动夹爪替代气动夹爪。目前，电动夹爪的价格是气动夹爪的 3~5 倍，随着产能的提升，价格将下降到 2 倍左右的区间。

6. 深度学习、边缘计算等技术加快与机器视觉的融合

工业机器人的外部感知技术，已从传感器设备硬件转向构建人工智能，通过优化传感器使用，提高识别性能，其中，机器视觉就是热门技术之一。机器视觉主要分为成像和图像处理两大部分，镜头、相机等成像系统相当于

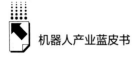

眼睛，获取目标物具体形态信息，图像处理系统相当于大脑，对信息进行运算，汇总出目标特征，进而判断结果以控制执行机构。机器视觉可实现识别、定位、检测等多种功能，具有精确性、速度性、适应性等特点，会大幅提升工作效率。

深度学习等技术是机器视觉的主流发展方向，其将原始数据特征转换为更高层次特征表示，可应用于通用性低、不易复制等复杂检测环境。未来机器人将采用深度学习、图像识别等算法，推出六层料框精准堆叠技术，可得出下方料框脚墩与叉端托举的料框脚杯水平位置偏差，将结果回传控制系统后进行调整，完成六层料框堆叠。目前，料框堆叠技术主要为2~3层高度，限于10种以内的料框，而未来机器人可实现6层高度堆叠，识别30多种不同规格料框，提升空间利用率。

部分企业将边缘计算等技术与机器视觉融合，提高机器识别算力。2020年，凌华科技推出的NEON-1000-MDX智能相机系列，融合了视觉处理单元、Edge™视觉软件平台。其中，视觉处理单元优化机器学习模型，提供更高人工智能计算能力；Edge™视觉软件平台采用边缘视觉分析等技术，可对所见目标进行分类，随着时间的推移，会智能创建自动化工作流程并提供设备管理，还可简化机器视觉的部署过程，无需投入大量资源进行集成或代码编写，客户可根据实际生产条件和环境，使用各种成熟的产品插件完成整体系统部署。

（三）产品营销创新因素

1. 机器人企业发力线上推广、营销，实现市场教育

近年来，各行各业已经在互联网领域做出了足够的尝试，真切体会着流量的红利。机器人领域众多企业不断做出尝试，通过线上推广、线上营销，在一定程度上教育了市场。

国内企业通过众筹等形式，实现机器人产品推广、销售，尝试打造"粉丝"经济。例如，小米的性价比理念和战略适用于智能设备的快速推广和普及，成功推动四足机器人的快速普及。2021年，小米发布了一款名叫

"铁蛋"（CyberDog）的仿生四足机器人。目前，"铁蛋"尚属一款居家陪伴型机器人，拥有遥控模式和跟随模式两种应用方式，在功能研发方面，"铁蛋"在未来可能会转型为专业的"导盲犬""搜救犬""无人区探险家"等。700台"铁蛋"在小米社区"CyberDog圈子"发售，售价9999元。"铁蛋"一经上线，就受到了广大"粉丝"的追捧。

机器人企业发力自媒体增加产品曝光度，实现市场教育。大疆在线上营销推广方面，取得了不错的成绩，在国外社交平台Instagram上，已经吸引了近300万名"粉丝"，在Instagram旗下的短视频平台Reels上，其一篇文章就获得了21.67万次互动，这有效帮助大疆在海外推广了自己的品牌。而在国内的抖音平台，大疆"粉丝"超过百万名，大疆通过抖音这种公域流量平台，不断加深"粉丝"对产品的了解，完美实现了市场教育。

机器人企业尝试不同形式的线上推广，发力线上营销，成效显著。2020年，科沃斯机器人举行跨越新浪微博、哔哩哔哩、天猫、京东、苏宁等平台的"云发布会"，打破时间、空间局限发布新品。2021年，科沃斯机器人线上的营业收入同比增长116.52%，远高于线下营业收入增长幅度（36.4%），线上销售的毛利率为57.32%，与线下销售相比，毛利率高出17.65个百分点。

2.机器人企业出海热情高涨，企业注重海外线上数字营销推广

伴随机器人技术及国内外生产制造的发展，虽然受人力成本上升、产品生产周期加快、制造灵活性及安全生产需求增加等因素影响，但机器人具有更高的应变能力、生产效率，仍是产业自动化升级的热门方向。

国内机器人企业注重海外营销，线上数字营销投入力度加大。国内外移动机器人、服务机器人、协作机器人行业起步时间大致相同，但国内发展速度高于国外，相关企业凭借自主技术、产品研发、场景应用等优势，已经将市场拓展到了海外。据新战略机器人数据，出海移动机器人企业销售额每年都以30%以上速度的增长。因此，越来越多的国内机器人企业开始关注海外市场的开发，但受新冠疫情等因素影响，线下展会、行业论坛等传统营销推广方式受限，企业逐步转战线上开展数字营销推广，绿的谐波、高仙机器

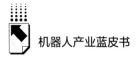
人、猎户星空、优艾智合、未来机器人、斯坦德、越疆科技、珞石科技等企业通过自身投入或委托必杰等第三方专业营销公司开展线上数字营销推广，主要借助谷歌、领英、Facebook 等渠道开展企业品牌推广、销售线索获取、海外经销网络搭建，企业营销反馈较好，正向促进企业加大线上营销推广力度。

国内机器人企业将资本融资投入海外市场营销。2020 年，斯坦德完成 1 亿元人民币的 B 轮融资，用于产品线升级、海外市场拓展；快仓智能完成亿级美元 C+轮融资，用于夯实全球化布局、提升技术实力、扩张产能等；炬星科技获得逾千万美元 A+轮融资，用于壮大研发团队、海外市场销售以及新产品线研发。2021 年，未来机器人完成数亿元 C 轮股权融资，用于持续加码深水区产品场景开发、全球规模化应用布局；高仙机器人完成 12 亿元 C 轮融资，用于产品商用落地、海外市场布局；海柔创新连续完成两轮共超 2 亿美元融资，用于提升技术实力和产品能力、推动全球化市场拓展与布局等。

3. 大型赛事等应用场景为机器人企业提供推广平台

国内大型赛事中，机器人应用场景增多。2022 年北京冬奥会、冬残奥会中，"智慧化"成为各项赛事、场馆建设的最大亮点，上百台机器人上岗承担疫情防控和保障服务工作，包括送餐、导览、烹饪、防疫、清废、配送等。

国内科研院校等研发机构，研制机器人为赛事提供服务。哈尔滨工业大学牵头研制冰壶机器人，利用人工智能、图像识别等技术，弥补冰壶战术分析手段的不足，辅助运动员训练，还在比赛期间与观众互动表演；上海交通大学机械与动力工程学院机器人研究所博士生导师为智慧餐厅的主要设计人，设计由协作机器人等设备完成餐食烹饪、鸡尾酒调制，其中的烹饪机器人融合双压强火力控制系统、火候视觉模块等技术，以实现火候控制，保证菜肴出品的稳定性和口感。

大型赛事中运用机器人可提升科技感，也是机器人应用的展示窗口。在北京冬奥会、冬残奥会中，机器人随处可见，从餐食烹饪、日常巡检到赛事服务，全面提升奥运会服务的智能化水平，为赛事的成功举办提供科技保障，也为运动员、媒体记者带来全新科技体验。同时，北京冬奥会、冬残奥会也成为国内公共服务机器人创新应用展示窗口，所出现的相关技术与产品主要由国内高校、企业自主研发，向社会大众展示了国内机器人产品的技术实力，实现餐厅、展馆等多应用场景覆盖，服务机器人可代替人完成简单重复劳动、提高工作效率，这都促进外界对国内机器人行业的认知度提升，便于机器人未来在医院、学校、商场、物流等众多领域的普及应用，从而带动数字化商业的发展。此外，北京冬奥会、冬残奥会云集众多国内机器人领域领先企业与科研机构，它们抓住奥运会机遇，以此为平台，加深行业各产业链环节的交流和合作，便于后续生态化建设；它们也提供高质量产品服务，为企业品牌推广奠定基础。

4. 机器人市场逐步进入成长期，企业注重经销渠道建设

国内机器人企业采用的销售模式不同，主要可分为直销、分销。直销模式下，企业可完全控制营销价格及销售情况，只是占用企业的时间、人力资源较多；分销模式下，企业可扩大营销范围，节约运营成本，但企业主体无法很好掌握产品的市场价格，如分销体系管理不当，会造成不同区域的定价混乱。

在不同的产品市场生命周期中，企业所采用的销售模式不同。在培育期，市场处于开发阶段，产品功能待完善，市场总量增长不快，企业会选择以直销模式为主，以直接面对客户了解需求，打磨产品；在成长期，产品知名度提升，口碑有所建立，市场需求高速增长，销售额也相应增长，企业会选择直销、分销相结合模式，以打造样板产品及解决方案，便于快速复制推广；在成熟期，产品品牌知名度较高，需求增长率放缓，市场竞争激烈，企业会选择以分销模式为主，以将更多资源、精力投入新品研发。

在竞争日益激烈的国内机器人行业，企业越来越注重分销模式的运行，以降低运营成本、扩大市场覆盖面、提升产品销量。2020年，拓斯达提出渠道与产品双轮驱动的智能制造硬件平台战略；埃斯顿公布一系列渠道发展和扶持政策，通过授信支持、商机导流、零散订单集中出货、市场开拓等政策，提升渠道商的积极性，增强合作黏性，帮助渠道"做大做强"；极智嘉在中国合作伙伴大会上提出"布局生态联盟和渠道建设"，要加强与各领域技术伙伴合作，加速全球渠道网络建设，与渠道合作伙伴一同努力，企业自身把更多的资源放在产品与技术的打磨上，而价值链的其他部分由合作伙伴传递到市场中。2021年，节卡机器人宣布海外渠道合作伙伴数量已突破200家，可为合作伙伴提供市场、技术、服务、价格等多方位支持。

（四）应用创新因素

1. 新能源机器人聚焦光伏、锂电、风电等生产制造领域，打造行业应用"专机"

机器人凭借高精度、高稳定性等特征应用于众多生产制造领域，以促进产品柔性化生产、产业转型升级。近年来，伴随"碳达峰、碳中和""促进绿色经济发展"等政策，企业下沉至新能源应用行业及细分领域，打磨产品与解决方案，以提高市场竞争门槛。

国内光伏行业不断发展，智能化水平快速升级。埃斯顿聚焦光伏行业，在广东、江苏、江西、浙江等地企业开展光伏高速排版工作站应用，其采用ER20/10-2000排版机器人，超长臂展适用于182mm、210mm大尺寸电池片排版生产，可实现5000~6000pcs/h生产效率。仅2020年，埃斯顿就部署约1500台光伏专用机器人，截至2021年底，企业光伏领域机器人累计装机量超过5000台，覆盖光伏企业100多家，成为全球光伏行业最大的机器人供应商之一。

伴随新能源汽车产业发展，新能源动力电池的生产掀起浪潮，一台续航500公里的纯电动汽车，单块动力电池的重量至少有七八公斤，锂电池组重量可达几百公斤，大负载的机器人成为需求点。汇川技术聚焦锂电池行业，推出专为锂电池行业打造的最大负载50公斤的斯卡拉机器人S50，其调整传统斯卡拉机械设计，替换大功率电机，将谐波减速器更换为RV减速器，以提高产品稳定性。S50标准循环节拍为0.89秒，更加灵活高效，且首次采用四轴快速归零技术，提升定位精度，降低操作难度。

伴随国内绿色经济发展，风电作为无公害能源受到重视。南京天创机器人聚焦风电行业，开发风电场机舱巡检机器人，基于风电行业巡检运维需求，以机器人为核心，搭载视觉等传感器，实现风电场内风电机舱、升压站、配电房等场景的巡检运维，具备全生命周期的故障预测、持续环境信息监控等功能。

2. 高兼容、高存储成为智能仓储物流机器人及解决方案的发展方向

仓储物流作为劳动密集型行业，在人口红利逐渐消失、制造业成本上升等压力下，仓储物流等相关企业期望借助机器人等新技术装备完成仓储、运输等工作，以降低运营及管理成本。

在市场需求牵引下，国内智慧仓储物流技术及设备体系不断完善。极智嘉推出一站式"货到人"拣选解决方案 PopPick，该方案包括 PopPick 工作站、拣选机器人等，货箱、货架、托盘都可作为货物存储单元，且可实现大中小件、异形件全兼容拣选，也支持整托、整箱、拆零拣选。该方案提升空间利用率，压缩货箱间距至 2cm，将存储密度提升至传统货箱机器人或穿梭车方案的 1.25 倍。

烟草行业因高仓储需求，成为智能化升级重点方向。兰剑智能针对烟草行业，设计蜂巢式智能仓储系统，保证 AGV、滚筒输送、穿梭车等设备协同作业出库/入库，具备温湿度实时检测、卷烟自动开箱、自动补货等功能。"蜂巢式系统"以垂直叠加模式替代平面式布局，有效利用仓库高度空间，节省用地面积；打破传统以货架货位为存储载体的备货模式，实现"货物运动，设备静止"的主动式仓储。该系统已在惠州等地应用。

医药企业向智能化工厂等方向升级已成为大趋势。国自机器人开发医药行业物流仓库智能搬运解决方案，通过物流机器人对医药供销所涉及环节——验收、存储、分拣、配送等进行优化，提高库房利用率，缩短配送时间；同时，避免人工等生物污染隐患，推动医药仓储安全化管理。该系统已在东北三省等地应用。

3. 商业扫地机器人逐渐被市场认可，实现多场景落地

新冠疫情催生无接触需求，商业服务机器人实现应用落地。2020 年 2

月，工信部发布《充分发挥人工智能赋能效用协力抗击新型冠状病毒感染的肺炎疫情倡议书》，呼吁人工智能企业和应用单位、上下游企业，能够在"疫情发现、预警、防治"等方面积极做出应有贡献，新冠疫情为服务机器人带来更多应用场景，例如送药、送餐、导医、聊天、心理辅导和清洁等。而机器人可辅助或代替人进入医院、车站、商场、超市、公园等区域，及时做到全方位、无死角、更彻底的清洁，降低一线清洁人员被感染风险。

商业扫地机器人助力抗击疫情，目前在多场景实现落地，产品逐渐被市场认可。随着人口老龄化的加剧，年轻一代从事清洁工作的意愿低，导致行业招工难、用工难，用工成本逐年攀升。伴随清洁服务不断精细化、专业化，清洁机器人成为企业的首选，代替人工开展清洁作业，不仅可以实现机器人与应用场景融合，而且可以兼顾安全与设计美感，实现清洁人员从工具操作员到清洁管理者的角色转变。例如，高仙机器人的产品覆盖商超、写字楼、酒店、医院、工业物流、产业园区、公共交通、市政道路等全场景，满足全品类地面清洁养护需求。疫情期间，高仙机器人的商用清洁消杀机器人在湖州、扬州等地多个方舱医院实现应用。

4. 医疗机器人实现临床应用，骨科发展迈入微创时代

以手术机器人为代表的医疗机器人领域，持续加大研发力度，攻关核心技术，逐步实现临床应用，不断吸引资本注资。

骨科手术机器人实现临床应用，助力骨科发展迈入微创时代。2020年，天智航正式登陆科创板，并且纳入北京甲类医保支付范畴，其"天玑"骨科手术机器人能够辅助开展脊柱外科手术以及创伤骨科手术，以机械臂辅助完成这些手术中的手术器械或植入物定位；产品兼容2D与3D模式，独有钉入点及钉道计算智能算法，机械臂精准运动到规划位置，借助骨科引导器，为医生提供精准稳定的导针置入路径；按照术中规划，医生可以精准设计并置入植入物。

口腔手术机器人实现临床应用，不断攻关技术研发实现突破。柏惠维康的主要产品包括睿米神经外科手术机器人和瑞医博口腔手术机器人。睿米是中国首个获批上市的神经外科手术机器人。2021年，新产品瑞医博口腔手术机器人获得 NMPA 认证，是国内首款口腔领域手术机器人获批产品，主要应用场景为种植牙手术。柏惠维康的睿米 RM-50 系统获国家药监局批准上市，实现手术机器人核心部件国产化，打破手术机器人核心零部件被国外垄断的局面。

采血机器人实现突破，进入临床试验准备阶段。哈工智能（磅客策机器人）产品面向自助采血、急诊、防疫、体检机构、药物研究中心、采血难人群、特殊人群（如癌症、皮肤病、黑色肤质）七大场景。其采血机器人可以实现快速 3D 图像定位，计算出最优血管，可探测并分割出动静脉的直径与位置，计算出运动轨迹并完成穿刺采血。

5. 机器人企业通过产学研合作优化产品，矿山企业融合北斗等先进技术实现机器人创新应用

矿山结构庞杂，可大致分为煤类矿山与非煤类矿山，但由于煤矿和非煤矿在开采、排岩、运输等多个关键环节相似度较高，因此智能化改造方式存在一致性。我国资源禀赋具备"富煤、贫油、少气"的特征，这决定了煤矿在我国能源存储中的支柱地位，因此煤矿率先进行智能化改造。2022 年 3 月应急管理部例行新闻发布会披露，我国矿山智能化建设取得新进展和突破，已有 29 种煤矿机器人在 370 余处矿井现场应用，露天煤矿无人驾驶车辆达到 146 台。

特种机器人企业通过产学研合作，携手华为等 ICT 领军企业，优化机器人产品，用大胆而精细的技术创新解决煤矿智能化关键难题。国兴智能结合煤矿矿山巷道洞室等特定条件，联合国内知名高校和科研院所，研发出矿山综采过断层智能钻孔机器人，利用井下现有乳化液作为动力源进行各部件液压动力驱动，减少能源的损耗与搬运，并且在井下具有良好的钻削破岩石性能，技术先进性达到行业前列。中信重工开诚智能与华为积极开展煤矿智能化合作，确定鸿蒙、F5G（The 5th Generation Fixed Networks，第五代固定网络）、WI-FI6、智能摄像头等合作项目，其中基于华为鸿蒙系统的矿用机器人已在国家能源集团投入使用。

矿山企业基于自身需求，推进机器人与北斗导航、人工智能等前沿技术深度融合,自主创新机器人应用,实现减人、增安、提效。准能集团研发露天矿炮孔智能测量机器人,采用北斗高精度 RTK 卫星定位自主导航、人工智能图像识别、智能轮盘收放线等技术,能够完成机器人的无人操控自动行走、炮孔位置智能巡航、炮孔智能识别精准对位,自动对炮孔进行孔深、水深、孔底温度等数据的自动测量和上传,可减少固定岗位人员 16 人,有效提高生产效率 25%。

6. 农业机器人在设施园艺、采摘等环节取得科研突破,在耕种管收等核心农产环节实现规模化应用

农业是一个集技术、经济、政治和国家安全于一体,伴随和支撑整个人类进化史,并随社会发展与进步越来越表现为多功能性的永恒魅力产业。机器人在农业领域的应用具有重要意义,相对于传统的农业机械,农业机器人具备更高的信息化、智能化水平以及很强的数据价值转化潜力,能够广泛应用于农业生产的各个环节,提高农业生产效率,降低人力、运营成本。我国农业机器人正处于起步阶段,很多技术包括机器算法、感知系统等都需要持续探索。对于农业机器人的研发与应用,中国学术界、科研界和产业界都给予了高度关注。

学术界和科研界通过组织农业机器人相关竞赛,鼓励科研人员进行农业机器人技术创新,成功催生设施园艺作业机器人、采摘机器人等多款创新产品。以 2021 年第一届中国农业机器人创新大赛为例,其由中国人工智能学会、国家农业信息化工程技术研究中心、华南农业大学等产学研机构联合主办,吸引国内高校、科研院所、科技企业等 195 个项目参与,囊括园艺作物设施生产、畜禽水产设施养殖、农产品加工等多领域机器人。北京农业智能装备技术研究中心展示了设施园艺机器人作业系统,该系统由智慧管控、园区巡检、自主运输、农业喷药、自动授粉等机器人组成,已在山东寿光智慧农业科技园广泛应用,在采摘和授粉方面实现 90% 以上的作业成功率。中国农业大学参赛作品"采摘童——垄作草莓收获机器人",立足自然环境中垄作草莓的智能化高效低损采摘,攻克动态作业条件下果实目标的快速识别、精准定位、低损采摘,以及全自主移动平台的自动导航、快速转运等核心技术，对于实现我国种植面积最广的垄作草莓自动化采摘具有重要的现实意义。

在产业界，农业机器人公司正处于蓬勃发展期，博创联动、极飞科技等农业智能装备公司纷纷推出智能农机产品，已实现规模化应用。博创联动将机器人自动控制、无人驾驶、远程联网等技术应用于农机装备，推出覆盖耕、种、管、收四大农业生产核心环节的智能联网农业机器人，厘米级超高精度控制可保证作业效率和生产标准化，增加农产收益。极飞科技发布R150农业无人车，包括喷雾版、运输版和拓展版等多个版本，能够提供精准植保、智能巡田、农资运输等农事服务，同时支持搭载多种设备，实现多场景作业。

二　中国机器人产业创新发展趋势

（一）国家布局前沿技术研究，推进机器人科技创新实现跨越式发展

国家以国内大循环为主体，在全国范围内"补链""延链""强链"，以应对多变的国际形势。国家持续推进机器人科技创新实现跨越式发展，前沿机器人理论的进步，有助于机器人产业链实现"延链""强链"。国家通过重点研发计划、自然科学基金等项目，不断加大对机器人重点理论研发投入力度，积极跟踪机器人未来发展趋势，提早布局仿生技术、智能材料、机器人深度学习、多机协同等前瞻性技术研究。例如，《"十四五"机器人产业发展规划》新增了前沿技术，包括仿生感知与认知、生机电融合等。长远来看，仿生感知与认知、生机电融合等机器人重点理论研发，对于机器人产业实现内循环具有"延链""强链"的意义。

（二）产业链企业聚焦关键共性技术加速补链，联动多方力量锚定自主可控

随着国际政治、科技、产业发展形势风云变化，我国机器人领域的

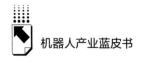

"卡脖子"问题凸显,科技创新自主可控已成为业界共识。机器人核心零部件企业围绕减速器设计、伺服电路、驱动器结构、控制器算法等领域开展共性基础技术创新,补足产业链关键断点。机器人企业积极接入华为鸿蒙操作系统、北斗卫星导航系统等国产自研系统,拥抱前沿自主可控技术,保障机器人产业链安全。

伴随自主可控技术战略地位不断上升,机器人产业链企业将积极聚焦国产核心零部件、国产操作系统、国产传感器、国产电动夹爪等关键共性技术进行全面攻关,同时积极联动多方力量,与国产芯片、国产工业软件进行供需对接,推动形成"芯片—软件—整机—系统—服务"自主可控生态体系,打造更具全球竞争力的机器人产业链。

(三)激发中小企业创新活力,完善中小企业融资通道

2019~2021 年,工信部累计培育三批专精特新"小巨人"企业,共计 4762 家,从申报条件来看,入选企业需要满足 2011 年出台的《中小企业划型标准规定》,即制造业中小企业的判断标准为"上年度营业收入低于 4 亿元,或者从业人员低于 1 千人",条件满足其一即可。2021 年,工信部发出《关于公开征求〈中小企业划型标准规定(修订征求意见稿)〉意见的通知》,将制造业中小企业判断标准改为"营业收入低于 20 亿元且从业人员低于 1 千人",从该指标变化可以看出,我国制造业中小企业不断发展,营收规模门槛从 4 亿元变为 20 亿元,同时,新标准明确强制限制企业人数,也意味着劳动密集型企业不作为专精特新方向扶持重点,技术密集型企业更加符合国家制造业发展战略。同时,北交所设立、区域性股权市场制度和业务创新试点等政府措施,目标也在于"服务创新型中小企业",使企业有更多的机会实现资本化融资,解决中小企业融资难、融资贵的核心问题。

(四)机器人应用趋向场景多样化和需求碎片化,企业联合新型研发机构力量缩短产品升级周期

中国机器人产业既有巨大的市场需求,也有丰富的应用场景,为产品创

新及升级换代提供了广阔的土壤和试验田。我国制造业机器人密度已明显高于全球平均水平，服务机器人、特种机器人开始成为物流、教育、娱乐、医疗、农业、矿山等各个垂直领域自动化、数字化转型升级的重要载体。作为人类生产生活的重要工具和应对人口老龄化的得力助手，机器人应用正在向社会各个方向延伸，呈现场景多样化、需求碎片化等趋势，伴随而来的是产品生命周期大大缩短，企业必须不断推动产品升级换代。产品开发过程中所涉及的技术种类繁多、专业人员需求量大，企业需要充分联合外部科研力量，比如将部分不擅长的研发任务外包给新型研发机构，自身集中有限资源专攻核心技术，不仅可以降低研发风险，而且可以明显缩短产品研发周期，以面对不断变化的市场发展和需求。

（五）服务机器人初步完成市场教育，产品不断迭代改进

新冠疫情催生无接触式配送、接待、消杀等新需求，为服务机器人带来更多应用场景。例如，配送机器人解决了消杀难题，实现在医院、酒店、学校等场景，替代人力完成简单但耗力的流程化工作，还可以承担环境消杀、医疗废弃物运输等职责；智能接待机器人可实现在商场、酒店、医院、政务大厅、银行等场所广泛应用，代替接待服务等基础岗位，24 小时不间断工作。

后疫情时代，服务机器人更大规模的应用，促进完成初步市场教育的同时，实现服务机器人迭代改进，以适应更加复杂的工作环境，促进智能接待机器人不断完善语料库，提高机器人语义分析能力，实现产品二次开发、定制化开发。

（六）企业注重海外市场推广，线上营销模式将被赋予可能性

机器人产业作为资金密集型产业，具有产品价格高、采购周期长、技术对接难度高等特点，需要企业与客户保持有效、长期、深度的沟通、交流，这就决定了展会、论坛等线下营销一直是主流营销渠道。但是由于国内人员出海拓展业务的成本高、难度高，企业逐渐尝试将营销重点转向线上，利用

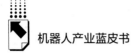

谷歌等平台进行品牌宣传、销售线索获取，以扩大营销面、积攒客户资源。虽然短时间内，在客户接受度、信任度等方面，线上"虚拟"营销无法替代线下"面对面"营销，但也为企业带来了海外关注流量，推动获取意向客户信息、开拓国际市场渠道，这些资源可由企业销售团队及时跟进，进行客户吸附、转化，直至成交。现阶段，企业线上营销可建立业务流量池，提高客户信任度，推动线下场景营销复苏，使线上线下的联系更加紧密。

Abstract

Annual Report on Development of Robot Industry in China (2022−2023) is an annual research report on the development of China's robot industry, which is the third blue book in the series. This book was jointly researched and created by HRG International Institute (Hefei) of Research and Innovation, Beijing Jingneng Energy Technology Research Co. , LTD. , China Institute of Science and Technology Evaluation and Harbin Institute of Technology, and with the full support of industry experts.

There are three chapters in this book, including a general report, topical reports and special reports.

The general report describes the definition and classification of robots, provides writing basis for other chapters; summarizes the environment, development status and industrial chain structure of China's robot industry, summarizes the existing problems in China's robot industry and gives corresponding countermeasures and suggestions. The topical reports summarizes the development status, market size, development trend and market opportunities from the five dimensions of industrial robot, service robot, coal mine robot, robot core parts and industrial robot system integration, summarizes the existing problems in each dimension and gives reasonable countermeasures and suggestions. Detailed analysis of China's robot industry from four dimensions, Among them, "Current Situation and Analysis of the Capital Market of Chinese Robot Industry (2022− 2023)" analyzes the current situation and problems of the capital market of the robot industry, Its healthy development still needs the joint efforts of the government, venture capital institutions, enterprises and other market entities; "Current Situation and Analysis of Talents in Chinese Robot Industry (2020−2021)" points out that in the

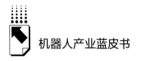

future, compound high-end talents will become the main power of leading industrial innovation, Technology-applied talents will become an important guarantee for industrial development, And give targeted suggestions; "Development and Analysis of Intellectual Property and Patent in Chinese Robot Industry (2022 - 2023)" studies the patent data in the field of robotics, analyzes the development status, existing problems and future development trend of robot technology patents at home and abroad, and reveals the development and challenges of robot patent application; "Analysis Report on the Innovation and Development of China's Robot Industry (2022-2023)" takes the idea of "current situation description + trend analysis", expounds the current situation of robot industry innovation in various aspects and in an all-round way, points out the existing problems of industrial innovation, clarifies the development direction of industrial innovation and puts forward corresponding suggestions.

This book shows the development status, market size, existing problems, development trend and market opportunities of China's robot industry to enterprises related to the robot industry and the public. This book is objective and rigorous, and systematically combs and analyzes the whole picture of China's robot industry, hoping to provide the public of authoritative and detailed information to understand the development of China's robot industry.

Keywords: Robot Industry; Industrial Robot; Service Robot; Artificial Intelligence

Contents

I General Report

Abstract: In recent years, through the continuous deepening of innovative applications, the scale of China's robot industry has grown rapidly, the density of industrial robots has reached nearly 3 times of the global average level, service robots, special robots in many fields of scale application. However, the healthy development of China's robot industry is still restricted by the shortcomings, such as the hollowing out of core components, lagging supporting services, poor understanding of the system integration process, the structural gap of low-end production capacity, and the disorderly expansion of low-end production capacity. Looking at the future, China attaches great importance to the innovation of the robot industry, and will continue to innovate in technology, marketing, application and other dimensions. The application field of robot segmentation is gradually increasing and deepening, some key technologies have made breakthroughs, the development of industrial chain specialized and new, and the improvement of patent applications have become important development trends.

Keywords: Industrial Robot; Service Robot; Industrial Innovation; Core Components of Robot Industry

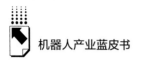

II Topical Reports

B.2 Development Report of China Industrial Robotics
（2022—2023）   *Sha Xin, Shen Jing* / 017

Abstract: In 2021, the density of industrial robots in China reached nearly 3 times of the global average level; deep learning, autonomous decision-making, man-machine collaboration, composite robot technology, national standards, standards, standards, and enterprises to ensure the healthy development of the robot industry. Driven by the demand for intelligent manufacturing in new energy and other industries, the sales volume and sales volume of domestic industrial robots increased by more than 50%, and domestic sales accounted for over 40%. In view of the problems faced by the industrial robot industry, such as weak core components, long research and development cycle, lagging operating system industrialization, and insufficient testing and certification support, they can be solved by reasonable preferential industrial policies, deepening industry-university-research cooperation, enhancing the power of independent innovation of enterprises, and strengthening international exchanges. In the future, the systematic coordination mechanism will be more sound, the cloud attention of industrial robots will continue to increase, vision and algorithm will promote the industrial robot to expand more application fields, and the application of industrial robot related technology will help the implementation of C2M business model.

Keywords: Industrial Robot; Machine Vision; Composite Robot

B.3 Development Report of China Service Robot（2022—2023）
                                                Shen Jing, Sha Xin / 059

Abstract: With the national industrial policy guidance, the gradual improvement of robot standard system, the service robot industry rapid development in China, the market size of about 40 billion yuan, education robot enterprises gradually focus on B end market, accelerate the industrialization development, commercial cleaning robot enterprise expand application scenarios, through market validation, orthopedic surgery robot commercialization and global process acceleration. However, the functions of programming robot products need to be improved, the public service robots cannot meet the needs of non-standard scenes, and the lack of cross-border cooperation of special robots restrict the further development of China's service robot industry. In the future, the leading domestic service robot enterprises will be active in business crossover by virtue of their technological advantages, and the public service robot enterprises will mine derivative business forms to provide intelligent data services. The efficient and replicable standardized product system will become an effective way to realize the commercialization of special robots.

Keywords: Service Robot; Special Robot; Multi-modal Interaction; Globalization

B.4　Development Report of China Coal Mine Robot
　　(2022−2023)
　　Development Report of China Coal Mine Robot Research Group / 118

Abstract: In 2021, robot has become the key technology development direction of the domestic coal mining industry, focus on critical and hazardous positions, focus on the research and development and application of tunneling, safety control, coal mining and other coal mining robots, influenced by the influence of national policies, the prominent importance of coal resources and the urgent demand for machine replacement, the development potential of the coal mine robot industry is huge. Coal mine robot market is in the early stages of development, sales of nearly 1 billion yuan, but the market competition pattern is

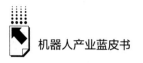

relatively scattered, Among them, safety control and tunneling coal mine robots have developed rapidly. In view of the development obstacles faced by the coal mine robot industry, such as the lack of standards, lagging policy guidance, insufficient inspection and testing technology, high manufacturing cost, and difficult application and promotion. It can be solved by strengthening the top design of the industrial standard system, strengthening the shortcomings of key technologies in the industry, improving the independent innovation power of enterprises, and researching and developing remote maintenance technology. In the future, the integration of coal mine robot resources will continue to accelerate, and the innovation ecosystem will tend to be improved. Coal mine robot enterprises will pay more attention to the introduction of AI, Io T and other cross-collaboration technologies, and the independent research and development capabilities of basic components and the customized development capabilities of solutions will be strengthened.

Keywords: Coal Mine Robot; Tunneling Robot; Safety Control Robot; Coal Mining Robot

B.5 Development Report of China Robot Core Components

(2022-2023) *"Development Report on Core Components of*

Chinese Robot Industry" Research Group / 156

Abstract: In the robotic cost chain, upstream components take up the highest part, accounting for over 70% of the production cost. In recent years, although the localization rate of core robot components has been increasing, and many manufacturers have made breakthroughs to various extents, there is still a gap in technology with foreign countries. Core technology barriers are to be exceeded, high-end products are lacking, and import dependence is acute. There is considerable room for growth in the aspects like stability, precision, and life expectancy of domestic products. Under the guidance and support of national policies, relevant enterprises shall strongly develop key core technologies with independent intellectual property rights and improve product quality and performance, thus promoting the sustainable and healthy development of the domestic robot components industry.

Keywords: Robot Industry; Core Components; Technical Barriers; Industrial Robot

B.6 Development Report of China Industrial Robot System Integration (2022-2023) *Jiang Wenbo* / 193

Abstract: In 2020 ~ 2021, the complex international environment brings many challenges to the Chinese manufacturing market. However, unlike what was envisioned, COVID-19 seems to have somewhat facilitated the process of capacity building and automation upgrades for manufacturing companies. Dividend of resumption of work and production, return of overseas orders, and 14th five-year intelligent manufacturing, stimulated by many current positive factors, China's manufacturing SI market has regained its vitality and achieved high growth. Although there is a more pronounced blunting of market growth in 2022, industrial robots may usher in new demand growth drivers as the demographic dividend wanes, industrial structure upgrades deepen, and policies continue to be introduced. SI companies should pay more attention to potential growth points, such as downstream industries with shorter lifecycles, and mid-to-high-end application areas. SI companies should also strengthen their understanding of each industry's needs and pain points and seize opportunities to get rid of the plight of weak profitability and difficulty scaling up.

Keywords: Industrial Robot; Flexible Manufacture; Intelligent Manufacture; Robot System Integration

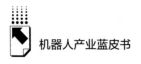
机器人产业蓝皮书

Ⅲ　Special Topicals

B.7　Analysis Report of China Robot Industry Capital Market

（2022-2023）　　　　　*Sun Hong, Shen Jing and Sha Xin* / 235

Abstract：This report establishes a sample monitoring pool of robot listed enterprises, focuses on investment, financing, acquisition and acquisition events, and studies and analyzes the development status, existing problems, countermeasures and development trend of the capital market of the robot industry. In 2021, despite the complex economic environment at home and abroad, the revenue of robot listed enterprises on the main board is growing steadily, the listed enterprises on gem and Science and Innovation Board have strong operation vitality, Beijing stock exchange helps the development of small and medium-sized robot enterprises; large enterprises realize business diversification and upgrading through mergers and acquisition, and the investment and financing amount of publicly disclosed in the industry reaches a new high. At the same time, enterprises fail to identify the key risk points, and the investment return period project is not favored by investment institutions, which still needs the joint efforts of the government, venture capital institutions, enterprises and other market entities. In addition, the robot industry chain specialization and new development has become a trend, and domestic robot enterprises will pay more attention to the construction of profitability.

Keywords：Robot Industry; Capital Market; Beijing Stock Exchange

B.8　Development Report of China Robot Industry Talents

（2022-2023）　　　　　*Cui Zhiyuan, Wang Xinyi* / 271

Abstract：As the robot industry is one of the key fields of high-end manufacturing in China, it requires a high level of knowledge and a long cultivation cycle for technical practitioners. As the robot industry penetrates more, it will become more relevant and diversified, the ratio of supply to demand for talent will continue to expand, with a particularly high demand for application-oriented talent. This is not only related to the rapid development of the Chinese robot industry, but also related to the lack of in-depth integration between policies, companies and institutions in the robotics industry's talent development and education mechanisms. In the future, the senior talents will become the main driver of innovation in the industry, while the technical talents will be an important safeguard for industrial development. Therefore, government should guide the robotics industry to continuously expand the pool of high-quality innovative talent to drive innovation and development, and classify the implementation of the robot industry talent policy, while strengthening the development of new occupational skills standards, further regulating school-enterprise cooperation, realizing international standards, multi-dimensional training to lead industrial progress.

Keywords: Robotics Industry; Robot Industry Talents; Talent Cultivation

B.9 Development Report of China Robot Industry

Intellectual Property and Patent (2022-2023)

Hao Ruigang, Ma Zhibin and Yao Jinjin / 295

Abstract: At present, the huge development potential of China's robot market has attracted many domestic and foreign companies to set up relevant patents in China, and the competition in China's robot market will become increasingly fierce. Robot technology is an emerging industry. Since 2011, the number of robot-related patent applications in the world and China has been growing rapidly. The patent concentration of robot-related patents accepted by the China National Intellectual Property Administration is significantly lower than that of global related patents. China is still in the stage of a large number of applicants actively participating in patent applications. There is no leading enterprise whose patent

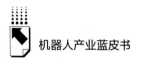

ownership significantly exceeds that of other applicants. There is still a certain gap between the patent concentration of China's robotics technology and the global patent concentration. Applicants from the United States, Japan, South Korea, Germany and other countries have actively applied for robot-related patents in China. It is recommended that China applicants continue to strengthen the research and development of robotics technology, enhance the awareness of patent protection worldwide, and become familiar with the application of patent law, so as to protect product sales and the future development of enterprises.

Keywords: Robot Industry; Intellectual Property and Patent; Patent Concentration; Global Patent Layout

B.10　Analysis Report on the Innovation and Development of

　　　　China's Robot Industry (2022-2023)　*Ge Shanshan, Zhu Lei* / 333

Abstract: In 2020, the country put forward to domestic big cycle as the main body, domestic and international binary mutual promotion of the new development pattern, the nationwide "chain" chain, "delay chain", "strong chain", in order to cope with the changeable international situation, countries, from strengthening generic technology, efforts to research and development the frontier technology, and promote fusion application three dimensions put forward the innovation task, robot industry faces new challenges. Through the establishment of a cultivation system for specialized and specialized new enterprises, the state has supported the rapid development of robot enterprises, and the robot industry has achieved many innovative results in product technology, product marketing, industrial application and other aspects. In the future, the country will continue to cultivate "specialized and special new little giants", focus on key generic technologies, attach importance to the research and development of cutting-edge technologies, realize the "chain", "extended chain" and "strong chain" of the robot industry, and promote the robot industry to achieve internal circulation in the robot industry.

Keywords: Robot Industry; Technology Innovation; Marketing Innovation; Application Innovation

权威报告·连续出版·独家资源

皮书数据库
ANNUAL REPORT(YEARBOOK)
DATABASE

分析解读当下中国发展变迁的高端智库平台

所获荣誉

- 2020年，入选全国新闻出版深度融合发展创新案例
- 2019年，入选国家新闻出版署数字出版精品遴选推荐计划
- 2016年，入选"十三五"国家重点电子出版物出版规划骨干工程
- 2013年，荣获"中国出版政府奖·网络出版物奖"提名奖
- 连续多年荣获中国数字出版博览会"数字出版·优秀品牌"奖

皮书数据库　　　　"社科数托邦"
　　　　　　　　　微信公众号

成为用户

　　登录网址www.pishu.com.cn访问皮书数据库网站或下载皮书数据库APP，通过手机号码验证或邮箱验证即可成为皮书数据库用户。

用户福利

- 已注册用户购书后可免费获赠100元皮书数据库充值卡。刮开充值卡涂层获取充值密码，登录并进入"会员中心"—"在线充值"—"充值卡充值"，充值成功即可购买和查看数据库内容。
- 用户福利最终解释权归社会科学文献出版社所有。

数据库服务热线：400-008-6695
数据库服务QQ：2475522410
数据库服务邮箱：database@ssap.cn
图书销售热线：010-59367070/7028
图书服务QQ：1265056568
图书服务邮箱：duzhe@ssap.cn

社会科学文献出版社 皮书系列
SOCIAL SCIENCES ACADEMIC PRESS (CHINA)
卡号：851991665368
密码：

基本子库
SUB DATABASE

中国社会发展数据库（下设 12 个专题子库）

紧扣人口、政治、外交、法律、教育、医疗卫生、资源环境等 12 个社会发展领域的前沿和热点，全面整合专业著作、智库报告、学术资讯、调研数据等类型资源，帮助用户追踪中国社会发展动态、研究社会发展战略与政策、了解社会热点问题、分析社会发展趋势。

中国经济发展数据库（下设 12 专题子库）

内容涵盖宏观经济、产业经济、工业经济、农业经济、财政金融、房地产经济、城市经济、商业贸易等 12 个重点经济领域，为把握经济运行态势、洞察经济发展规律、研判经济发展趋势、进行经济调控决策提供参考和依据。

中国行业发展数据库（下设 17 个专题子库）

以中国国民经济行业分类为依据，覆盖金融业、旅游业、交通运输业、能源矿产业、制造业等 100 多个行业，跟踪分析国民经济相关行业市场运行状况和政策导向，汇集行业发展前沿资讯，为投资、从业及各种经济决策提供理论支撑和实践指导。

中国区域发展数据库（下设 4 个专题子库）

对中国特定区域内的经济、社会、文化等领域现状与发展情况进行深度分析和预测，涉及省级行政区、城市群、城市、农村等不同维度，研究层级至县及县以下行政区，为学者研究地方经济社会宏观态势、经验模式、发展案例提供支撑，为地方政府决策提供参考。

中国文化传媒数据库（下设 18 个专题子库）

内容覆盖文化产业、新闻传播、电影娱乐、文学艺术、群众文化、图书情报等 18 个重点研究领域，聚焦文化传媒领域发展前沿、热点话题、行业实践，服务用户的教学科研、文化投资、企业规划等需要。

世界经济与国际关系数据库（下设 6 个专题子库）

整合世界经济、国际政治、世界文化与科技、全球性问题、国际组织与国际法、区域研究 6 大领域研究成果，对世界经济形势、国际形势进行连续性深度分析，对年度热点问题进行专题解读，为研判全球发展趋势提供事实和数据支持。

法律声明

"皮书系列"（含蓝皮书、绿皮书、黄皮书）之品牌由社会科学文献出版社最早使用并持续至今，现已被中国图书行业所熟知。"皮书系列"的相关商标已在国家商标管理部门商标局注册，包括但不限于LOGO（▧）、皮书、Pishu、经济蓝皮书、社会蓝皮书等。"皮书系列"图书的注册商标专用权及封面设计、版式设计的著作权均为社会科学文献出版社所有。未经社会科学文献出版社书面授权许可，任何使用与"皮书系列"图书注册商标、封面设计、版式设计相同或者近似的文字、图形或其组合的行为均系侵权行为。

经作者授权，本书的专有出版权及信息网络传播权等为社会科学文献出版社享有。未经社会科学文献出版社书面授权许可，任何就本书内容的复制、发行或以数字形式进行网络传播的行为均系侵权行为。

社会科学文献出版社将通过法律途径追究上述侵权行为的法律责任，维护自身合法权益。

欢迎社会各界人士对侵犯社会科学文献出版社上述权利的侵权行为进行举报。电话：010-59367121，电子邮箱：fawubu@ssap.cn。

社会科学文献出版社